全国高等院校跨境电商实训教材

总策划：南京瀚海 于斌

KUAJING DIANSHANG
GAILUN

跨境电商概论

院校主编：华树春 李 玲
企业主编：郑 锴
院校副主编：胡 斌 许善明

中国海关出版社
China Customs Press
中国·北京

图书在版编目（CIP）数据

跨境电商概论/华树春等主编．—北京：中国海关出版社，2018.10
ISBN 978-7-5175-0283-8

Ⅰ.①跨… Ⅱ.①华… Ⅲ.电子商务—商业经营 Ⅳ.①F713.365.2

中国版本图书馆CIP数据核字（2018）第100407号

跨 境 电 商 概 论
KUAJING DIANSHANG GAILUN

编　　者：华树春等	
策划编辑：史　娜	
责任编辑：吴　婷	
出版发行：中国海关出版社	
社　　址：北京市朝阳区东四环南路甲1号	邮政编码：100023
网　　址：www.hgcbs.com.cn	
编辑部：01065194242-7532（电话）	01065194231（传真）
发行部：01065194221/38/46/27（电话）	01065194233（传真）
社办书店：01065195616（电话）	01065195127（传真）
http://www.customskb.com/book（网址）	
印　　刷：北京铭成印刷有限公司	经　　销：新华书店
开　　本：710mm×1000mm　1/16	
印　　张：16	字　　数：287千字
版　　次：2018年10月第1版	
印　　次：2021年3月第2次印刷	
书　　号：ISBN 978-7-5175-0283-8	
定　　价：56.00元	

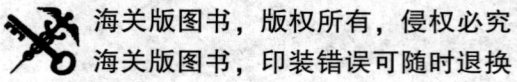

海关版图书，版权所有，侵权必究
海关版图书，印装错误可随时退换

增值服务说明

◎ PPT 课件

本书配有 PPT 课件，具体咨询可发送邮件至 haiguanjiaoyu@163.com 或拨打编辑部电话（010）65194242-7532。

◎ 在线习题

本书配有拓展练习，以加深读者对跨境电商相关知识的理解。

1. 购买本书的读者可刮开封面防伪涂层，打开手机微信，扫描二维码，即可开通观看权限。

注：每个二维码只能被扫描一次并开通权限，不能重复扫描。

2. 获取权限后，扫描书中习题对应的二维码，即可进行在线练习。

《跨境电商概论》编委会

顾　问：
李霄翔　国家级教学名师　东南大学特聘教授
孙国华　中国电子商务协会产学研创新中心主任
张建军　中国国际电子商务协会中心研究院副院长

主　编：
华树春　金陵科技学院商学院副教授
李　玲　南京工业大学浦江学院讲师
郑　锴　UNCTAD 中小企业 B200 培训讲师

副主编：
胡　斌　江苏经贸职业技术学院贸易物流学院书记
许善明　江苏经贸职业技术学院贸易物流学院讲师

编　委：
周安宁　江苏经贸职业技术学院贸易物流学院副教授
王　梅　运城学院外语系副教授
符　斌　金陵科技学院商学院讲师
张　骏　金陵科技学院商学院讲师
许广路　江苏经贸职业技术学院旅游外语学院讲师

前 言

近年来，随着电子商务的不断发展扩大，跨境电子商务的市场规模也随之快速增长。跨境电子商务作为外贸发展的新业态，为我国中小微型企业"走出去"提供了途径，成为我国对外贸易的新的增长点。跨境电子商务的迅速崛起，受到了政府的重视，政府陆续出台了一系列相关的扶植政策，这进一步推动了跨境电子商务的爆发式发展。跨境电子商务已经成为创新驱动发展的重要引擎和大众创业、万众创新的重要渠道。

与传统外贸相比，跨境电子商务有效减少了流通环节，提升了运营效率。在传统进出口贸易中，商品的跨国交易一般要经过生产商、出口商、进口商、批发商、零售商等主体，整个交易环节繁杂、层层加价、耗时较长，因此消费者最终面对的价格较高且时效体验较差。跨境电子商务的出现大大提升了运营效率，除了将交易从线下移到线上以外，跨境电子商务极大地精简了所涉及的交易主体，工厂生产的商品仅需通过电商平台撮合交易即可到达最终消费者手中。一方面，精简环节使得流通费用减少，生产者与消费者双双受益；另一方面，外贸交易门槛降低，更多的企业开始利用互联网平台参与跨境电子商务经营业务，扩大了外贸规模。

在跨境电子商务发展迅猛的大背景下，许多高等院校紧跟电子商务发展步伐，开设了电子商务专业或与其相关的课程。但是由于课程的设置与安排不完善、高校的教学队伍缺乏实战经验等问题的阻碍，使得学生的专业水平和知识能力与企业实际需要存在较大差异，人才的供应质量亟待提升。

在中国海关出版社的大力支持下，金陵科技学院联合南京瀚海企业咨询管理有限公司和阿里巴巴启动的"百城千校百万英才"跨境电商人才培养计划，共同组织了《跨境电商概论》等一系列校企合作教材的编写工作，以满足市场对跨境电子商务高质量教材的实际需求。

本教材着重培养学生的自学能力、动手操作能力及创新能力，它可作为大中专院校相关专业开展跨境电子商务课程的教材，也可以作为想要涉足跨境电子商务的企业、大学生创业者自我学习的参考用书。

本教材参与编写者有华树春、李玲、郑锴、胡斌、许善明、周安宁、王梅、符斌、张骏、许广路等。全书由华树春负责统稿。在教材的编写过程中，参阅和借鉴了许多前辈、同行的研究成果和实践经验，特别是得到了南京瀚海企业咨询管理有限公司于斌总经理的大力支持,在此表示诚挚的感谢。同时,感谢中国海关出版社的史娜编辑、吴婷编辑对本书的编写与出版提供的指导和帮助。

限于水平,本教材可能存在不足之处,敬请各位读者不吝赐教。

编者
2018 年 9 月

目 录

第一章 跨境电商概述 1
第一节 跨境电商的定义 3
第二节 跨境电商的类型 4
一、以交易主体类型分类 4
二、以服务类型分类 4
三、以经营类型（平台）分类 5
第三节 跨境电商的发展历程 5
一、跨境电商的萌芽阶段（1999—2007） 5
二、跨境电商的发展阶段（2008—2013） 6
三、跨境电商的爆发阶段（2014 至今） 6
第四节 跨境电商的特征 7
一、多边化，呈网状结构 7
二、直接化，效率高 7
三、小批量，高频度 7
四、数字化，监管难 7
第五节 跨境电商与传统国际贸易、国内电商的区别 8
一、跨境电商与传统国际贸易的区别 8
二、跨境电商与国内电商的区别 11
第六节 跨境电商发展面临的挑战 12
一、产品同质化严重 12
二、不重视品牌建设 12
三、跨境物流发展滞后 12
四、侵犯国外知识产权 12
五、非阳光化退税、结汇 13
六、跨境信用难以评估和争端处理困难 13
七、跨境电商人才缺失 14
第七节 跨境电商的发展趋势 14
一、交易市场将进一步扩大 14

二、交易主体将进一步增多 …………………………………………… 15
三、交易产品种类将更丰富 …………………………………………… 15
四、传统外贸企业将成跨境电商主流 ………………………………… 15
五、跨境电商产业链将逐步完整 ……………………………………… 15
六、跨境电商综合服务业将兴起 ……………………………………… 16

第二章　跨境电商业务的开发 ………………………………………… 17
第一节　跨境电商的国际市场调研 …………………………………… 19
一、跨境电商国际市场调研的内容 …………………………………… 19
二、国际市场调研的步骤 ……………………………………………… 20
三、收集国际市场行情资料的途径 …………………………………… 21
第二节　跨境电商平台 ………………………………………………… 22
一、主流跨境电商平台分析 …………………………………………… 22
二、主流跨境电商平台优劣势比较 …………………………………… 26
三、跨境电商平台的选择 ……………………………………………… 28
第三节　跨境电商产品的选择 ………………………………………… 29
一、跨境电商选品 ……………………………………………………… 29
二、跨境电商选品的行业动态分析 …………………………………… 30
三、跨境电商选品数据分析 …………………………………………… 30
第四节　跨境电商产品的定价 ………………………………………… 31
一、供应商的价格基础 ………………………………………………… 31
二、跨境电商产品的成本核算 ………………………………………… 32
三、跨境电商产品的定价策略 ………………………………………… 33
四、跨境电商平台的价格调研 ………………………………………… 34

第三章　跨境电商的营销方式 ………………………………………… 37
第一节　电子邮件营销 ………………………………………………… 39
一、电子邮件营销的定义 ……………………………………………… 39
二、电子邮件营销的特点 ……………………………………………… 39
三、电子邮件营销的功能 ……………………………………………… 40
四、电子邮件营销的作用 ……………………………………………… 42
五、电子邮件营销的范围 ……………………………………………… 42
六、电子邮件营销的原则 ……………………………………………… 43

         七、电子邮件营销的策略 ························· 44
         八、电子邮件营销的技巧 ························· 46
    第二节 搜索引擎营销 ································· 47
         一、搜索引擎营销的相关定义 ····················· 47
         二、搜索引擎营销的原理 ························· 50
         三、搜索引擎营销的价值 ························· 51
         四、搜索引擎营销的特点 ························· 52
         五、搜索引擎营销的推广方式 ····················· 53
    第三节 社交媒体营销 ································· 54
         一、社交媒体营销的特点 ························· 55
         二、社交媒体营销的优势 ························· 55
         三、社交媒体营销的策略 ························· 56
         四、适合跨境电商的社交媒体 ····················· 58

第四章 跨境电商支付 ····································· 61
    第一节 跨境电商支付的相关概念 ······················· 63
    第二节 跨境电商的支付模式 ··························· 63
         一、传统贸易货款的支付 ························· 63
         二、跨境电商货款的支付 ························· 64
         三、跨境电商的灰色支付 ························· 67
    第三节 跨境电商主要支付工具的对比 ··················· 68
    第四节 跨境电商支付工具的选择 ······················· 72
         一、北美地区 ··································· 72
         二、欧洲地区 ··································· 73
         三、东北亚地区 ································· 73
         四、拉美地区 ··································· 73
         五、中国 ······································· 74
    第五节 选择跨境电商支付方式的影响因素 ··············· 75
         一、跨境支付方式普及率与覆盖范围 ··············· 75
         二、交易主体使用偏好 ··························· 76
         三、跨境支付方式的使用成本 ····················· 76
         四、跨境支付方式的特征与优势 ··················· 76

第五章　跨境电商物流 ······ 79

第一节　跨境电商物流的相关概念 ······ 81
一、跨境电商物流的概念 ······ 81
二、跨境电商物流与传统物流的差异 ······ 81
三、跨境电商物流的特点 ······ 82
四、跨境电商物流企业的类型 ······ 82
五、我国跨境电商物流的发展现状 ······ 82

第二节　跨境电商物流模式 ······ 84
一、邮政小包 ······ 84
二、国际快递 ······ 85
三、国际物流专线 ······ 89
四、海外仓 ······ 90
五、边境仓 ······ 91
六、保税仓 ······ 93
七、集货物流 ······ 94
八、第四方物流 ······ 96

第三节　跨境电商物流模式的选择 ······ 100
一、不同交易方向 ······ 100
二、不同交易模式 ······ 100
三、不同交易品类 ······ 102

第六章　跨境电商风险防范 ······ 111

第一节　跨境电商的主要风险 ······ 113
一、政治和政策风险 ······ 113
二、信用风险 ······ 114
三、法律风险 ······ 115

第二节　跨境电商中的消费者权益保护 ······ 116
一、网络消费者具有的权利 ······ 116
二、网络消费者权益保护的基本原则 ······ 122
三、加强跨境电商消费者权益保护的对策建议 ······ 126

第三节　跨境电商中的知识产权保护 ······ 128
一、知识产权的概念 ······ 128
二、知识产权的特征 ······ 128

三、跨境电商侵权的表现形式 ……………………………………… 129
四、跨境电商和知识产权的立法现状 …………………………… 130
五、跨境电商中的知识产权纠纷特点 …………………………… 130
六、跨境电商中的知识产权保护政策 …………………………… 133
第四节 跨境电商中的争议解决机制 …………………………………… 135
一、跨境电商网上争议解决 ………………………………………… 136
二、网上争议解决的现有模式 ……………………………………… 136
三、跨境电商争议解决机制构建 …………………………………… 137

第七章 跨境电商第三方平台 ………………………………………… 153

第一节 亚马逊平台 ……………………………………………………… 155
一、全球开店 ………………………………………………………… 155
二、平台注册 ………………………………………………………… 156
三、亚马逊卖家中心后台设置 ……………………………………… 166
四、运营优化策略 …………………………………………………… 178
五、亚马逊物流 FBA ………………………………………………… 179
六、亚马逊 A-to-Z 条款 …………………………………………… 189

第二节 eBay 平台 ……………………………………………………… 190
一、eBay 平台的特点 ………………………………………………… 190
二、eBay 平台运营 …………………………………………………… 195
三、eBay 平台规则 …………………………………………………… 208

第三节 Wish 跨境移动平台 …………………………………………… 213
一、平台的产生及特征 ……………………………………………… 213
二、Wish 平台运营 …………………………………………………… 215

第八章 跨境电商数据分析 …………………………………………… 221

第一节 数据分析概述 …………………………………………………… 223
一、数据分析的定义 ………………………………………………… 223
二、数据分析的目标和定位 ………………………………………… 224
三、数据分析的常用步骤 …………………………………………… 224
四、数据分析的作用 ………………………………………………… 225

第二节 跨境电商数据分析的指标体系 ………………………………… 227
一、跨境电商数据分析的影响因素 ………………………………… 227

二、跨境电商数据分析的指标体系 …………………………… 228
第三节　跨境电商网站数据分析的指标体系 ………………………… 233
　　一、网站分析内容指标 ………………………………………… 233
　　二、网站分析商业指标 ………………………………………… 236
第四节　主要跨境电商平台数据分析的要点 ………………………… 238
　　一、亚马逊数据分析的要点 …………………………………… 238
　　二、eBay 数据分析的要点 ……………………………………… 239
　　三、Wish 数据分析的要点 ……………………………………… 241
第五节　第三方数据工具 ……………………………………………… 241
　　一、Keepa（免费）……………………………………………… 241
　　二、Camelcamelcamel（免费）………………………………… 242
　　三、FBA Calculator（免费）…………………………………… 242
　　四、Terapek（付费）…………………………………………… 242
　　五、Google Adwords（付费）…………………………………… 242

第一章　跨境电商概述

【学习目标】

本章旨在让学习者了解跨境电商的基本概念与类型；了解跨境电商的发展历程及特点，从而更好地学习跨境电商的相关知识。

【本章重点】

本章学习的重点是跨境电商的概念、类型、发展历程、特点及发展趋势。

第一章
跨境电商概述

第一节 跨境电商的定义

关于跨境电商的定义目前有多种表述，其中第一种表述是相对于传统贸易方式而言的，即跨境电商（也被称为外贸电商）是以互联网信息技术为手段，以贸易为中心，实现贸易环节的电子化、数字化；第二种表述是，跨境电商是国际贸易方式的拓展，是基于电子商务（简称为电商）的范畴，以电商为中心，将传统电商平台的概念延伸到跨境电商平台，其经营范围由国内拓展到国际；第三种表述则是把跨境电商作为一种新的商业模式，也即，跨境电商是指，颠覆了传统贸易方式，通过电商平台达成交易，利用第三方支付平台进行结算，并通过跨境物流送达商品、完成商品买卖的一种国际商业活动。

基于上述三种表述，从微观视角看，跨境电商实际上基本等同于跨境网络零售。所谓跨境网络零售指的是，分属于不同关境的交易主体，借助计算机网络达成交易、进行支付结算，并采用快件、小包等方式通过跨境物流将商品送达消费者手中的交易过程。从海关对跨境电商的监管过程来看，跨境电商就是购销双方在网上进行小包的买卖。从严格意义上讲，随着跨境电商的发展，跨境零售消费者中也会含有一部分碎片化分布、小额买卖的 B 类商家用户，但现实中小 B 类商家和 C 类个人消费者很难被区分，也很难界定小 B 类商家和 C 类个人消费者之间的严格界限，所以，从总体来讲，这部分针对小 B 类商家的销售也归属于跨境零售部分。

从宏观视角看，跨境电商基本等同于外贸电商，是指分属不同关境的交易主体，通过电子商务的手段将传统进出口贸易中的展示、洽谈和成交环节电子化，并通过跨境物流送达商品、完成交易的一种国际商业活动。从更广意义上看，跨境电商是指电子商务在进出口贸易中的应用，是传统国际贸易商务流程的电子化、数字化和网络化。它涉及许多方面的活动，包括货物的电子贸易、在线数据传递、电子资金划拨、电子货运单证等内容。从这个意义上看，在国际贸易环节中只要涉及电子商务应用都可以纳入这个统计范畴内。

本教材中的跨境电商是指广义的跨境电商，主要指跨境电商中的商品交易部分（不含跨境电商服务部分），不仅包含跨境电商交易中的跨境零售，还包括跨境电商 B2B 部分，不仅包括跨境电商 B2B 中通过跨境交易平台实现线上成交的部分，还包括跨境电商 B2B 中通过互联网渠道线上进行交易撮合、线下实现成交的部分。

第二节 跨境电商的类型

跨境电商按交易主体类型划分，主要分为 B2B、B2C、C2C、O2O 等若干种，其中 B2C、C2C 都是面向最终消费者的，因此又可统称为跨境网络零售；按服务类型划分，主要分为信息服务平台和在线交易平台；按经营主体划分，可分为第三方开放平台型、自营型和外贸电商代运营服务商模式。

一、以交易主体类型分类

B2B（Business to Business）模式是指进出口企业通过第三方跨境电商平台进行商品信息发布并交易，其中买卖双方均是企业用户，买方不是最终消费者。跨境电商 B2B 平台主要分为信息服务类与交易服务类。目前，B2B 模式是我国规模最大、中小企业参与度最高的跨境电商模式。B2B 模式的代表平台有敦煌网（DHgate）、中国制造网、阿里巴巴国际站、环球资源网等。

B2C（Business to Consumer）模式是指进出口企业与海外最终消费者利用第三方跨境电商平台完成在线交易。消费者网上选购、网上支付，企业通过线下物流将货物交付最终消费者。国内典型 B2C 进口平台有亚马逊（Amazon）、天猫国际、京东全球购等，B2C 出口平台有全球速卖通（AliExpress）、DX、兰亭集势、米兰网等。

C2C（Consumer to Consumer）模式是指买卖双方均为非企业客户，分处不同关境的买家与卖家通过在线交易平台自愿达成交易。这一模式充分满足了消费者个性化的需求，主要以海外买手的形式存在，其中具有代表性的平台有 eBay、洋码头与街蜜等。

O2O（Online to Offline）模式是指卖方提供线下与线上相结合的服务的模式。以国内零售企业苏宁为例，既有苏宁易购网上商城也有线下实体门店，用户既可以享受线上购物的便利，也可以享受线下购物的乐趣与可靠的售后服务。跨境电商 O2O 模式中具有代表性的平台是大龙网。

二、以服务类型分类

信息服务平台： 信息服务平台主要是为境内外会员商户提供网络营销平台，传递供应商或采购商等商家的商品或服务信息，促成双方完成交易。代表企业有阿里巴巴国际站、环球资源网、中国制造网等。

在线交易平台：在线交易平台不仅提供企业、产品、服务等多方面信息展示，并且可以通过平台线上完成搜索、咨询、对比、下单、支付、物流、评价等全购物链环节。在线交易平台模式正在逐渐成为跨境电商中的主流模式。代表企业有敦煌网、速卖通、DX、炽昂科技（FocalPrice）、米兰网、大龙网等。

三、以经营类型（平台）分类

第三方开放平台：平台型电商通过线上搭建商城，并整合物流、支付、运营等服务资源，吸引商家入驻，为其提供跨境电商交易服务。同时，平台以收取商家佣金以及增值服务佣金作为主要盈利模式。代表企业有速卖通、敦煌网、环球资源网、阿里巴巴国际站等。

自营型平台：自营型电商通过在线上搭建平台，整合供应商资源，通过较低的进价采购商品，然后以较高的售价出售商品，自营型平台主要以赚取商品差价作为盈利模式。代表企业有兰亭集势、米兰网、大龙网、炽昂科技等。

外贸电商代运营服务商：服务提供商能够提供一站式电子商务解决方案，并能帮助外贸企业建立定制的个性化电子商务平台，盈利模式是赚取企业支付的服务费用。代表企业有四海商舟（BizArk）、锐意企创（Enterprising & Creative）等。

第三节 跨境电商的发展历程

一、跨境电商的萌芽阶段（1999—2007）

跨境电商的萌芽阶段被称为1.0时代。其主要商业模式是网上展示、线下交易的外贸信息服务模式。萌芽阶段的第三方平台主要的功能是为企业信息以及产品提供网络展示平台，并不在网络上涉及任何交易环节。此时第三方平台的盈利模式主要是通过向进行信息展示的企业收取会员费（如年服务费）。萌芽阶段的跨境电商在发展过程中，也逐渐衍生出竞价推广、咨询服务等为供应商提供的信息流增值一条龙服务。代表企业主要有阿里巴巴和环球资源网。

二、跨境电商的发展阶段（2008—2013）

这个阶段被称为 2.0 时代。跨境电商平台开始摆脱纯信息黄页的展示行为，将信息展示、线下交易、支付、物流等流程实现电子化，逐步实现在线交易。相比较萌芽阶段，跨境电商 2.0 更能体现电子商务的本质，借助电子商务平台，通过服务、资源整合有效打通上下游供应链，包括 B2B（平台对企业小额交易）平台模式以及 B2C（平台对用户）平台模式两种模式。这一阶段的盈利模式特点是收取交易佣金替代了"会员收费"。代表企业有敦煌网、速卖通、DX、兰亭集势等。

三、跨境电商的爆发阶段（2014 至今）

2014 年成为跨境电商的重要转型年，跨境电商全产业链都出现了商业模式的变化。随着跨境电商的转型，跨境电商 3.0 "大时代"随之到来，如图 1-1 所示。

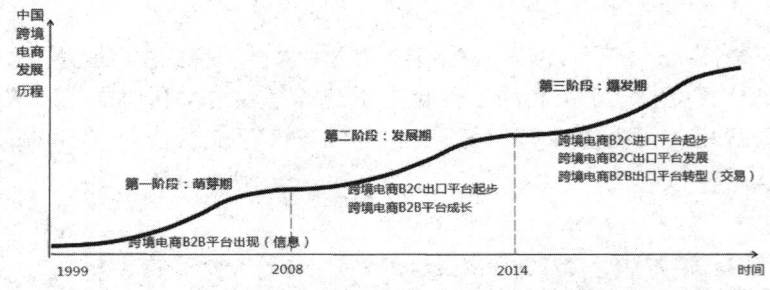

图 1-1 跨境电商的发展历程

首先，跨境电商 3.0 具有大型工厂上线、传统规模型外贸企业陆续登场、B 类买家成规模、中大额订单比例提升、移动用户量爆发、移动跨境电商逐渐走向主流等趋势。与此同时，跨境电商 3.0 平台服务全面升级，平台承载能力更强，全产业链服务在线化也是 3.0 时代的重要特征。

在跨境电商 3.0 阶段，用户群体由草根创业向工厂、外贸公司转变，且具有极强的生产、设计和管理的能力。平台销售产品由网商、二手货源产品向一手货源的高品质产品转变。

第四节 跨境电商的特征

随着跨境电商行业的迅猛发展，其竞争也日益加剧，商业模式开始出现变化。近年来，跨境电商进入整合、转型期。跨境电商的发展逐渐呈现多边化、直接化、小批量、高频度、数字化等特征。

一、多边化，呈网状结构

传统的国际贸易主要表现为两国之间的双边贸易，即使有多边贸易，也是通过多个双边贸易实现的，呈线状结构。跨境电商可以通过一国的交易平台，实现其他国家间的直接贸易，贸易过程相关的信息流、商流、物流、资金流由传统的双边逐步向多边的方向演进，呈现出网状结构，正在重构世界经济新秩序。

二、直接化，效率高

传统的国际贸易主要由一国的进（出）口商通过另一国的出（进）口商集中进（出）口大批量货物，然后货物通过境内流通企业的多级分销，最后到达有进（出）口需求的企业或者消费者手中，通常进出口环节多，时间长，成本高。而跨境电商可以通过电子商务交易与服务平台，实现多国企业之间、企业与最终消费者之间的直接交易，进出口环节少，时间短，成本低，效率高。

三、小批量，高频度

跨境电商通过电子商务交易与服务平台，实现多国企业之间、企业与最终消费者之间的直接交易，由于是单个企业之间或单个企业与单个消费者之间的交易，相对于传统贸易而言，大多是小批量，甚至是单件交易，而且一般是即时按需采购、销售和消费，相对于传统贸易而言，交易的次数多，频率高。

四、数字化，监管难

随着信息网络技术的深化应用，数字化产品（如游戏、软件、影视作品等）的品类和贸易量快速增长，且通过跨境电商进行销售或消费的趋势日趋明显，而传统应用于实物产品或服务的国际贸易监管模式已经不适用于新型的跨境电商交易，尤其是数字化产品的跨境贸易更是没有纳入海关等政府有关部门的有效监管、统计和关税收缴范围。

第五节　跨境电商与传统国际贸易、国内电商的区别

一、跨境电商与传统国际贸易的区别

相对于跨境电商来说，传统国际贸易方式指的是线下跨境贸易（Offline Cross-border Trade），也就是普通的货物进出口贸易。从传统国际贸易的出口流程来看，出口公司与进口公司经过磋商签订合同后经历"货、证、船、款"四个业务过程，便完成了外贸操作。如果进口商有要求，出口商还要投保，然后制单结汇，最后办理出口退税。而货物进口的流程则和出口流程相反，进口商与出口商签订合同后申请进口许可，然后结汇、进口报关、进口报检。在跨境电商出口的流程中，商品的生产商事先将产品拍照、做好商品详细资料的整理，将图片文字上传至网络平台，买方针对自己选中的商品自行操作结账。此后，商家会根据订单中的商品信息，将需要的商品交至物流公司，物流公司再根据订单中的买家信息采取最佳的配送方式，办理了出口国和进口国的海关通关手续后，再由国内物流机构送至买方手中。

目前，从事跨境电商的大多为中小企业，由于本身资源和资金有限，他们通常会选择借助第三方综合服务平台。然后第三方综合服务平台代表该企业办理通关、出口退税等流程中的非生产性手续，以便保证跨境交易的达成。对于跨境电商的进口流程来说，实际上只要将出口反向操作即可。

跨境电商相比传统国际贸易模式，有难以比拟的优势，如突破了传统地理范围的限制、受贸易保护影响较小、涉及中间商少、价格低廉和利润率高等；但同时也存在明显的通关、结汇和退税障碍，以及贸易争端处理不完善等劣势。通过将两者进行对比，我们可以看出其中的差异（见表1-1）。

表1-1 跨境电商与传统国际贸易模式对比

	传统国际贸易	跨境电商
交易主体交流方式	面对面，直接接触	通过互联网平台，间接接触
运作模式	基于商务合同的运作模式	需借助互联网电子商务平台
订单类型	大批量、少批次、订单集中、周期长	小批量、多批次、订单分散、周期相对较短
价格、利润率	价格高、利润率相对低	价格实惠、利润率高
产品类目	产品类目少、更新速度慢	产品类目多、更新速度快
规模、速度	市场规模大，但受地域限制，增长速度相对缓慢	面向全球市场，规模大，增长速度快
交易环节	复杂（生产商—贸易商—进口商—批发商—零售商—消费者），涉及的中间商众多	简单（生产商—零售商—消费者或生产商—消费者），涉及的中间商较少
支付	正常贸易支付	需借助第三方支付
运输	多通过空运、集装箱海运完成，物流因素对交易主体影响不明显	通常借助第三方物流企业，一般以航空小包的形式完成，物流因素对交易主体影响明显
通关、结汇	按传统国际贸易程序，可以享受正常通关、结汇和退税政策	通关缓慢或有一定限制，无法享受退税和结汇政策（个别城市已尝试解决）
争端处理	健全的争端处理机制	争端处理不畅，效率低

（一）交易环节上的差异

传统国际贸易的信息流、资金流和物流是分离的，而通过B2C电子商务平台，这些可以在一个平台上完成，而且可以同时进行。传统国际贸易发生在企业与企业之间，过度依赖传统销售、买家需求封闭、订单周期长、汇率风险高、利润空间低等问题长期存在。而在跨境小额贸易模式下，传统外贸中间商的环节被延伸到了零售环节，打破了原来的国外渠道如进口商、批发商、分销商甚至零售商的垄断，企业面对的客户群不单是消费者，还有个体批发商、零售商，有效减少了贸易环节，价值链缩短，交易渠道更加扁平化，从而降低了渠道成本，让企业获得更多利润，消费者享受更多实惠。

（二）产业链条上的差异

我国传统贸易企业大都从事加工贸易，处于代工地位，产品设计和市场营销等功能明显偏弱，产品附加值低。而在跨境电商模式下，企业掌控完整产业链条。企业在利用跨境电商平台的过程中可以获得最新的行业资讯、竞争对手的情况以及国外消费者的消费习惯、地区分布等信息，通过论坛向成功者学习经验和吸取教训，并从市场数据方面为产品研发、市场营销和售后服务提供支撑。

（三）运营成本上的差异

跨境电商避免了传统贸易方式下人员的大量外出谈判和参展活动，也减少了各国的分支机构，从而降低了海外办公支出、交通和住宿费；突破了地理位置的局限，有利于在更广阔的市场空间寻找商业伙伴；利用网络开展网络营销，可以显著提高营销成本的投入产出效率，绕开利用传统电视、广播、报纸和杂志进行国际市场营销的巨额开支门槛，从而从根本上解决我国企业长期不敢在国际市场投放广告的被动局面；电子商务平台可以通过大规模生产前的预售活动，帮助品牌扩大总需求和测试市场反应，进而帮助企业降低库存风险，提高营运资金的周转效率；采用智能化管理模式，将顾客需求与企业产品研发、生产和库存管理有机结合起来，从而缩短产品开发周期，降低生产采购成本和物流仓储成本，提高供应链的效率和准确性。

（四）产品差异化上的差异

跨境电商比传统贸易方式有产品类目多、更新速度快、具有海量商品信息库、个性化广告推送、口碑聚集消费需求、支付方式简便多样等优势，并且面对的是全球消费者，市场潜力巨大；企业可以通过电子邮件、BBS、社区网络等在线调研及沟通获得大量的产品和消费者个人数据，并综合运用网站优化策略、差异化服务策略、关系营销策略和搜索引擎营销策略开展全方位的售前、售中和售后服务；由于掌握更多的顾客数据，跨境电商企业更能使用 CAD 和 CAM 技术来设计和生产出差异化、定制化产品；通过企业产品网站的音频、视频和图像来介绍企业产品，并提供在线咨询、网上订购、订单查询和售后服务等增值服务，从而更好地为顾客提供技术支持，展示自身与众不同的企业形象，在虚拟的网络环境中塑造自己的品牌。

（五）与时代变化融合上的差异

移动电商有望在未来发挥更大的作用。据统计，至 2017 年底，全球网民人数已达到 41.57 亿人，其中有超过 5 亿人通过移动设备来购物。根据 PayPal 发布的《全球跨境电商报告》数据显示，随着智能手机和平板电脑的普及，跨境电商出现了移动电商和移动支付方式。数据显示，2013年至2018年移动跨境电商的复合年均增长率达到22%，人们更加愿意通过移动终端设备完成跨境网上购物。伴随跨境电商发展而来的还有新型社会商务，同样也对传统贸易提出了新的挑战。总体来说，跨境电商为对外贸易带来新的增长点，并有望进一步发挥"中国制造"的产品优势，促进"中国制造"向"中国营销"和"中国创造"加速转变，推动对外贸易转型升级。

二、跨境电商与国内电商的区别

（一）业务环节的差异

跨境电商业务环节更加复杂，需要经过海关通关、外汇结算、出口退税、进口征税等环节。在货物运输上，跨境电商通过邮政小包、快递方式出境，货物从售出到国外消费者手中的时间更长，因路途遥远，货物容易损坏，且各国邮政派送的能力相对有限，增长的邮包量也易引起贸易摩擦。国内电子商务发生在国内，以快递方式将货物送达消费者，路途近，到货速度快，货物损坏概率低。

（二）交易主体差异

国内电商的交易主体一般在国内，国内企业对企业、国内企业对个人或者国内个人对个人。而跨境电商交易的主体在关境内外，可以是国内企业对境外企业、国内企业对境外个人或者国内个人对境外个人。跨境电商的交易主体遍及全球，有不同的消费习惯、文化心理、生活习俗，这要求跨境电商商家对各国流量引入、各国推广营销、国外消费者行为、国际品牌建设等有更深入的了解，复杂性远远超出国内的电商。

（三）交易风险差异

在跨境电子商务中，国内知识产权意识比较薄弱，大量的无品牌、质量不高的商品和假货、仿品充斥跨境电商市场，侵犯知识产权等现象时有发生。在商业环境和法律体系较为完善的国家，这些产品很容易引起知识产权纠纷，后续的司法诉讼和赔偿十分麻烦。国内电子商务行为发生在同一个国家，交易双方对商标、品牌等知识产权有统一的认识，侵权引起的纠纷较少，即使产生纠纷，处理时间较短，处理方式也较为简单。

（四）适用规则差异

跨境电商比国内电商需要适应的规则更多、更细、更复杂。跨境电商除了借助国内的平台，还可能在国外平台上开展交易，各个平台均有不同的操作规则。

跨境电商要以国际一般贸易协定和双边或多边的贸易协定为基础。跨境电商商家要及时了解国际贸易体系、规则，以及进出口管制、关税细则、政策的变化，对进出口形势也要有更深入的了解和分析能力。

第六节 跨境电商发展面临的挑战

一、产品同质化严重

因国内许多商家纷纷涌入蓬勃发展的跨境网络交易领域，致使我国跨境网络交易内部竞争环境恶化。许多跨境电商中小企业为争抢销售利润较高的热门产品（如 3C 产品及附件等），导致行业内产品同质化问题严重，甚至造成了恶性价格战。

二、不重视品牌建设

我国是"制造大国"，产品价格优势是推进我国跨境电商顺利发展的基础性条件。大部分跨境电商企业靠从一些小工厂进的价格低廉的产品（3C 产品、服装等）吸引消费者，但却未控制产品的质量，且这类跨境电商企业到目前为止不重视品牌建设。

三、跨境物流发展滞后

跨境电商具有订单小、批次多和采购周期短等特点，对物流的速度要求较高，运输主要通过国际快递方式。中国邮政的国际小包和国际 E 邮宝，DHL、FedEx、UPS、TNT 等国际快递是主要的物流方式。选择跨境物流要兼顾成本、速度、安全性以及消费者在物流途中进行商品追踪的体验，服务质量和成本高低之间的矛盾十分突出。如果单纯考虑成本，则会造成速度太慢，延长供货时间，降低顾客体验满意度，从而失去长期的忠实客户；如果单纯追求服务质量，则在成本上难以承受，甚至会出现亏损。尽管一些企业开始尝试海外仓等物流仓储和聚集后规模化运输的形式，但对于规模不大、分散的中小企业来说目前还不适合。由此可见，当前跨境物流未能与快速发展的跨境电商相匹配，亟须物流配送模式上的创新。

四、侵犯国外知识产权

由于目前跨境电商平台的盈利模式是对成功的交易收取佣金，不对会员注册收取费用，因而进入跨境电商市场只需要很低的成本。国内生产企业知识产权意识本来就薄弱，再加上 B2C 电子商务市场上的产品多为不需要高科技和大规模生产的日用消费品，很多企业缺乏产品定位，什么热卖就上什么产品，在恶性竞争下，大量的低附加值、无品牌、质量不高的商品和假货、仿品充斥跨境电商市场，侵犯知识产权等现象时有发生。在商业环境和法律体系较为完善的国家，很容易引起知识产权纠纷，后续的司法诉讼和赔偿十分麻烦。中国电子商务研究中心 2012 年的调查表明，61.5%的被调查跨境电商企业表明遇到过知识产权侵权的纠纷。尽管目前包括兰亭集势在内的外贸网站都非常重视规避知识产权风险，但多国海关以知识产权为由对来自我国的快递和邮政小包检查日渐严格，不少网站的掉包率和退款率有所上升，快递或邮政小包被扣留后，企业就只能交税或退回，给企业增加了成本压力。

五、非阳光化退税、结汇

尽管我国已经针对跨境电商的报关、报检、收汇、核销、退税和结汇等问题出台了一系列办法，但仍处于探索阶段，需要后续的更为具体的规定。依据海关总署"600 美元以下的货物可以以'非卖品'的形式速递出口"的规定，一些以国际小包或快递出口的商品将原本需要正常报关、报检货物作为样品卖出境外，或通过修改发票金额逃避报关。当快递企业承担集中报关任务时，企业经营者只能取得快递企业的物流运输单，并未获得相应的报关单作为合法凭证，因而不能进行外汇结算，更无法享受出口退税。另外，根据我国现行政策，国外买家支付的款项只能通过个人储蓄账号结汇，且还会受到每人每年 5 万美元汇兑额度限制，导致一些出口企业借用亲属账户进行结汇，或通过地下钱庄将资金转移到国内银行进行结汇，从而制约了跨境电商的进一步发展。

六、跨境信用难以评估和争端处理困难

由于不同国家和不同文化在语言、时差、沟通方式和购物习惯等方面的差异，跨境电商相对于国内电子商务而言，买卖双方的信息不对称问题更为严重。一方面，国外顾客下单后必须首先付款给卖家，但通过卖家的网上图片展示和文字描述并不能了解产品的真实质量，也很难对卖家的信用以及售后服务水平做出准确的判断；另一方面，卖家也很难对国外顾客的消费能力和资信做出准确评价。但是，国外顾客可以选择通过信用卡来支付，在收到货物后撤回资金，或以各种理由拒绝收货，从而使得卖家损失物流费用和资金手续费，甚至钱货两空。尽管目前 eBay、敦煌网、兰亭集势等大部分跨境

电商平台有卖家信誉度作为参考,但买家无从辨别虚假的信用评价,尚没有第三方信用机构对其进行信息评估和认证,买家完全依赖跨境电商平台自身的预防、监督机制来避免争端发生,并没有明确的制度来解决纠纷。

七、跨境电商人才缺失

基于跨境电商业务的迅猛发展,严重匮乏的外贸人才等问题就暴露出来了,其内在原因如下。

1. 语言语种问题:目前从事跨境电商的人员大部分是英语专业,小语种专业的人才极度匮乏。有数据表明新兴市场(像巴西、印度、俄罗斯、阿拉伯国家、蒙古国等)的跨境电商将具有无与伦比的发展机会,因此这些地区的外语人才亟待扩充。

2. 员工能力问题:跨境电商人才不仅需要具备较强的外语能力,还必须熟悉国际市场、国际交易规则、国际消费者的消费习惯等。

综上,真正满足以上两点要求的跨境电商人才极度匮乏,这也是我国现阶段跨境电商行业的常态。

第七节 跨境电商的发展趋势

据《全球跨境电商趋势报告》预测,2020年全球跨境零售交易额将达到9940亿美元,惠及9.43亿全球消费者,中国有望成为全球最大的跨境零售消费市场,带动全球跨境消费年均增速提高近4%。在国际跨境电商高速发展的大背景下,我国跨境电商会在商业模式和技术产品方面不断创新,会有更多的企业加入跨境电商的行列,我国跨境电商从规模到质量都会有大幅度的提高,在国际市场的地位、影响力和话语权会进一步增强。

一、交易市场将进一步扩大

人均购买力强、网购观念普及、消费习惯成熟、物流配套设施完善等良好的市场氛围,将使中国跨境电商在以美国、英国、德国、澳大利亚为代表的成熟市场中保持着旺盛的发展势头,与此同时,会向俄罗斯、印度、巴西、南非等地快速扩展。不断崛起的阿根廷、以色列、乌克兰等新兴市场也将成为我国跨境电商零售出口的新目标。同时,内地与港澳台地区的电商合作也会增强,交易渠道会进一步拓宽。

二、交易主体将进一步增多

跨境电商零售出口不仅为诸多中小微企业①提供了迅速把握全球商机的捷径，而且为许多大企业、传统外贸企业提供了拓展业务并提升服务水平的机会。愈加多元化的跨境电商主体将进一步改善买家购物体验，提升行业整体服务水准。阿里巴巴、京东、大龙网、敦煌网等国内大型电子商务平台纷纷瞄准跨境电商市场，给原本以平台海外营销为主的跨境电商带来了坚实的业务基础和产品基础。我国的中小企业将作为跨境电商经营主体大量涌现，B2B和B2C模式并驾齐驱，一大批B2C企业快速成长，大批内贸企业和制造企业将进入跨境电商领域。

三、交易产品种类将更丰富

据eBay统计，未来中国跨境零售出口卖家的业务范围将进一步拓展。随着产品运送方式的持续创新和大数据技术的不断发展与应用，中国卖家亦将业务拓展至更多新种类，经营的产品从服装服饰、美容保健产品、3C电子产品、计算机及配件、家居园艺产品、珠宝、汽车配件、食品药品等便捷运输产品向家居、汽车等大型产品扩展。eBay大中华区报告显示，71%的大卖家计划扩充现有产品种类，64%的大卖家计划延伸到其他产品线，这将持续提升中国跨境零售出口卖家在全球跨境贸易中的市场占有率和重要性。

四、传统外贸企业将成跨境电商主流

跨境电商零售不同于一般贸易，其小额度、高频度的特征与现有的通关、商检、结汇、退税等方式不相匹配。随着监管体系的完善，跨境B2C将进一步发展，更多的传统外贸企业将加入平台从事跨境B2C。同时，跨境B2B也将成为传统外贸企业的主要营销渠道。传统外贸企业与国外消费者直接面对面，有助于外贸企业建立并提升品牌，提高核心竞争力。跨境电商将推动传统外贸企业的价值创造方式发生转变，实现从产品的交易者向生产的组织者转变，从消费的匹配者向消费的引导者转变，从价值的实现者向价值的创造者转变。

五、跨境电商产业链将逐步完整

目前，我国的跨境电商主要是以平台为主导，企业自建交易平台尚不普

---

① 中小微企业指中型、小型、微型企业。

跨境电商概论

遍,未来随着环境和支撑体系的改善、新技术的不断运用,跨境电商的产业链将逐步形成。从电商产业链上游的产品方面来看,3C 电子产品、服装等传统优势品类借助自身标准化及便于运输等优势表现强劲,户外用品、健康美容产品和汽配等新品类随着消费者需求的增长而快速增长;产业链中游则是平台电商与自建网站相互博弈、协同发展,跨境电商平台将进一步整合,逐步完善服务功能,更多的制造业企业会入驻跨境电商平台;从产业链下游来看,成熟发达的经济体是中国出口电商的主要目的市场,并将保持快速增长的态势,不断崛起的新兴经济体将为中国的出口电商提供更多更新的市场机会。

六、跨境电商综合服务业将兴起

推动外贸综合服务企业与跨境电商平台融合,形成跨境电商综合服务业,是跨境电商持续健康、快速发展的现实途径。跨境电商综合服务业通过整合产业链、贸易链、监管链和数据链,在原有信息与交易服务的基础上向涵盖支付、物流、信用管理、产品质量保险和金融等方向发展,为跨境全流程在线贸易提供全方位的集成服务,推动传统加工贸易与跨境电商的融合发展。在物流方面,云计算、物联网等新一代信息技术在跨境电商中的应用,将提升物流配送的信息化水平,提高物流配送效率、降低物流成本。在信用方面,大型电子商务平台依托平台积累的资源和现代信息技术将为信用体系建设开辟新的途径。在互联网金融方面,电子商务平台依托交易、物流和支付等大数据资源深入了解外贸企业的信用状况和经营状况,提供在线供应链金融,降低中小微企业融资成本,促进外贸企业提升综合竞争力。

【思考题】
1. 跨境电商的定义及特征是什么?
2. 跨境电商与传统贸易的区别是什么?
3. 跨境电商的类型有哪几种?
4. 跨境电商的发展趋势是什么?

知识考查与技能训练

本章习题请扫码获得。

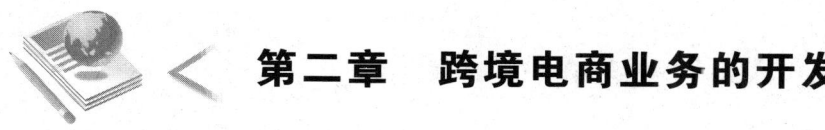# 第二章　跨境电商业务的开发

【学习目标】

　　本章旨在让学习者了解跨境电商的国际市场调研；了解主要的跨境电商平台；学习跨境电商产品选择方法、跨境电商产品定价策略，为跨境电商的业务开发奠定基础。

【本章重点】

　　本章学习的重点是跨境电商的国际市场调研、跨境电商平台的选择、跨境电商产品的选择、跨境电商产品的定价。

第二章 跨境电商业务的开发

第一节 跨境电商的国际市场调研

跨境电商的国际市场调研指跨境电商（进出口商）所进行的以相关国内外客户（顾客）的信息为中心的调查研究活动。

该活动最主要的目的是确定适合跨境电商的产品后，能正确把握产品的国际市场动态。具体包括现有客户由哪些人或组织构成，潜在市场顾客由哪些人或组织构成，这些客户需要购买哪些产品或服务，为什么购买，何时何地以及如何购买。

由于跨境电商打破了原来的传统对外贸易渠道，其市场需求特性变得比较特殊，表现在全球性的发展、及时性的信息传输、寻求不同体验的消费感受（新鲜感、异域感）、颠覆性地打破原有的垄断渠道和价格盲区。因此，跨境电商对国际市场调研有了一些新的要求。

一、跨境电商国际市场调研的内容

（一）国家（地区）调研

国家（地区）调研主要是为了贯彻国家的政策、选择适宜的市场、创造有利的条件、建立跨境电商贸易关系。调研内容具体有：（1）一般概况调研，包括人口、面积、民族文化、气候、函电文字、通用语言、电子商务的普及情况、电子商务平台的使用情况等；（2）政治情况调研，包括政治制度、对外政策以及与我国的关系等；（3）经济情况调研，包括主要物产资源、工农业生产、财政金融、就业状况、收入状况、使用电商购物的人群特性等；（4）对外贸易情况调研，包括主要进出口商品贸易额、进出口贸易的主要国家及地区、对外贸易政策、海关税率和商检措施、海关对于邮件、小包、快递类物品的管制措施，民法和商法以及与我国进行贸易的情况等；（5）运输条件调研，包括邮政包裹、商业快递的选择和使用情况，清关能力等。

（二）商品市场调研

通过对商品市场的调研，摸清适销市场，使跨境电商的商品在有利的条件下进行销售。调研内容具体有：（1）市场适销商品调研，包括品种、规格、用料、颜色、包装、商标、运费等；（2）市场竞争情况调研，包括市场容量、供货主要来源、主要生产者、主要竞争者、主要消费对象等；（3）市场消费特点调研，包括消费水平、质量要求、消费习惯、销售季节、产品销售周期、商品供求价格变动规律等。

（三）目标人群调研

通过对目标人群的调研，了解目标人群的消费特点，了解目标人群喜爱的品牌，以及这些品牌在该市场的占有率，同时也需要了解竞争对手是如何布局他们的同类商品线的。同时结合目标人群的特性，做好第三方平台或独立平台的选择，在选品方面就要立足于第三方平台或者独立平台的目标人群的需求以及购物习惯。如出口跨境电商方面，eBay 上的 3C 类电子产品、家居类产品销量较好，亚马逊在品牌服饰上优势明显，速卖通在新兴市场国家销量增长较快等。

二、国际市场调研的步骤

国际市场调研的步骤主要包括：明确调研目标、制定调研计划、执行调研计划、解释调研结果并撰写调研报告。

（一）确定调研目标

国际市场调研的第一个步骤是确定调研目标。这一步骤看似简单，实际上很复杂，而且对整个调研及以后的决策都是至关重要的。例如，一个时期内企业在某国的销售额直线下降，原因可能有很多，如产品包装不符合目标国消费者要求，服务水平达不到目标国所需，广告媒介选择失当，这些因素都可能引起企业产品在该国的销售额下降。如果导致企业销售额下降的真正原因是广告媒介选择失当，而调研人员却误以为是服务水平达不到目标国所需，就会使后面的各步骤调研工作误入歧途，并可能导致错误的企业决策，给企业带来更严重的损失。

（二）制定调研计划

国际市场调研的第二个步骤是制定市场调研计划。首先要确定市场调研需要哪些信息，然后再确定信息的来源。如果企业已发现导致销售额下降的原因是广告媒介选择失当，于是企业打算调研，确定决策。所需要的信息如下：

1. 顾客对广告的需求是否已发生变化？
2. 市场国的政治、经济、文化等因素是否已发生变化？变化趋势如何？
3. 本企业在该国市场上的广告策略为什么有不适合顾客需求特点和该国经营习俗之处？
4. 主要竞争对手的营销、产品、平台策略如何？有何值得借鉴之处？

5. 本企业应采用哪些全新的广告媒介来提高竞争力并保持较高的市场占有率?

一般来说，市场调研人员取得信息的来源一是二手资料；二是原始资料。二手资料是指经别人搜集、整理过的资料，通常是已经发表过的。原始资料则是指调研人员通过发放问卷、面谈等方式搜集到的第一手资料。搜集二手资料的过程叫作案头调研，搜集第一手资料的过程叫作实地调研。

（三）执行调研计划

执行调研计划主要包括搜集、处理和分析数据资料等工作。搜集资料的过程，可由企业内部的调研人员完成，也可委托企业外部的国内外专业调研公司完成。然而没有经过处理的资料是杂乱无章的，况且从不同来源得到的资料按照不同的统计方法计算，其时效性和准确性也不同，有些甚至是彼此矛盾的。例如在北欧诸国，啤酒被列为酒精性饮料，而在地中海沿岸国家，啤酒算作饮料。因此，只有对搜集到的资料进行加工和处理，才能使其具有可比性并可作为决策依据。信息处理过程主要包括分类、核对、换算、调整、编校等步骤。之后，调研人员还要用统计技术对经过处理的信息进行分析，以便为营销决策提供依据。

（四）解释并报告调研结果

市场调研的最后一步是对调研结果做出解释和说明，得出结论，向管理部门提交调研报告。调研报告不能只是一系列的统计数据和高深的统计公式，应当附有简明扼要的结果及说明，应对以后的企业决策活动提出建议。

三、收集国际市场行情资料的途径

1. 互联网、跨境电商平台和手机是收集国际市场行情资料最主要的途径。尤其是利用主要的跨境电商平台，通过关键字检索，可以快速了解到该品类商品在该平台上的销售情况以及相关国际市场行情。

2. 利用国外的推销网和客户渠道，通过各项业务活动收集和积累有关国际市场行情的资料。

3. 利用国内外综合的或专业的交易会，有目的地开展调查研究。

4. 通过出口推销、考察小组，结合业务需要进行实地调查，收集当地市场以及其他有关国际市场行情方面的资料。

5. 利用参加各种国际性交易会的机会，有针对性地收集有关动态资料，进行调查研究。

6. 与国际经济组织、国外商业情报机构、研究机构、咨询公司、数据库建立联系，获得有关资料。

7. 通过驻外商务机构和企业收集有关资料。
8. 与国内企业和科技单位发展多种形式的联系，获得有关资料。

第二节 跨境电商平台

跨境电商平台是跨境电商（进出口商）实现跨境电商销售的主要渠道。跨境电商（进出口商）可以通过搭建店铺将商品铺货到各大跨境电商平台。出口如阿里巴巴国际站、亚马逊、速卖通、eBay、Wish、敦煌网等。进口如天猫国际、淘宝全球购、苏宁云商海外购等。这些跨境电商平台各有特点。

一、主流跨境电商平台分析

目前，可供选择的中国跨境出口 B2C 模式的跨境电商平台主要是速卖通、亚马逊、eBay、Wish、敦煌网等。

（一）亚马逊

亚马逊公司是美国最大的一家网络电子商务公司，位于华盛顿州的西雅图，是网络上最早开始经营电子商务的公司。亚马逊成立于 1995 年，一开始只经营网络的书籍销售业务，现在则经营范围相当广，已成为全球商品品种最多的网上零售商和全球第二大互联网企业，并包括了 Alexa Internet、A9、Lab126 和互联网电影数据库（Internet Movie Database，IMDB）等子公司。

亚马逊平台非常适合中国的工厂或是在供应链方面有优势的品牌商，是一个非常优质的 B2C 平台，消费者主要为发达国家的中产优质客户，对价格并不敏感，产品利润率有保证。如果是有过给外国知名品牌代工经验的实力厂商，并建立了对产品品质把控的标准，在亚马逊平台开店绝对是不可错过的销售渠道；倘若还有自有品牌和专利，还可以在平台上进行商标备案，防止被其他卖家跟卖和侵权。

在亚马逊平台开店是有一定门槛的，不但开店手续复杂，而且上手相对困难，同时还要防止账号关联等问题，如果一不小心触犯了它的规则，轻则会被警告，重则直接封店。店铺被封后，同一套资料在亚马逊平台上是不能再去申请新店铺的，必须换一套全新的资料。尤其是 2016 年下半年以来，亚马逊对于中国卖家的审核力度不断加强，没有进行过跨境电商培训的新卖家不管是注册还是运营，都会遇到比以往更大的阻力。

另外，如果想要真正做好亚马逊，就必须有长期投入的心态，切忌急功近利，要一步一个脚印地去做，这也就需要新卖家有一定的资金储备，可以支撑着自己挺过初期的"艰苦岁月"，如果资金量不是很足，想要成功还是比较困难的。还有就是亚马逊卖家彼此非常忌讳的一个话题就是正在操作的产品，一般彼此都不会将店铺发给对方或是告诉对方自己正在卖什么，除非是有棵树、Anker这样很难被模仿和复制的大卖家。

（二）eBay

eBay（中文名为电子湾、亿贝、易贝）是一个可让全球民众上网买卖物品的线上拍卖及购物网站。eBay于1995年9月4日由Pierre Omidyar以Auctionweb的名称创立于美国加利福尼亚州圣荷西。作为全球较大的在线交易平台之一，eBay帮助人们在全球几乎任何一个国家进行买卖交易。

eBay在全球拥有40多个站点和1.5亿以上的活跃用户，核心市场是美洲和欧洲地区，是大部分中国卖家最早接触到的跨境电商平台。它最初是一个拍卖网站，创办的初衷是让美国人把家中的闲置物品最大化地利用起来，放到网络上进行买卖。这种拍卖模式很容易吸引到流量，也让卖家比较容易出单，每一个卖家都可以对商品设置最低0.01美元的底价，让买家去竞相加价。

因为创立时间早、国际知名度高，所以eBay上的卖家非常多，来自很多国家的卖家都希望自己能够在eBay上赚到钱。当前，eBay平台汇聚了8亿多件由个人或商家发布的商品，其中以全新的"一口价"商品为主，日均交易量近800万笔。在eBay平台，新卖家如果只卖几款产品，很快就会被卖同样产品的其他卖家挤下去，除非有供应链优势。当然，新卖家刚开始可以上传的产品是有限制的，需要靠信誉的积累才能上传更多，所以最好能够提供其他卖家无法提供的商品。

另外，eBay对于纠纷和退货的处理经验很丰富，防范卖家刷单的方法也很多，新卖家还是要按照平台的规则去做：完善产品资料，进行页面优化，站内站外引流，服务好每一位客户，通过规范的操作和亲身的实践让自己得到成长，从"小白"变成资深的eBay商户后，再尝试新的玩法和可能性；而不是从一开始就投机取巧，将时间和精力放到了错误的地方，那绝对是得不偿失的。

（三）全球速卖通

全球速卖通是阿里巴巴旗下的面向全球市场打造的在线交易平台，被广大卖家称为国际版"淘宝"。速卖通作为阿里巴巴国际化的重要战略产品，自2010年4月上线以来发展较快，已成为全球较活跃的跨境平台之一，并依靠阿里巴巴庞大的会员基础，成为目前全球产品品类较丰富的平台之一。

全球速卖通覆盖3C产品、服装、家居用品、饰品等共30个一级行业类目，能够实现小批量、多批次的快速销售。适合在全球速卖通销售的商品主要包括服装服饰、珠宝手表、灯具、消费电子产品、电脑、手机、家居、汽车和摩托车配件、首饰、工艺品、体育与户外用品等能够实现小批量、多批次快速销售的商品。

速卖通的特点是对价格比较敏感，低价策略一用就灵，这也跟阿里巴巴导入淘宝的卖家客户策略有关，很多人现在做速卖通的策略就类似于前几年开淘宝店铺的策略。速卖通市场的侧重点在于新兴市场，其客户主要集中在发展中国家，如俄罗斯、巴西等。这些国家的消费者很看重价格因素，对产品的质量和款式要求不高，这也导致了速卖通卖家间的价格竞争非常激烈，利润率不断降低，在速卖通平台，如果卖家没有供应链优势将很难在激烈的竞争中坚持下来。

作为阿里巴巴系列的平台产品，速卖通整个中英文版页面操作简单整洁，非常适合新人上手。另外，阿里巴巴一直有非常好的社区和客户培训传统，通过社区和阿里巴巴的培训，跨境新人可以通过速卖通快速入门，掌握后台操作的技巧和了解平台最新的政策。

整体而言，速卖通在全球跨境电商市场上具有一定的知名度，用户活跃度也比较高。但它在美国等成熟市场上，无论是品牌形象还是流量，都无法和亚马逊、eBay这些电商平台相抗衡。

（四）Wish

Wish是在移动互联网时代诞生和兴起的手机购物平台，经常在上面购物的客户群体主要是喜欢时尚的年轻人，目前产品主要集中在客单价较低且时尚的类目，比如服装、饰品、礼品等。在美国市场拥有较高的人气，是购物APP的典型代表，目前已经被越来越多的中国卖家所认知，这些卖家迫切希望了解有关Wish平台的相关内容。

此外，由于手机屏幕大小的限制，Wish一次性显示的产品数量不是很多，在客户体验感方面做得不错，客户的下单率也很可观。很多客户并没有明确的购物目的，往往利用碎片化的时间在Wish上进行浏览，看到中意的产品就点进去了解价格和详情，所以对于Wish上的卖家而言，产品的主图非常之关键。其他方面，卖家可以操作的空间比较小，站内优化基本用不上，而且无法与客户直接进行沟通。

Wish平台并没有店铺的概念，它会基于自身的算法对产品进行点对点的推送，每一个卖家审核通过的产品都能得到官方的公平推送，后期推送的频次和受众会根据前期推送的效果进行调整，所以新卖家在前期一定要精选出有竞争力的产品，才能得到最大化的曝光效果，最好是体积小巧、不易破碎、适合国际物流且基本上不需要提供多少售后服务的产品。

（五）敦煌网

敦煌网同时具备零售和小额批发功能，主营家居、电子、服装和饰品等，直接向欧美地区的大小采购商供货，主要卖家是中国的中小企业。它最大的特点在于采取佣金制，免注册费，以"为成功付费"的方式打破传统电子商务的"会员收费"模式，既减小了企业风险，又节省了企业不必要的开支。然而，与前四大平台相比，敦煌网在访问流量、转化率等方面存在一定的劣势。

（六）兰亭集势

兰亭集势成立于2007年，注册资金为300万美元，是目前国内排名第一的外贸销售网站。公司成立之初即获得美国硅谷和中国著名风险投资公司的注资，总部设在北京，在北京、上海、深圳共有1000多名员工。

兰亭集势涵盖了服装、电子产品、玩具、饰品、家居用品、体育用品等14大类，共6万多种商品。公司年销售额超过两亿元人民币。经过几年的发展，公司采购遍及中国各地，在广东、上海、浙江、江苏、福建、山东和北京等省市均有大量供货商，并积累了良好的声誉。许多品牌，包括纽曼、爱国者、方正科技、亚都、神舟电脑等也加入兰亭集势销售平台，成为公司的合作伙伴或者供货商。

（七）洋码头

洋码头是国内首家引进海外零售商的海外购物网站，也是首家自建国际物流的跨境电商平台。洋码头于2009年成立，于2011年5月正式上线，总部设立在上海，并在纽约、洛杉矶、旧金山设立分部。洋码头连接起了美国的商家和中国的消费者，使得用户可以足不出户地买到美国货。

洋码头属于跨境电商中的平台模式，业务形态包括C2C和B2C两块。洋码头不做自营业务，平台上的SKU（Stock Keeping Unit，即库存进出计量的基本单元，可以是以件、盒、托盘等为单位）全部来自海外个人买手（C2C）及零售商（B2C）。此外，洋码头旗下一个独立的物流公司——贝海国际速递，向跨境卖家提供直邮和报关清关服务。目前洋码头C2C及B2C业务的销售额基本持平。创始人曾碧波2014年底对外披露，两块业务目前各贡献6000万到7000万的销售额。

（八）天猫国际

2014年2月19日，阿里巴巴宣布天猫国际正式上线，为国内消费者直供海外原装进口商品。入驻天猫国际的商家均为中国大陆以外的公司实体,具有海外零售资质;销售的商品均原产于或销售于海外,通过国际物流经中国海关正规入关。天猫国际为所有入驻商家提供旺旺客服,并提供国内的售后服务,消费者可以像在淘宝购物一样使用支付宝买到海外进口商品。而在物流方面,天猫国际要求商家 72 小时内完成发货,14 个工作日内到达,并保证物流信息全程可跟踪。

(九)苏宁易购海外购

苏宁创办于 1990 年 12 月 26 日,是中国商业企业的领先者,经营商品涵盖传统家电、消费电子产品、日用品、图书、虚拟产品等综合品类,线下的实体门店有 1600 多家,线上的苏宁易购位居国内 B2C 前三,线上线下的融合发展引领零售发展新趋势。

早在 2013 年年底,苏宁就已经开始低调布局跨境电商业务。当时,苏宁易购联合跨境购物网站"洋码头"共同合作推出"全球购"业务。苏宁易购的"全球购"不是采用传统的个人"代购"和"海淘"模式,而是通过直接引入海外商家,对接国内消费者。国内消费者在苏宁易购完成商品下单之后,海外商家将直接采用"国际直邮"方式,把海外商品配送到国内消费者手中。2014 年年底,苏宁易购在进军跨境电商领域的同时,加速拓展了包括日本在内的海外市场。

2015 年 2 月,苏宁易购海外购正式上线。苏宁易购海外购以海内外双重自营实体门店为依托,开拓了新的、有别于国内其他巨头发展跨境电商的路径。

二、主流跨境电商平台优劣势比较

在跨境电商平台的选择上,一些大型企业选择建立自己的平台,中小型企业则大多选择具有强大的营销能力以及提供后续相关出口服务的第三方平台。目前,我国从事跨境电商业务的中小企业或个人主要选择以亚马逊、eBay、全球速卖通、Wish、敦煌网为代表的,以终端消费者、小零售商为主要客户群的 B2C、B2SB 电商平台。这些主流的跨境电商平台各有特点,对于出口企业来说,如何选择最适合自己的跨境平台关系到跨境业务的成败。主流跨境电商平台特征比较如表 2-1 所示。

表 2-1 主流跨境电商平台特征比较

平台 特征比较	跨境电商平台				
	亚马逊	eBay	全球速卖通	Wish	敦煌网
销售模式	B2C 模式。主要针对企业客户，业务多元化	B2C 垂直销售模式。主要针对个人消费者，在发达国家比较受欢迎	B2B、B2C 模式。主要针对企业客户，海外市场主要分布在俄罗斯、巴西、美国、西班牙和土耳其	B2B、B2C 垂直类销售模式。主要针对移动端买家	B2SB（SB 指 Small B）和 B2C 模式。主攻小额批发。
平台优势	拥有庞大的客户群和流量优势；以优质的服务著称；有强大的仓储物流系统和服务；提供中文注册界面	排名相对公平、有专业客服支持；新卖家可以靠拍卖曝光商品；开店门槛比较低，但规则繁琐，需要卖家进行研究	全中文操作界面；免费刊登大部分品类；没有起始刊登期限；容错性相对较高（商户评级制度是以两个月为自然周期）	良好的本土化支持；上架货品非常简单，主要运用标签进行匹配；利润率高，可实现精准营销	适合于小额批发；没有平台使用费，同时提供物流推荐、资金支付服务等
平台劣势	对商品品牌、品质有要求；卖家必须是企业；手续略复杂；同一台电脑理论上只能登陆一个账号；收款行账号需要在美国、英国等国注册	保护政策偏向买家；英文界面不友好；费用不低，开店是免费的，上架产品需要收费；一般采用 PayPal 付款	宣传推广费用高（有运用竞价排名的直通车功能）；运营政策偏向大卖家和品牌商；基本不提供客服服务；买家对于平台的忠诚度不高	商品审核时间过长；费用较高；物流解决方案不够成熟；平台的买卖纠纷规则模糊	卖家注册门槛低；支持海外信用卡支付，卖家风险较大；平台知名度低
平台排名影响因素	个人销售方案和专业销售方案	卖家表现、产品数量和更新速度、产品价格	卖家评级、价格、产品销量、产品评级	标签准确性、产品数量、描述和图片、产品价格	产品质量、卖家服务水平、投放曝光率

续表

平台 特征 比较	跨境电商平台				
	亚马逊	eBay	全球速卖通	Wish	敦煌网
适用商户类型	品牌商户、拥有高质量产品的公司	贸易商、有一定B2C经验的工厂、品牌经销商	垂直类贸易商、转型B2C的工厂、传统批发商	贸易商、转型B2C的工厂、品牌经销商	中国中小外贸企业及个体工商户
总体评价	需要供应商有稳定可靠的产品资源。亚马逊的开店比较复杂并且有非常严格的审核制度，如果卖家违规或者不了解规则，店铺不仅会被封，甚至会有法律上的风险	产品优先，操作比较简单，投入不大，适合有一定外贸货源的人操作	适合产品主推新兴市场（俄罗斯、巴西等）的卖家，产品有供应链优势且价格优势明显的卖家，最好是工厂直接销售	Wish是基于APP的跨境平台，在美国市场有非常高的人气。其主要竞争力就是便宜的价格及精准化的营销模式，客户的满意率非常高	敦煌网采取佣金制，免注册费，只在买卖双方交易成功后收取费用

三、跨境电商平台的选择

在跨境电商业务发展初期，应选择一个平台集中投入资源，切忌广撒网模式。跨境电商新人往往简单地认为在主流的跨境电商平台全部上架开店，机会最大，收益也会最大。但跨境电商新人的经验、资源、精力有限，因而专注永远比广撒网更有效率。

（一）根据目标市场选择

根据已确定的目标市场作出选择。如将欧美地区作为主要市场，则优先选择亚马逊、eBay、Wish这些在欧美地区影响力较大的平台，客流量较多，有利于企业快速开发欧美市场。而速卖通则主营俄罗斯、巴西以及亚洲等次发达地区。

（二）根据产品的特性选择

几大平台对于产品的特性有着不同的要求。速卖通平台适合产品特点符合新兴市场的卖家，因为平台价格竞争激烈，通常要求产品有供应链优势，最好是工厂直接销售，否则往往不具备产品竞争力。而亚马逊、eBay则重视产品的品牌、品质等方面。选择亚马逊最好有比较好的供应商合作资源，供应商品质需要非常稳定，最好有较强的研发能力和自有品牌优势。eBay 对产品的上线审核周期较长，对于产品的质量和售后服务要求很高，产品一旦遇到投诉，卖家很容易受到 eBay 的关店处理。Wish 则结合其移动端智能推送的销售特点，适合销售物美价廉、外观时尚的产品。

（三）根据平台的入驻规则选择

在几大主流平台中，敦煌网由于免注册费，没有入驻门槛，适合入门跨境电商卖家开展尝试。速卖通和 Wish 的门槛也较低，而亚马逊和 eBay 的规则比较复杂，入驻门槛较高，开店比较复杂，并且有非常严格的审核制度，如果违规或者不了解规则，不仅会有封店的风险，甚至会有法律上的风险。亚马逊需要卖家用一台电脑专门登陆亚马逊账号。这对于亚马逊的店铺政策和运营后期都非常重要，一台电脑只能登录一个账号，不然跟规则有冲突，用座机注册和验证新用户最好。而且亚马逊店铺产生的销售额是全部保存在亚马逊自身的账户系统中的，要想把钱提出来，必须持有美国本土银行卡。

第三节 跨境电商产品的选择

跨境电商选品是指在把握网站定位的前提下，研究需要开发产品所处行业的出口情况，获得对供需市场的整体认识；借助数据分析工具，进一步把握目标市场的消费规律，最终结合供应商市场，进行有目的的产品开发。产品选择的合适与否是直接影响到跨境电商贸易成功的首要问题。

一、跨境电商选品

从市场角色关系看，选品即选品人员从供应市场中选择适合目标市场需求的产品。从这个角度看，选品人员必须一方面把握用户需求，另一方面，要从众多供应市场中选出质量、价格和外观最符合目标市场需求的产品，最终应实现供应商、客户、选品人员三者共赢的结果。从用户需求的角度看，选品要满足用户对某种效用的需求，比如给生活带来方便、满足虚荣心、消除痛苦等。从产品的角度看，选出的产品应为在外观、质量和价格等方面符合目标用户需求的产品。由于需求和供应处于不断变化之中，因而选品也是一个无休止的过程。

适合开展跨境电商的产品需要同时具备以下几个条件：市场潜力大，利润较高，具有快速消费品的特性；产品体积小、重量较轻、易于包装、不易破碎；便于操作，不需要组装、安装；不需要售后服务或售后服务简单；有自己独特的产品设计、包装设计；产品不得违反平台和目的国的法律法规，特别是不应为盗版或者违禁品，不然不仅赚不了钱，甚至需要付出违反法律的代价。

二、跨境电商选品的行业动态分析

跨境电商选品的行业动态分析是从行业的角度研究品类，每个品类都是建立在中国制造的产品面向国外出口的整个行业背景下。了解中国出口贸易中该品类的市场规模和区域分布，对于认识品类的运作空间和方向，有较大的指导意义。了解某个品类的出口贸易情况，主要有以下3种途径。

（一）第三方研究机构或贸易平台发布的行业或区域市场调查报告

第三方研究机构或贸易平台具备独立的行业研究团队，这些机构具备全球化的研究视角和资源，因此，他们发布的研究报告，往往可以给我们带来较系统的行业信息。例如：中国制造网行业分析报告、敦煌网行业视频教程等。

（二）行业展会

行业展会是行业中供应商为了展示新产品和技术、拓展渠道、促进销售、传播品牌而进行的一种宣传活动。参加展会，可以获得行业最新动态和企业动向。例如：深圳会展中心展会、中国行业展会等。

（三）出口贸易公司或工厂

跨境电商专员在开发产品时，需要与供应商进行直接的沟通。资质较老的供应商，对所在行业的出口情况和市场分布都很清楚，通过他们，产品专员可以获得较多有价值的市场信息。需要注意的是，产品专员需要掌握一定的行业知识，再与供应商进行沟通，否则容易被"忽悠"。

三、跨境电商选品数据分析

电子商务是在信息技术化和互联网发展的背景下迅速兴起的行业，因此，懂得快速利用互联网获取有价值的商务信息是当今电子商务人士必须具备的生存技能。

数据分析是通过对各个业务节点数据的提取、分析及监控，让数据作为管理者决策、员工执行的有效依据，作为业务运营中的一个统一尺度和标准。一切以数据说话，一切以结果说话，即是数据分析在实际工作中应用的体现。

以数据来源看，数据分为外部数据和内部数据。外部数据是指企业以外的其他公司、市场等产生的数据。内部数据是指企业内部经营过程中产生的数据信息。要想做出科学、正确的决策，需要对内部和外部数据进行充分的调研和分析。

（一）外部数据分析

外部数据分析是指灵活综合运用各个外部分析工具，全面掌握品类选型的数据依据。例如：通过 Google Trends 工具分析品类的周期性特点，把握产品开发先机；借助 KeywordSpy 工具发现品类搜索热度和品类关键词，同时借助 Alexa 工具，选择出至少3家该品类中以该市场作为主要目标市场的竞争对手的网站，把它们作为对目标市场产品品相分析和选择的参考。

（二）内部数据分析

内部数据是已上架的产品产生的销售信息，是我们选品成功与否的验证，也可用于以后选品方向的指导。通过平台分析工具获得已上架产品的销售信息（流量、转化率、跳出率、客单价等），分析哪些产品销售好、整体动销率如何，从选品成功和失败的产品中逐步积累选品经验，结合外部数据，一步步成为选品高手。

第四节　跨境电商产品的定价

选择好产品品类和跨境电商平台后，该考虑如何对产品进行产品定价。定价对跨境电商销售来说非常关键，也是店铺赢利的核心策略。

一、供应商的价格基础

在对跨境平台上的商品定价之前首先应该清楚地了解供应商的价格水平是不是具备优势，供应商是否具备优质的产品品质、产品研发能力、良好的电商服务意识，这样才可能拥有足够的利润空间去做运营和推广。例如：跨境入门卖家利用阿里巴巴1688批发网寻找供应商，首先进入1688网上店铺的"企业档案"栏查看这家企业的性质是工厂还是贸易商，了解注册资本和成立时间等信息，也可以参考下类似淘宝天猫的评分系统。建议选择长期外贸出口的工厂，因为一般来说长期外贸出口工厂的价格具备很大的市场优势。对供应商的市场调研可以利用1688网做出简单比较。也可以进入天猫，输入产品关键词了解国内市场的零售价格水平。最好的策略是在天猫找到一家销售火爆的店铺，购买一个需要经营产品的样品，与你的供应商的产品品质做比较。如果产品品质相差不多，价格在平台供应商价格中处于中等偏下的水平，供应商又有非常好的服务意识，则可以选择该供应商。阿里巴巴1688网还有一些低于行业价格的小供应商（个人），此类供应商不建议选择，因为供应商后期在产品的稳定可靠和服务意识上面可能都无法跟上销售的要求。

二、跨境电商产品的成本核算

跨境电商店铺的核心目的是赢利，所以要正确核算真正的产品成本，这也是之后开展产品定价策略的基础。商品的实际成本一般会由以下5部分组成。

（一）进货成本

进货成本是指国内供应商的采购成本。一般包括工厂进价、国内快递成本。

（二）跨境电商平台成本

跨境电商平台成本是指基于跨境电商平台运营、向跨境电商平台支付的相关费用。一般包括推广成本、平台年费和活动扣点。其中核心是推广成本，例如：阿里巴巴速卖通平台的 P4P（按效果付费）项目推广。如果卖家资金实力不雄厚，对于商品的推广投入更应该谨慎，并且有非常详细的预算，一般资金投入建议是（工厂进价+国际物流成本）×（10%~35%的比例），比例不建议超过40%，否则店铺运营压力非常大，本质上会导致店铺长期处于亏损阶段。

（三）跨境物流成本

跨境物流成本是商品实际成本的重要组成部分，会根据跨境物流模式的不同而有所不同。

在跨境物流费用的报价上，产品标价里面通常会写上 FREE SHIPPING，这样的标价方式比较吸引客户。

（四）售后维护成本

售后维护成本是销售商品后发生退货、换货等导致的费用。很多中小跨境卖家通过中国境内发货，线长、点多、周期长，经常会出现一些产品破损、丢件，甚至客户退货退款的纠纷事件，成本投入往往比较高，因而在核算成本的时候应该把这个成本明确地核算进去。核算的费用一般是（进货成本+跨境物流成本+推广成本）×（3%~18%的比例），如果超过这个比例建议放弃。

选择跨境品类的时候应该选择适合国际物流、标准化强并且不容易发生消费纠纷的品类。

（五）其他成本

其他成本还包括包装成本、人工成本等。

三、跨境电商产品的定价策略

（一）折扣定价策略

平台店铺的搜索排名直接影响店铺产品的销售量，是店铺运营成功与否的关键因素。价格因素往往和平台的搜索排名有很大的关系，以跨境平台全球速卖通为例，目前对速卖通搜索排名影响最大的两大因素是销售量评价和产品关键词。利用跨境电商平台的促销功能，设置折扣价格是常见的定价策略，折扣价格并不是长期打折，折扣的目的是吸引消费者，一般是在标价的基础上选择一定的折扣，把利润成本全部标在"上架价格"中。用"包邮"策略往往容易吸引客户。也可以定期做一些优惠活动，比如买就送、参与平台的一些活动推广等。销售量越高，价格越低，跨境平台的排名就越有优势。

（二）引流型定价策略

对于新的跨境电商店铺，首先要做的是引流。策略是在速卖通等跨境平台上了解到行业价格水平，比如10家跨境卖家价格的平均值，再把商品上架价格标为平均值的85%。这样会出现亏损，但是这样的标价结合一定的P4P推广很容易给店铺吸引来比较高的客流量。可以和折扣定价策略组合使用，后期等客流量上来以后，通过调整折扣的方式，再把价格调回到正常水平。

（三）中性定价策略

中性定价策略针对的是跨境电商店铺商品组合中，利润率处于正常水平的常规产品。一般价格核算策略是商品实际成本+目标利润。目前全球速卖通等平台的利润率普遍越来越低，一般控制在15%~20%。

（四）赢利款式的定价策略

赢利产品的调价能力，也就是这款产品的溢价的能力，是定价策略中最核心的部分。

对确定利润的产品，应该在产品品质和供应商供应链能力方面做好把控，品质要稳定，供应商的供应能力（包括库存、研发）应该完善并且持续性强。

跨境电商平台店铺的优质赢利产品必须具备下面6个特性。

1. 行业竞争不充分密集。进入跨境电商平台调研，查询这个阶段有多少竞争对手销售同款式的产品，评价排名是不是具备优势。一般来说同类供应商越密集，价格定价越低，溢价能力越弱。

2. 商品的差异化特征。跨境电商商品在照片、产品描述方面具备差异化，在功能、属性方面有自己的特点。以女装为例，如果在拍摄产品照片时聘请国外的专业模特，溢价能力就会增强。船模上刻字，给客户提供个性化、差异化的服务，产品溢价能力也会大大增强。

3. 营销推广测试新款。将产品推广至 P4P 直通车或者 Facebook 等，完成产品链接成交、收藏，购物车数据越多，溢价能力越会增强。

4. 客户的品牌印象。品牌高档仅仅是客户的一种感觉，客户会从店铺装修、店铺设计、图片美工、描述等细节感受到这个店铺的专业度和产品的档次，所以一定要在店铺的设计和定位上下足功夫，做好文章。店铺的设计越专业，产品的溢价能力越强。

5. 抓住消费时间的季节性，比如春节、圣诞节、情人节。季节性越强的产品，商品的溢价能力越强。

6. 销售量和好评率。这点最为明显，也最为直接。如果店铺销售量高，好评率和客户满意度高，产品溢价能力自然越来越强，最终做出品牌并培育出一批成熟、忠实的客户。

四、跨境电商平台的价格调研

要在越来越多的跨境同行中取得订单，价格应该有比较明显的优势，因而定期做价格市场调研是每个跨境电商运营者重点要做的事情。只有进行充分的市场调研，做到知己知彼，不断地自我调整，才可以具备真正的竞争优势，对于产品市场调研，一般要清晰地了解到下面 3 个核心点。

（一）产品价格

进入常规的跨境电商平台，比如速卖通、敦煌网、eBay 等，选择这个产品的类目，选择前面 10 页的产品的价格，通过计算做出一个平均价格水平调研，对比自己的价格看是不是具备优势。中等偏下的价格水平最有市场竞争力。

（二）市场竞争度

进入速卖通、亚马逊、eBay 等跨境电商平台，从下面几个维度思考竞争度。第一，竞争者的数量，如果数量太多，那价格只会越来越低。第二，地区的分布，关注一下竞争对手店铺的地区分布，同一个地区的竞争者越多，溢价能力越弱。最后还应该仔细分析一下核心竞争对手的实力，比如店铺的综合能力、品类、营销推广能力等，实力竞争对手越多，价格后期溢价能力也越弱。

（三）店铺商品的差异化

差异化意味着溢价能力的提升，所以在店铺经营的过程中应注重自己的个性化和差异化，无论从产品拍摄、产品店铺设计、产品的包装都要有自己的个性化特色，拒绝同质化和千篇一律的重复。

【思考题】

1. 跨境电商国际市场调研的内容是什么？
2. 分析欧美跨境电商市场的发展现状。
3. 跨境电商交易前如何选品？
4. 跨境电商产品如何定价？

知识考查与技能训练

本章习题请扫码获得。

第三章 跨境电商的营销方式

【学习目标】

本章旨在让学习者掌握电子邮件营销的特点与模式、搜索引擎营销的主要模式、社交媒体营销的营销策略，了解适合跨境电商的社交媒体的功能和特点。

在全球电子商务日渐成熟的趋势下，跨境电商作为依附于互联网发展的国际贸易新形式和新手段，发展潜力巨大，必将引发一场新的外贸竞争，谁能更早抢占高地，谁将获得更多利益。

【本章重点】

本章学习的重点是电子邮件营销、搜索引擎营销、社交媒体营销的基本定义、特点及策略。

第三章 跨境电商的营销方式

第一节 电子邮件营销

一、电子邮件营销的定义

电子邮件是跨境电商卖家与国外买家进行交流的重要媒介,利用电子邮件,卖家可直接、快速地对买家进行精准营销,跨境电商企业或多或少都会利用这个营销工具。

电子邮件营销(E-mail Direct Marketing,EDM),是在用户事先许可的前提下,通过电子邮件的方式向目标用户传递价值信息的一种网络营销手段。

电子邮件营销有三个基本因素:用户许可、电子邮件传递信息、信息对用户有价值。一项有效的电子邮件营销必须具备这三个因素。因此,也有人把电子邮件营销称为许可电子邮件营销(简称为许可营销)。

基于用户许可的电子邮件营销与滥发邮件不同,许可营销比传统的推广方式或未经许可的电子邮件营销具有明显的优势,比如可以减少广告对用户的骚扰、增加潜在客户定位的准确度、加强与客户的关系、提高品牌忠诚度等。根据邮件地址资源的形式,可以分为内部列表电子邮件营销和外部列表电子邮件营销(简称为内部列表和外部列表)。内部列表电子邮件也就是通常所说的邮件列表,是利用网站的注册用户资料开展电子邮件营销的方式,常见的形式如新闻邮件、会员通信、电子刊物等。外部列表电子邮件营销则是利用专业服务商的用户电子邮件地址资料来开展电子邮件营销,也就是以电子邮件广告的形式向服务商的用户发送信息。许可营销是网络营销方法体系中相对独立的一种,既可以与其他网络营销方法相结合,也可以独立应用。

许可的电子邮件营销就是以客户价值为核心,以电子邮件为载体,在客户的许可下,向客户传递信息、维护客户关系的一种营销方式。电子邮件营销活动的执行必须以客户价值为中心,通过多个步骤组成营销循环,推动营销活动达到预期的效果。

二、电子邮件营销的特点

电子邮件营销是利用电子邮件与受众客户进行商业交流的一种直销方式。其具有以下5个方面的特点。

(一)针对性强,反馈率高

针对目标客户进行广告邮件群发,使宣传一步到位,这样做使得营销目标明确、具体，营销效果好。

（二）操作简单，效率高

电子邮件营销的操作不需要懂得高深的计算机知识，不需要繁琐的制作及发送过程，发送上亿封的广告邮件一般仅需几个工作日便可完成。

（三）成本低廉

电子邮件营销是一种低成本的营销方式，只需要有一台可以连上网的电脑就可以操作，营销成本比传统的广告形式要低很多。

（四）应用范围广

随着国际互联网的迅猛发展，作为现代广告宣传手段的电子邮件营销正日益受到人们的重视。只要你拥有足够多的电子邮件地址，就可以在很短的时间内向数千万目标用户发布广告信息。

（五）精准度高

由于电子邮件是点对点的传播，所以我们可以实现非常有针对性、高精准的传播，比如我们可以针对某一特点的人群发送特定邮件，也可以根据需要按行业、地域等进行分类，然后针对目标客户进行邮件群发，使宣传一步到位。

三、电子邮件营销的功能

电子邮件营销在客户服务、企业品牌形象推广等方面起到重要的作用。电子邮件营销的功能主要表现如下。

（一）企业品牌形象推广

电子邮件营销通过长期与客户联系，可以逐步积累客户对于企业品牌形象的认知。规范的、专业的电子邮件营销对于品牌形象有明显的促进作用。当然，品牌建设不可能仅通过几次电子邮件营销活动来完成，但是电子邮件营销在建立客户品牌认知和维持品牌形象等方面可以起到较强的效果。除了产品或服务的促销邮件以外，客户服务邮件、确认信息及客户订制邮件都会对企业品牌的推广产生影响。调查公司 Quris 的一项调查表明：56%的被调查者认为高质量的许可电子邮件营销活动对于企业品牌有正面影响；67%的被调查者反映，他们对于自己信任的公司开展的电子营销活动有良好印象；58%的客户表示，经常打开这些公司发来的电子邮件；54%的客户对于这些公司的信任高于其竞争者。

（二）产品或服务的推广和销售

产品或服务的推广是电子邮件营销最主要的目的。电子邮件营销是产品或服务的推广最主要的手段。企业可以通过电子邮件营销向客户介绍新产品，如果电子邮件中的新产品的内容吸引了客户的兴趣，客户可以通过单击电子邮件中的链接，直接进入企业的电子商务网站，进行产品的订购。有些数字化产品，如电子文件、注册码等，还可以通过电子邮件直接实现配送。国际知名网络广告服务商 DoubleClick 的研究表明，由于受到许可电子邮件营销的直接影响，68%的用户曾经在线购物；59%的用户在零售商店购物；39%的用户通过目录购物；通过呼叫中心完成购物的用户为34%；通过邮寄邮件购物的用户只有20%。这表明：如果电子邮件营销应用得当，会获得大多数客户的关注，在网上销售方面的作用显而易见。DoubleClick 的研究还表明：电子邮件营销对产品推广的作用不仅表现在网上，在网下的作用也日益增强。客户在收到促销电子邮件以后，并不一定马上购买，但是促销电子邮件给客户留下的印象，很有可能影响客户以后甚至在网下商店中的购买决策。

(三) 客户关系管理

与搜索引擎营销等其他网络营销手段相比，电子邮件首先是一种互动的交流工具，然后才是有营销功能的工具。电子邮件的这个特点使得电子邮件营销在客户关系管理方面比其他网络营销手段更有价值。研究表明：电子邮件营销最大的优势就在于客户关系的维持。在获得新顾客方面，电子邮件营销同直邮营销和旗帜广告相比都无任何优势可言，只有在保持老客户方面，它的成本优势才显露无遗。

DoubleClick 所做的一项调查也支持上述结论，该调查显示：在欧洲，使用电子邮件营销的最重要的目标是维护客户关系和争取新客户，其中前者占到69%，而后者也占到62%；在德国，83%的被调查企业使用电子邮件营销的目的都是维护客户关系。

(四) 客户服务

电子邮件不仅是和客户沟通的工具，在电子商务和其他信息化水平较高的领域，同时也是一种高效的客户服务手段。通过内部会员通信等方式提供客户服务，可以在节约大量的客户服务成本的同时，提高客户服务质量。在信息技术行业，在线客户服务已经成为主流方式。研究表明：已经有81%的IT企业采用了不同形式的在线服务手段。

(五) 市场调研/客户互动

利用电子邮件开展在线调查是网络市场调研中的常用方法之一，具有问卷投放和回收周期短、成本低廉等优点。一方面，可以通过电子邮件发送在线调查问卷。这样可以更有针对性地将电子问卷发送给特定的细分客户。如果调查对象选择适当且调查问卷设计合理，往往可以获得相对较高的问卷回收率。另一方面，也可以利用电子邮件获得客户的第一手调查资料。可以通过提供一些有价值的信息以新闻邮件、电子期刊、调查报告等形式向用户免费发送，吸引客户加入邮件列表。也可以通过电子邮件接收客户对公司产品或服务的反馈意见。定期分析加入的客户资料及客户的反馈信息，有助于获得有用的客户及市场信息，支持市场营销策略的制定。

四、电子邮件营销的作用

电子邮件在网络营销中可以扮演多种角色，在网络营销的不同阶段可以应用电子邮件完成不同的营销功能。

（一）电子邮件信息宣传

企业可以利用电子邮箱巨大的用户资源来销售软件、音像制品、电子图书等数字化产品。这些产品不需要利用传统的物流渠道进行配送，可以使商品销售的相关费用大大降低，用户付款后销售商就可以把数字化产品的资料发送到用户的邮箱里。

（二）电子邮件广告

利用电子邮件发布广告信息具有比传统电视广告甚至绝大部分旗帜广告更大的优势，主要表现在有更强的针对性和更高的反馈率，并且更容易管理和控制，使得电子邮件广告得到更明显的收益。

（三）客户意见反馈

电子邮件是吸引回头客的有力工具，而回头客又是电子商务获得成功的关键所在。电子邮件在网络营销中最经常的应用就是建立客户意见反馈的渠道，实现企业和客户一对一的直接联系，拉近企业与客户之间的关系。但必须及时处理客户的邮件，否则无法实现促进营销的目的。

五、电子邮件营销的范围

电子邮件营销作为一个完整的营销循环，以客户价值为核心，其营销过程包含资源获取、用户细分与定位、渠道实施和效果评估4个阶段。

1. 资源获取：电子邮件营销定位于许可营销，获得合法、有效的用户电子邮件地址是开展电子邮件营销的重要基础。

2. 用户细分与定位：在获得了可用的、有效的用户电子邮件地址之后，根据营销计划对这些用户进行细分，合理划分客户群，针对不同的潜在客户设计不同的信息及营销的方式。

3. 渠道实施：确定了有效的用户及相应的信息后，如何将电子邮件成功地送达用户的收件箱并迅速引起用户的兴趣将成为这个阶段成功的关键因素。

4. 效果评估：在一个电子邮件营销循环的最后，需要对此次营销活动进行效果评估，以确定活动是否成功，因此制定评估标准、实施评估及评估系列活动的综合效果尤为重要。同时，根据评估结果对营销活动进行预测及进一步策划，将营销活动引入下一个循环。

世界营销大师赛斯·高汀（Seth Godin）在《许可营销》一书中指出，电子邮件基于许可营销有5个基本步骤。

第一，要让潜在客户有兴趣，并感觉可以获得某些价值或服务，从而加深印象，自愿加入许可的行列。

第二，当潜在客户投入注意力之后，应该利用潜在客户的注意，让他充分了解公司的产品或服务。

第三，继续提供激励措施，以保证潜在客户维持在许可名单中。

第四，为潜在客户提供更多的激励从而获得更大范围的许可。

第五，经过一段时间以后，营销人员可以利用获得的许可改变潜在客户的行为，将兴趣转化为实际消费。只有这样，才可以将许可转化为利润。

当然，从客户身上得到第一笔消费之后，并不意味着许可营销的结束。相反，这仅仅是将潜在客户变为真正客户的开始。如何通过不断的电子邮件营销循环，将客户变成忠诚客户甚至终身客户，是营销人员工作的重要内容。

六、电子邮件营销的原则

随着互联网竞争的不断扩大，电子邮件营销在悄然间已经被很多人广泛应用，但是并不是每个人都用得那么好。电子邮件营销是有技巧的，想要做好电子邮件营销去抓住客户，我们应该遵循下列原则。

（一）及时回复

在收到 E-mail 的时候，要养成顺手回复的习惯，即使是"谢谢，来信已经收到"也会起到良好的沟通效果，通常 E-mail 应该在一个工作日之内回复客户。如果碰到比较复杂的问题，要一段时间后才能准确答复客户，也要简单回复一下，说明情况。实在没有时间回复，可以采用自动回复 E-mail 的方式。

（二）避免无目标投递

不采用群发的形式向大量陌生 E-mail 地址投递广告，因为这种方式不但收效甚微，而且广告邮件会变为垃圾邮件，损害公司形象。

（三）尊重客户

不要向同一个 E-mail 地址发送多封同样内容的信件，当对方直接或者间接地拒绝接收 E-mail 的时候，绝对不可以再向对方发送广告信件，要尊重对方。

（四）内容要言简意赅

客户时间宝贵，在看 E-mail 的时候多是走马观花，所以信件要言简意赅，充分吸引客户的兴趣，长篇大论会使客户放弃阅读你的 E-mail。在发送前一定要仔细检查 E-mail 的内容，语句通顺，没有错别字。

（五）附上联系方式

信件一定要有签名并附上电话号码，以免消费者需要找人协助时，不知如何联络。

（六）尊重隐私权

征得客户首肯前，不得转发或出售客户名单与背景。

（七）坦承错误

若未能立即回复客户的询问或寄错信件，要主动坦承错误，并致歉。不能以没有收到 E-mail 作为借口，以免弄巧成拙，不但无法吸引客户上门，反而把客户拒之门外。

七、电子邮件营销的策略

一般而言，规范的电子邮件营销是基于客户许可的。凡是未经用户许可就强行发送到用户邮箱中的电子邮件都被称为垃圾邮件。目前垃圾邮件已经成为一种网络社会现象，而且绝大部分的电子邮件营销都可以归入垃圾邮件营销一类。

为了实现客户从将信将疑到成为潜在客户、客户、忠诚客户，最后成为终身客户的转变，成功的电子邮件营销需要有正确的策略和技巧。主要的策略包括以下几点。

（一）采集许可式的邮件地址数据

目前对于跨境电商来说，数据是硬伤之一。由于目标客户在海外，获得客户的邮件地址、个人信息等数据比较困难。一些跨境电商企业通常会从外部购买和采集客户数据，这样做的后果有两个：一是对未知的人发送营销内容会缺少针对性，如果联系人对发送的内容没兴趣，企业的投诉率和进黑名单的概率就会上升，最主要的是第一印象被破坏，很难再向对方开展营销。

二是对于欧美等主要的跨境电商目标市场，用户一般都具有强烈的许可意识，对于未经许可就发送到邮箱的电子邮件，只会进行投诉与拉黑，导致发送通道被邮件服务商拦截。

（二）及时更新邮件列表

如果不及时更新邮件列表会导致总体的客户数据质量不高，发送到海外的邮件打开率很低。跨境电商应采取相应的解决方案：（1）针对客户数据按年龄、身份等自然属性或高活跃度、高频率购买等维度进行细分综合管理。（2）及时进行邮件地址去重、错误地址删除等数据更新工作，因为大量无效邮件地址会增加发送成本且不能达到好的效果。

（三）重视海外通道与规则

海外邮箱服务商，如 Hotmail、Gmail 等都有相应的邮件接收规则，比如没有固定 IP 的服务器发送的邮件会出现高拦截率。而且，海外 ISP（互联网服务提供商）在垃圾邮件、黑名单、投诉举报规则及发送数据要求上更为严格。更换一个发件人地址进行尝试，同时通过在邮件底部加入公司网站链接和隐私声明，降低邮件被屏蔽的可能性，可以提升投递效果。

（四）针对海外消费习惯量身定制营销策略

针对不同时区的不同国家制订相应的营销策略。跨境电商企业需要对目标市场的文化、风俗和节日、特殊喜好、消费习性等了解清楚后，再参照用户的历史消费行为，去制订邮件内容及营销策略。

（五）邮件内容设计不容忽视

邮件内容是邮件营销的重中之重，这就要求跨境电商企业做好邮件的模板设计。在模板设计中，需要考虑 3 个方面的问题：（1）邮件标题的吸引力决定了邮件的打开率；（2）邮件格调与设计决定了联系人对品牌的认知；（3）邮件内容的设计决定了邮件的单击率。

（六）精准的优质发送并避免无目的泛滥发送

很多急于求成的跨境电商都会犯的错误是寄希望于庞大的数据量、频繁的发送带来微乎其微的订单，造成电子邮件营销的不可持续性。总结提高邮件进入海外邮箱的解决方案为：（1）确保用户数据的有效性，数据是否为用户主动订阅也将直接影响到后续的邮件发送质量；（2）做好海外 ISP 的备案以及相关的各种处理；（3）邮件内容及设计符合垃圾邮件的规避规则。

（七）随移动端引流趋势做相应的邮件优化

目前国内有超过 30% 的邮件是在智能手机上打开的，欧美国家的邮件高达 30%~40%。在邮件设计与制作中应用自适应邮件技术，比如平台的自适应邮件模板，省了 HTML 编辑的操作，直接将文案"填空"即可发送，并自适应于 PC 端和移动端，可以帮助跨境电商改进用户体验，提高用户的邮件内容单击率。同时，利用数据挖掘及邮件营销智能化进行个性化邮件营销。

八、电子邮件营销的技巧

邮件营销形式多样，只要策划得当，转化率要比搜索引擎和社交媒体的流量转化率都高，而且邮件营销成本较低，相对其他推广方式，如搜索引擎优化、社交媒体推广等，花费的时间较短。另外，邮件营销还有利于跨境电商企业长期与订阅用户保持联系，增加用户黏度，提高用户忠诚度。

（一）把控邮件列表

作为 EDM 的第一步，企业要收集到准客户的邮件数据（邮件地址）。跨境电商网站的订阅用户、会员的邮件地址，网站上具有购买记录的邮件地址等都是企业的邮件数据来源，皆可采集。关于邮件列表，当前很多商家都是采取购买的方式来获得邮件列表，这种方式虽然快，但是往往获得的列表名单中只有极少一部分是符合商家要求的，邮件列表质量的低下，严重影响到 EDM 的效果。

（二）提升邮件本身的质量

邮件本身的质量，如邮件标题、邮件内容、模板等都是直接影响邮件营销效果的因素。一是要设置好邮件标题，提升邮件的打开率。要提升邮件的打开率，标题应该达到以下要求：简短有力、表明身份，可以和寄件者名称相呼应；准确描述邮件内容、不重复，内容应抓住客户的心理；要尽量体现品牌或产品信息；应含有重要的关键词。二是邮件内容影响转化率。要吸引受众进入企业购买商品，即需要提高邮件单击率，从而提高转化率。在邮件内容的设计上，要体现出产品的优惠信息，要有明显的链接，要使用动态图片，要引起行动（如"优惠仅在 48 小时内有效、售完即止"）。

（三）把握发送时间和频率

根据电子邮件的内容及收件人与企业的现有关系，确定最佳的发送时间和频率。

第二节 搜索引擎营销

随着互联网的普及和发展，网络渐渐成为我们生活不可分割的一部分，我们每天从网络上获取各类信息。比如早上出门用手机查询天气情况，看看室外温度，了解是否刮风下雨，工作时间用电脑搜索相关资料，在网上搜寻好吃的、好玩的、好礼品等。

我们如何实现信息获取呢？以购买"蛋糕"为例，首先我们需要打开一个浏览器，比如我们常用的 IE 浏览器、360 浏览器等，在搜索框中输入"蛋糕"，然后单击搜索框的"搜索"按钮，在浏览器的页面上看到许多关于"蛋糕"的信息。我们无法单击查看所有的信息网页详情。通常情况下我们只会查看前几页的信息。如果商家想让自己的信息排在网民容易发现的地方，比如首页的位置，那么就需要进行搜索引擎营销。

一、搜索引擎营销的相关定义

搜索引擎营销（Search Engine Marketing，SEM），是根据用户使用搜索引擎的方式，利用用户检索信息的机会尽可能将营销信息传递给目标用户。简单地说，搜索引擎营销就是基于搜索引擎平台的网络营销，利用人们对搜索引擎的依赖和使用习惯，在人们检索信息的时候将信息传递给目标用户。企业通过搜索引擎付费推广，让用户主动找到企业，并单击企业的广告，最终和企业产生联系。

搜索引擎营销主要实现方法包括搜索引擎优化（SEO）、付费排名、精准广告以及付费收录。搜索引擎营销追求最高的性价比，以最小的投入获得最大的来自搜索引擎的访问量，并通过对网站进行搜索引擎优化，挖掘企业的潜在客户，帮助企业实现更高的转化率。用户在检索信息时所使用的关键字反映出用户对该问题（产品）的关注，这种关注也是搜索引擎之所以被应用于网络营销的根本原因。

目前搜索引擎营销主要有两种手段：一种是单击付费的，即竞价推广；另一种是单击免费的，即搜索引擎优化（SEO）。

（一）竞价推广

竞价推广就是网站付费后才能被搜索引擎收录并靠前排名，付费越高者可能排名越靠前。竞价排名服务，是由客户为自己的网页购买关键词排名，按单击量计费的一种服务。客户可以通过调整每次单击付费的价格，控制自己在特定关键词搜索结果中的排名，并可以通过设定不同的关键词捕捉到不同类型的目标访问者。竞价推广排名完全按照给企业带来的潜在用户访问数量计费，没有客户单击访问不收费，即按单击付费（Cost Per Clic，CPC）模式，企业可以灵活控制推广力度和资金投入，使投资回报率最高。可以设置你想要的关键词，每个关键词按每次单击收费的起步价不同，如果多家网站同时竞争购买一个关键词，则搜索结果按照每次单击竞价的高低来排序。每个用户所能提交的关键词数量没有限制，无论提交多少个关键词，均按网站的实际被单击量计费。这种方式针对性强，企业的推广信息只出现在真正感兴趣的潜在客户面前，更容易实现销售。国内最流行的单击付费搜索引擎有百度、360 和搜狗。

（二）搜索引擎优化

搜索引擎优化（Search Engine Optimization，SEO），是指在了解搜索引擎自然排名机制的基础上，通过站内优化，比如网站结构调整、网站内容建设、网站代码优化等，以及站外优化，比如网站站外推广、网站品牌建设等，使网站满足搜索引擎收录排名需求，在搜索引擎中提高关键词排名，从而吸引精准用户进入网站，提高网站访问量，最终提升网站的销售能力或宣传能力的技术。SEO 是 SEM 的一部分。

（三）竞价推广与 SEO 的区别

1. 概念和意义

竞价推广是 CPC 类型的，属于单击付费排名推广类。

SEO 是搜索引擎优化类，通过技术手段实现网站的长久排名。

2. 计费方式

竞价推广是按照单击次数付费的方式进行的，有人点一次，客户的竞价账户中就扣掉对应的钱。当然可能会出现恶意单击的情况。

SEO 是按照排名持续时间计费的，客户需要的排名时间越长，价格也就越高。但是比起竞价推广所需的费用，SEO 的费用少得多。

3. 双方的优点

竞价推广的优点如下：

（1）可立即显示效果。一般做了竞价推广，你的网站会立即显示在相应的搜索引擎的首页上，是可以立即看到效果的。

（2）可挑选无限组关键词。竞价推广可以挑选无限组关键词，你可以选择你需要的任何关键词（非法的除外）。

（3）可清楚控制每天的成本。搜索引擎拥有自己完善的竞价软件，客户可以通过软件自动调整自己的竞价价格，时刻掌握和控制自己的成本。

（4）关键词可灵活替换。假如客户不想竞价某个关键词了，可以随时替换掉这个关键词，选择新的关键词，同样可以达到立竿见影的效果。

SEO 的优点如下：

（1）不易被其他网站取代名次。通过 SEO 手段运营的网站，一旦获得好的排名，一般能保持很长的排名时间，不容易被其他网站所代替。

（2）显示的是自然搜索的结果。通过 SEO 运营的网站，显示的都是自然搜索的结果，这样看起来更加真实可信。

（3）有利于品牌形象的建立。利用 SEO 手段运营网站，能让自己的网站和品牌建立起良好的形象，促进用户数量的增长。

（4）上线越久，成本越低。用 SEO 手段运营网站，网站上线越久，相对而言成本就越低。

4. 双方的缺点

竞价推广的缺点如下：

（1）被取代的可能性高。百度竞价竞争很激烈，尤其是热度很高的行业，比如整容、医疗，网站被随时取代的情况屡见不鲜。

（2）同行恶意单击。同行恶意单击的情况也是有的，一些企业为了打压同行的网站，雇佣很多"水军"，进行恶意单击，对此，搜索引擎掌握了一些基本的识别恶意单击的技巧，实行了恶意单击不计费的制度，但是对于一些隐蔽性较强的恶意单击，搜索引擎还不能进行判断。

（3）价格越来越高。如果客户的网站需要排在第一位，在质量度[①]的星级相同的时候，就要在出价上高于其他竞价网站，但是随着行业竞争的加剧，竞价的价格也水涨船高，因此竞价的成本越来越高。

SEO 的缺点如下：

（1）显示效果较慢。通过 SEO 手段来运营网站，需要一定的时间，一般是 3 个月后才能看到效果，所以说网站的排名效果显示较慢。

（2）关键字的排序位置较难精确预估。估计没有一个 SEO 人员能准确地预估网站的排名，做 SEO 的，只能大概地预估网站的排名，因为搜索引擎是商业性质的服务机构，而不是 SEO 人员所有的。

（3）SEO 是在了解搜索引擎自然排名机制的基础之上，对网站进行内部及外部的调整优化，改进网站在搜索引擎中关键词的自然排名，但是搜索引擎检索原则是不断更改的，检索原则的更改会直接导致网站关键词在搜索引擎上的排名发生变化，所以搜索引擎优化并非一劳永逸。

---

① 质量度：主要反映网民对该关键词以及关键词创意的认可程度。

二、搜索引擎营销的原理

搜索引擎营销原理如图 3-1 所示。搜索引擎营销的基本工作包括 3 个步骤。首先在互联网中发现、搜集网页信息。每个独立的搜索引擎都有自己的网页抓取程序爬虫（Spider）。爬虫顺着网页中的超链接，从这个网站"爬"到另一个网站，通过超链接分析连续访问抓取更多网页。被抓取的网页被称为网页快照。由于互联网中超链接的应用很普遍，理论上，从一定范围的网页出发，就能搜集到绝大多数的网页。其次，对信息进行提取和组织，建立索引库。搜索引擎抓到网页后，还要做大量的预处理工作，才能提供检索服务。其中，最重要的步骤就是提取关键词，建立索引库和索引。其他的步骤还包括去除重复网页、分词（中文）、判断网页类型、分析超链接、计算网页的重要度/丰富度等。最后，由检索器根据用户输入的查询关键字，在索引库中快速检出文档，进行文档与查询的相关度评价，对将要输出的结果进行排序，并将查询结果返回给用户。搜索引擎营销的工作流程如图 3-2 所示。

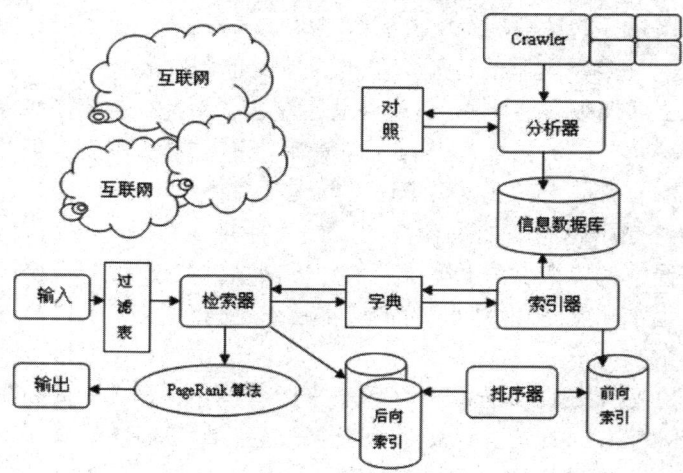

图 3-1　搜索引擎营销原理

第三章 跨境电商的营销方式

用户搜索：用户打开某搜索引擎，按照自己的思维习惯输入某个关键词，希望查找相关的信息。

返回结果：搜索引擎根据自身的算法，把这个关键词的搜索结果呈现出来，用户首先看到第一页的搜索结果，并对相关的内容产生视觉印象。

查看结果：用户通过搜索结果的标题和简介判断是否和自己想要找的内容一致，如果从标题和简介中能找到答案，就会结束搜索过程；如果找不到答案，就会点击认为能找到答案的网页进一步查看。

选择内容：如果某网页内容搜索结果的标题和简介不一致，用户一般会迅速地关掉；如果一致，用户不一定从一个网页中就能找到需要的信息，可能在多个网页中进行比较和筛选。

形成判断：用户通过对多个搜索到并点开的网页内容进行比较，就可以判断出哪些网站的内容和自己的需求吻合，从而进行更加仔细的浏览，并可能对相关网站的服务和产品产生兴趣。

咨询购买：如果网站本身的产品和服务与用户的需求一致，并能引导用户顺利完成咨询和购买，那么这个用户就会被转化成网站的潜在客户。

图 3-2　搜索引擎营销的工作流程

三、搜索引擎营销的价值

有调查显示，大部分网站 70% 以上的流量来自搜索引擎，搜索引擎可以给企业网站带来大量用户，更重要的是这些用户都是通过搜索与企业相关的关键词进入网站的，也就是说这些用户大部分都是潜在客户，这就达到了精确营销的效果，企业也能通过搜索引擎放置的不同的关键词来有针对性地寻找潜在客户。搜索引擎营销的价值如图 3-3 所示。

```
┌─────────────────────────┐         ┌─────────────────────────┐
│  自然排名结果的商机更大  │         │       节省费用          │
│  从用户习惯上看，用户更倾│         │ 网站通过优化，可以使一些│
│  向于点击查看自然排名的结│         │ 关键词的排名提高。而在此│
│  果                     │         │ 前，通过关键词带来潜在客│
│                         │         │ 户需要不断地投放广告    │
└─────────────────────────┘         └─────────────────────────┘
              ┌─────────────────────────────┐
              │     搜索引擎营销的价值      │
              └─────────────────────────────┘
┌─────────────────────────┐         ┌─────────────────────────┐
│        全面覆盖         │         │     更好的用户体验      │
│  企业不可能在所有的搜索引│         │ 正确的搜索引擎优化并不会│
│  擎针对所有相关内容投放广│         │ 为了迎合搜索引擎而把网站│
│  告，况且一些搜索引擎暂时│         │ 改得面目全非，相反，优化│
│  不提供收费广告服务     │         │ 遵循"用户喜欢的才是搜索│
│                         │         │ 引擎喜欢的"这一基本观点，│
│                         │         │ 去充分考虑用户的体验    │
└─────────────────────────┘         └─────────────────────────┘
```

图 3-3 搜索引擎营销的价值

四、搜索引擎营销的特点

与其他网络营销相比，搜索引擎营销有其自身的鲜明特点。搜索营销最主要的工作是扩大搜索引擎在营销业务中的比重，通过对网站进行搜索优化，更多地挖掘企业的潜在客户，帮助企业实现更高的转化率。其主要体现出以下 4 个方面的特点。

（一）主动搜索

互联网营销专家刘东明认为，网络营销"拉"的价值高于"推"的价值。在电视、平面时代，广告主要靠推的方式传达信息给消费者，有一定的强迫性。但在网络时代，网络广告要纯靠"推"就很难奏效了。毕竟对于一个网民而言，如果他不单击广告，这个广告就无法传达有效的信息。而搜索的行为则是由消费者发起的，是主动性的，其"拉"的作用更为明显。

正是由于消费者接收信息的习惯的改变和网民使用搜索引擎的规模不断扩大，因而给了搜索营销新的发展空间，更多的应用形式也正在被一一开发。突破传媒 CEO 郑香霖指出，网民获取信息的途径正在改变，2006 年到 2008 年，排在网民使用最多的网络服务前三位的是搜索引擎、浏览互联网和收发邮件，搜索引擎的增长率非常高。而消费者行为同样在发生改变，越来越多的消费者习惯在做出购买决定前先进行搜索。网络搜索已成为网民获得各种各样信息的首选方式，搜索引擎的营销价值也从 IT、汽车、房产等领域逐步向日用消费品等领域扩张。

（二）定位精准

搜索引擎具有先天的营销优势，与传统媒体被动推送信息不同，在搜索引擎上，消费者在主动寻找感兴趣的产品和信息。他的搜索行为本身就表明了对产品的兴趣，因此营销行为就更加精准，而精准无疑是所有广告主最关注的。"我知道，有一半的广告费浪费了，但是我不知道浪费在哪儿"，这句话在广告界流传甚广。越来越多的广告主已经不只是希望能找到精准的目标受众和目标消费者，而是希望能让潜在客户轻松找上门。企业营销管理也已经进入了"精准营销"时代，企业比任何时候都需要与目标消费群体进行精准沟通。搜索营销就是让目标客户主动找上门，给他们所需要的信息，牢牢锁住了目标客户群体。潜在消费者是"我需要信息，所以我单击你"，而不是被动接收信息了，所以搜索营销的目标客户群体定位非常精准。

（三）覆盖广泛

搜索引擎营销是在全球最大的搜索和网络平台上进行推广，覆盖面广泛。搜索引擎营销的客户群是全世界的，市场具有全球性，针对的目标客户的范围极其广泛。营销的最终目的是占有市场份额，由于互联网能够超越时间约束和空间限制进行信息交换，使得营销脱离时空限制进行信息传播变成可能，企业有了更多时间和更大的空间进行营销，可每天每小时随时随地提供全球性营销服务。

（四）成本可控

搜索引擎营销仅当用户单击广告时，广告主才需要支付费用。只用几分钟，就可以让广告主的广告展示在搜索到的页面上。搜索引擎营销能有效避免恶意单击，减少无效支出。需要指出的是：随着搜索竞价商业模式而诞生的"单击欺诈"问题把搜索引擎推向了尴尬的境地。美国市场咨询公司Click Forensics发布的"单击欺诈指数"调查中揭示：在2006年第二季度，搜索引擎广告总体单击欺诈率是14.1%，比第一季度的13.7%有所上升，而CPC价格在2美元及以上的热门关键词的单击欺诈率达到20.2%。这一统计结果可能并未包括中国搜索引擎市场，但是据业内人士称，国内搜索引擎遭遇的恶意单击绝对比国外有过之而无不及。

五、搜索引擎营销的推广方式

互联网不断在发展，现在的信息是以爆炸式的速度在增长，如何在浩瀚的互联网中寻找到自己想要的信息，这就要依靠搜索引擎。它可以为你提供信息导航服务，让你准确找到信息。目前搜索引擎的推广方式可以分为自然推广、竞价推广、混合竞价推广3种方式。

（一）自然推广

自然推广是指人们可以将要推广的信息通过网页等形式发布到搜索引擎，然后通过正当的 SEO（搜索引擎优化）技术使你需要推广的关键词在搜索引擎中得到一个理想的排名。做好自然推广，一定要做好 SEO，其实 SEO 工作就是围绕着关键词、链接、权重这3个要素来展开。

（二）竞价推广

自然推广固然免费，但是自然推广存在着很多不确定性，虽然 SEO 可以帮助得到一个好的排名，但是 SEO 不能保证百分之百成功，而且 SEO 不是一个短期就能得到效果的方法。企业可能等不了这么久的时间，正好竞价排名解决了这一问题，所谓"竞价排名"就是搜索引擎根据你出的价格给你相应的排名，这样省去了 SEO 的工作，企业很快可以得到一个好的排名，前提是你需要付费，这里价格成了排名的唯一因素。

（三）混合竞价方式

搜索引擎在竞价排名的基础上，又推出了混合竞价方式，即在排序时除了考虑价格方面的因素，还同时考虑单击率的高低。这种方式不仅可以使得企业得到好的排名，而且能够提高网页匹配度，也提高了用户的体验。

第三节　社交媒体营销

社交媒体（Social Media）也称为社会化媒体、社会性媒体，指允许人们撰写、分享、评价、讨论、相互沟通的网站和技术。所谓社交媒体是大批网民自发贡献、提取、创造新闻资讯，然后传播的工具。

社交媒体营销亦称社会化营销、社会媒体营销、社交媒体整合营销、大众弱关系营销，是利用社会化网络、在线社区、博客、百科或者其他互联网协作平台媒体来进行营销，开拓公共关系和维护客户服务的一种方式。

社交媒体营销与传统营销的区别：一是传播方式的不同。传统媒体中，不管是报纸、电视还是户外广告，企业发布的产品信息对于消费者来说都是强迫性的、单向性的传播，无论你是否喜欢，只要你接触到这些承载着信息的广告媒体，就只能被迫接受。而社交媒体营销的特点之一就是增加了消费者的选择性和交互性,你可以关注自己想看的信息,取消不愿意看的,而且可以直接与企业、广告商和其他消费者相互沟通与交流。二是传播内容的不同。由于传统营销渠道一般需要支付大量的广告费,传播信息内容主要是针对产品本身的特性和功能展开的。而社交媒体营销中,每个人所接收的信息由每个人关注的程度和所在的社交圈而定,而且社交媒体中宣传的内容可能是和产品本身有关的,也有可能是和企业文化、企业活动、企业管理者有关的,更能够很好地调动消费者的主观积极性。

一、社交媒体营销的特点

社交媒体的崛起是近些年来互联网的一个发展趋势。不管是国外的 Facebook 或 Twitter,还是国内的人人网、知乎、微信、豆瓣或微博,都极大地改变了人们的生活,将我们带入了一个社交网络的时代。社交媒体营销具有长周期,传播的内容量大且形式多样,每时每刻都处在营销状态及与消费者的互动状态,强调内容与互动技巧,需要对营销过程进行实时监测、分析、总结与管理,需要根据市场与消费者的实时反馈调整营销目标等特点。

二、社交媒体营销的优势

社交媒体营销具有传统网络媒体营销的大部分优势,比如传播内容的多媒体特性、传播不受时空限制、传播信息可沉淀带来的长尾效应等。

(一)社交媒体可以精准定向目标客户

社交媒体掌握了用户大量的信息,抛开侵犯用户隐私的内容不讲,仅仅是用户公开的数据中,就有大量极具价值的信息。不只是年龄、工作等一些表层的东西,通过对用户发布和分享的内容的分析,可以有效判断出用户的喜好、消费习惯及购买能力等信息。此外,随着移动互联网的发展,社交用户使用移动终端的比例越来越高,移动互联网基于地理位置应用的特性也将给营销带来极大的变革。我们在社交媒体通过对目标用户的精准人群定向以及地理位置定向投放广告,自然能收到比传统网络媒体营销更好的效果。

(二)社交媒体的互动性可以拉近企业跟用户的距离

互动性是社交媒体相较传统媒体的一个明显优势。在传统媒体投放广告根本无法看到用户的反馈,而在网络上的官方网站或者博客上的反馈也是单向或者不即时的,互动的持续性差,往往是发布了广告或者新闻,然后看到用户的评论和反馈,而继续深入互动却难度很大,企业跟用户持续沟通的渠道是不顺畅的。而社交媒体平台上有了企业的官方微博,有了企业的官方主页,企业和顾客都是用户,先天的平等性和社交网络的沟通便利特性使得企业和顾客能更好地互动，打成一片，形成良好的企业品牌形象。此外，微博等社交媒体是一个天然的客户关系管理系统，通过寻找用户对企业品牌或产品的讨论或者埋怨，可以迅速地做出反馈，解决用户的问题。如果企业官方账号能与顾客或者潜在顾客形成良好的关系，让顾客把企业账号作为一个朋友的账号来对待，那企业获得的价值是难以估量的。

（三）社交媒体的大数据特性可以让企业低成本进行舆论监控和市场调查

随着社交媒体的普及，社交媒体的大数据特性得到很好的体现，而企业如果能做好社交媒体的数据分析与处理，也能从中得到很大的好处。首先，通过社交媒体，企业可以低成本地进行舆论监控。在社交媒体出现以前，企业对用户进行舆论监控的难度是很大的，而现在，社交媒体在企业危机公关中发挥的作用已经得到了广泛认可，任何一个负面消息都是从小范围开始扩散的，只要企业能随时进行舆论监控，就可以有效降低企业品牌危机产生和扩散的可能。其次，通过对社交平台大量数据的分析，或者进行市场调查，企业能有效挖掘出用户的需求，为产品设计开发提供很好的市场依据。比如，一个蛋糕供应商如果发现在社交媒体上有大量的用户寻找欧式蛋糕的信息，就可以加大这方面的蛋糕设计开发，在社交媒体出现以前，这几乎是不可能实现的，而现在，只要拿出些小礼品，在社交媒体做一个活动，就会收到海量的用户反馈。

（四）社交媒体让企业获得了低成本组织的力量

通过社交媒体，企业可以以很低的成本组织起一个庞大的"粉丝"宣传团队，而"粉丝"能带给企业多大的价值呢？比如，小米手机现在有着庞大的"粉丝"团队，数量庞大的"米粉"（小米的"粉丝"）成了小米手机崛起的重要因素，每当小米手机有活动或要出新品，这些"粉丝"就会奔走相告，做足宣传，而这些，几乎是不需要成本的。如果没有社交网络，小米的掌门人雷军想要把"米粉们"组织起来为小米做宣传，必然要花费极高的成本。此外，社交媒体的公开信息也可以使我们有效地寻找到意见领袖，通过意见领袖的宣传攻势，自然可以收获比大面积宣传撒网更好的效果。

社交媒体在营销方面的优势显而易见，但是同时也存在很多问题，比如社交媒体营销的可控性差、投入产出比难以精确计算等，不过随着社交网络时代的到来，社交媒体营销的体系也必然会逐渐完善。

三、社交媒体营销的策略

利用社交媒体进行营销是现在很多跨境电商采取的办法，其以成本低、能够锁定目标客户、交互性强、信息反馈完整等多种传统营销办法所不具备的优势被大家欢迎，也有更多的跨境电商正在逐步试水社交媒体营销，希望能够在其中获取新的营销突破。

（一）社交媒体只是一个配角而非明星

一定要明确，运用社交媒体进行营销虽然有很多的优点，但它的缺点与优点同样多，最大的缺点就是其结果不可控，有可能花费大量心血，但最后只是竹篮打水一场空。因此社交媒体需要配合系统的营销管理体系，并且其往往只属于系统的配角部分。

（二）利用社交媒体撬动和支持个人参与并投入到活动中

社交媒体相对传统媒体最大的优势在于，其具有强烈的交互能力。根据调查，当一个人对一个活动的参与度越高时，记忆越是深刻。传统媒体都是自上而下的广告，采取的是灌输式、教育式营销办法，其交互性和参与度可以说是完全没有。

（三）利用社交媒体与客户建立情感关系网络

社交媒体还有一大优势就是客户黏结度高，传统的营销方式不能够真正掌握顾客，而社交媒体显然可以更加轻松地跟进客户。在当今服务为王的年代，运用社交媒体可以令你有机会对客户进行服务，从而促成下一次销售。

（四）利用社交媒体来了解你的客户

社交媒体还有这样的特点，就是其可以反馈客户信息。传统的营销办法都是输出型，很难获得客户的感受，需要专门进行市场调研。而社交媒体可以在营销的同时，甚至在产品生产之前就获得反馈，这样可以极大地提高企业市场反应能力。

（五）利用社交媒体举办比赛等活动提高品牌效应

举办比赛等活动并非是社交媒体的专属，这种营销方式在很久之前就有了，如冠名运动会、进行慈善活动、举办演出等。那么社交媒体的优势是什么呢？那就是灵活。传统方式举行的活动一般是大型活动，成本较高，需要大量专业人员的支持，而社交媒体举办的线上活动可以很简便，推广起来也很轻松。

（六）运用社交媒体推出产品

运用社交媒体推出产品这一招显然被当今的互联网公司运用得轻车熟路，在产品设计时发布个微博，产品生产时发布个微博，产品上市再发布个微博……反正是博人眼球的办法，而且成本又低，不用白不用。然而，这种办法有用烂了的嫌疑，未来企业用这招时需要更加聪明点。

（七）运用社交媒体引领人们的谈话主题

现在所谓的社会热点有很大一部分都是依靠背后的推手进行推动。不得不说，现在人们的发言权越来越大，但是网络上引导舆论却很简单，网络上的从众效应也很严重。引导舆论的这个策略需要企业慎重采用，稍有不慎很有可能越界，严重者甚至会违背道德、违背法律。

（八）社交媒体要做到可视化

这是 B2B 或 B2C 企业未来应该发展的方向，由于这些企业存在线上信息失真等问题，消费者购买东西的时候看到的照片及文字信息事实上都是经过处理的，商家为了自己的利益会在一定程度上美化自己的产品，事实上这对消费者是不公平的。可视化就是做到真实、准确地反映企业信息，所见即所得。

（九）运用社交媒体令消费者创造产品

社交媒体应该用来了解消费者，而如果要达到更高层次的话，那就是令消费者创造产品。传统的供应链形式是设计产品—生产产品—销售产品—市场反馈，事实上，当进入市场反馈的时候，一切都已经结束了。如果市场反馈放在前端，就能极大地提高产品对消费者的吸引程度。

（十）最大化社交媒体活动的有效性

社交媒体有一个现象就是，如果长期不举办活动，受众的热情很快就会冷却下来，企业必须持之以恒地举行活动，增强与消费者的黏结度。有许多社交媒体看起来"粉丝"众多，但是长期不举行活动，"粉丝"也是购买的"僵尸粉"，实际上其价值是打了很多折扣的。

四、适合跨境电商的社交媒体

传统营销是销售导向的，也即"将产品、服务信息传播给潜在的消费者"；现代营销是关系导向的，强调的是"与消费者的互动"。通过电视、广播、报纸等媒体广告，我们无法与消费者互动；通过搜索引擎营销、邮件营销，我们同样无法与消费者互动。或许，企业可以组织一些线下推广活动，实现面对面的互动，然而，这种线下营销不仅费用高，而且辐射面窄。现在，随着 Facebook、Twitter 等社交媒体的繁荣发展，企业开始踏入互动式的关系导向型营销时代。

（一）Facebook

作为全球最大的社交网站，Facebook 单日用户数突破 10 亿。此外，大约有 3000 万家小公司在使用 Facebook，其中 150 万家企业在 Facebook 上发布付费广告。当前，跨境 B2C 平台兰亭集势、DX 等都开通了 Facebook 官方网页，Facebook 海外营销受到了越来越多跨境电商从业者的关注。

（二）Twitter

Twitter 是全球最大的微博网站，拥有超过 5 亿的注册用户。虽然用户发布的每条"推文"被限制在 140 个字符内,但是不妨碍各大企业利用 Twitter 进行产品促销和品牌营销。比如,在 2008 年圣诞节购物期间,Dell 仅通过 Twitter 的打折活动就获得百万美元销售;再如,著名垂直电商 Zappos 创始人谢家华通过 Twitter 的个人账号与"粉丝"互动,维护了 Zappos 良好的品牌形象。以上这两个案例其实都适用于跨境电商的海外营销。此外,跨境电商还可以利用 Twitter 上的名人进行产品推广,比如第一时间评论名人发布的"推文",让千千万万名人的"粉丝"慢慢熟知自己,并最终成为自己的"粉丝"。2014 年 9 月,Twitter 推出了购物功能键,这对于跨境电商来说无疑又是一大利好消息。

(三) Tumblr

Tumblr 是全球最大的轻博客网站,含有 2 亿多篇博文。轻博客是一种介于传统博客和微博之间的媒体形态。与 Twitter 等微博网站相比,Tumblr 更注重内容的表达;与博客相比,Tumblr 更注重社交。因此,在 Tumblr 上进行品牌营销,要特别注意"内容的表达"。比如,给自己的品牌讲一个故事,比直接在博文中介绍公司及产品的效果要好很多。

有吸引力的博文内容,很快就能通过 Tumblr 的社交属性传播开来,从而达到营销的目的。跨境电商网站拥有众多的产品,如果能从这么多的产品里面提炼出一些品牌故事,或许就能够达到产品品牌化的效果。

(四) YouTube

YouTube 是全球最大的视频网站,每天都有成千上万的视频被用户上传、浏览和分享。相对于其他社交网站,YouTube 的视频更容易带来病毒式的推广效果。比如,韩国歌手朴载相凭借单曲《江南 Style》在短时间内就得到全世界的关注。因此,YouTube 也是跨境电商中不可或缺的营销平台。开通一个 YouTube 频道,上传一些幽默视频吸引"粉丝",通过一些有创意的视频进行产品的广告植入,或者找一些意见领袖来评论产品宣传片,都是非常不错的引流方式。

(五) Vine

Vine 是 Twitter 旗下的一款短视频分享的应用,在推出后不到 8 个月的时间,注册用户就超过了 4000 万。用户可以通过它来发布长达 6 秒的短视频,并可添加一点文字说明,然后上传到网络进行分享。社交商务平台 8thBridge 调查了 800 家电子商务零售商,其中 38% 的商家会利用 Vine 短视频进行市场拓展。跨境电商公司显然也应该抓住这样的一个免费平台,即可以通过 Vine 进行 360 度全视角产品展示,或利用缩时摄影拍摄并展示同一类别的多款产品，也可以利用 Vine 来发布一些有用信息并借此传播品牌。比如，卖领带的商家可以发布一个打领带教学视频，同时在视频中植入品牌。类似的应用还有 MixBit，由 YouTube 创始人乍得·贺利和陈士骏创办，视频长度为 16 秒。此外，Facebook 旗下的 Instagram 也开发了短视频功能，视频时长为 15 秒。

（六）Pinterest

Pinterest 是全球最大的图片分享网站，其网站拥有超过 300 亿张图片。图片非常适合跨境电商网站的营销，因为电商很多时候就是依靠精美的产品图片来吸引消费者。卖家可以建立自己的品牌主页，上传自家产品图片，并与他人互动分享。2014 年 9 月，Pinterest 推出了广告业务。品牌广告主可以利用图片推广相关产品和服务，用户可以直接单击该图片进行购买。Pinterest 通过收集用户个人信息，建立偏好数据库，以帮助广告主进行精准营销。因此，除了建立品牌主页外，跨境电商网站还可以购买 Pinterest 的广告进行营销推广。与 Pinterest 类似的网站还有 Snapchat、Instagram 以及 Flickr 等。

（七）其他

社交媒体营销的范围很广，除了以上渠道之外，还有论坛营销、博客营销、问答社区营销等。这三类媒体尤其适合有一定专业门槛的产品，比如电子类、开源硬件等。主打 3C 电子产品的 DX，起家时依靠的正是其创始人高超的论坛营销能力。此外，如果你的目标人群是毕业生或职场人士，全球最大的商务社交网站 LinkedIn 将是一个不错的选择；Google 作为全球第二大的社交网站，将社交和搜索紧密结合，也越来越受到营销者的青睐。

【思考题】
1. 简答电子邮件营销的定义、类型、特点及与网络营销的关系？
2. 基于用户许可的互动电子邮件营销策略是什么？
3. 搜索引擎营销的主要模式是什么？
4. 社会化媒体营销的主要策略是什么？

知识考查与技能训练

本章习题请扫码获得。

第四章　跨境电商支付

【学习目标】

本章旨在让学习者了解跨境电商支付的相关概念；了解跨境电商支付的主要模式，能够区分主要的跨境支付工具的异同点；熟悉不同区域的跨境电商支付工具的使用情况，了解影响跨境电商支付的主要因素，为熟练使用跨境电商支付工具奠定理论基础。

【本章重点】

本章学习的重点是跨境电商的支付模式及支付过程。要求学习者掌握不同区域的跨境电商支付工具的使用情况。

第四章 跨境电商支付

第一节 跨境电商支付的相关概念

跨境支付（Cross-border Payment）是指，两个或两个以上国家或者地区之间因国际贸易、国际投资及其他方面所发生的债权债务，借助一定的结算工具和支付系统实现资金跨国和跨地区转移的行为。如中国消费者在网上购买国外商家的产品或国外消费者购买中国商家的产品时，由于币种的不一样，就需要通过一定的结算工具和支付系统实现两个国家或地区之间的资金转换，最终完成交易。

跨境电商支付也称为跨境互联网支付，是指为不同国别的交易双方提供基于互联网的在线支付服务。

支付机构跨境外汇支付业务是指，支付机构通过银行为电子商务（货物贸易或服务贸易）交易双方提供跨境互联网支付所涉及的外汇资金集中收取和支付及相关结售汇服务。

跨境网络消费者是指，通过境内跨境电商网站（如淘宝全球购、易趣等），或者境外网站（亚马逊、eBay、Macy's 等）进行过网络消费活动的网民群体。

第二节 跨境电商的支付模式

一、传统贸易货款的支付

在国际贸易支付方式中，被使用较多的主要是直接支付的方式，即经济活动当中的当事人双方直接通过银行发生关系的支付。一般包括汇付、托收和信用证三种模式。三种模式各有利弊。

汇付主要包括信汇、电汇、票汇三种方式。汇付是指，汇款人主动通过银行将款项汇给收款人，因其属于商业信用，对当事人存在一定的风险，一般只用于小额支付的交易。托收是指，银行根据收到的卖方指示处理金融和商业单据。其分为光票托收和跟单托收。托收虽然也属于商业信用，但其有利于买方，银行费用低，对买方风险小，在国际贸易活动中经常被买卖双方用来进行结算工作。信用证是指，银行凭借规定单据向受益人付款的一项书面凭证。在国际贸易活动中，买卖双方可能互不信任，买方担心预付款后，卖方不按合同要求发货；卖方也担心在发货或提交货运单据后买方不付款。因此需要两家银行作为买卖双方的保证人。由于信用证模式对买卖双方的保护，使得信用证成为国际贸易中最主要、最常用的支付方式。

二、跨境电商货款的支付

跨境电商的出现刷新了以信用证、托收和电汇为代表的传统外贸支付方式。跨境电商支付除了沿用传统的商业银行汇款模式外，第三方支付机构参与下的互联网支付模式开始在国际结算领域崭露头角。

一般而言，跨境电商支付包括境外收单和外卡收单。从进口角度看，跨境电商支付表现为境外收单业务。国内消费者通过电子商务平台从境外商户购买商品，支付机构为国内消费者购置外汇并支付给境外商户，如图4-1所示。

图4-1　跨境电商进口支付过程

从出口角度看，跨境电商支付表现为外卡收单业务。国内商户通过电子商务平台将产品销售给境外消费者，支付机构为国内商户收取外币并代理结汇，如图4-2所示。

图4-2　跨境电商出口支付过程

由此可见，支付机构是境内境外交易的资金通道。从跨境支付的过程来看，支付机构主要有第三方支付平台和商业银行两种。

（一）第三方支付平台

通常用户只需要用邮箱简单注册一下，然后绑定自己的银行卡就可以开通第三方支付了。通过第三方支付平台，消费者和商家可以直接在线上完成跨境支付。

在中国，第三方支付机构针对跨境电商提供的跨境支付主要包括"购付汇"和"收结汇"两类业务。其中，购付汇主要是指中国消费者通过跨境电商平台购买货品时，第三方支付机构为消费者提供的购汇及跨境付汇业务。购付汇主要针对进口跨境电商平台，具体流程如图4-3所示。

当境内买家在跨境电商平台下单后，选择中国第三方支付机构进行支付，如支付宝、财付通等。订单信息在发到境外卖家的同时，也会发到第三方支付机构，第三方支付机构会通过买家所使用的与其合作的银行，将商品货款以购付汇模式支付给卖家。卖家收到第三方支付机构的支付信息后，通过跨境物流将商品运至买家手中。

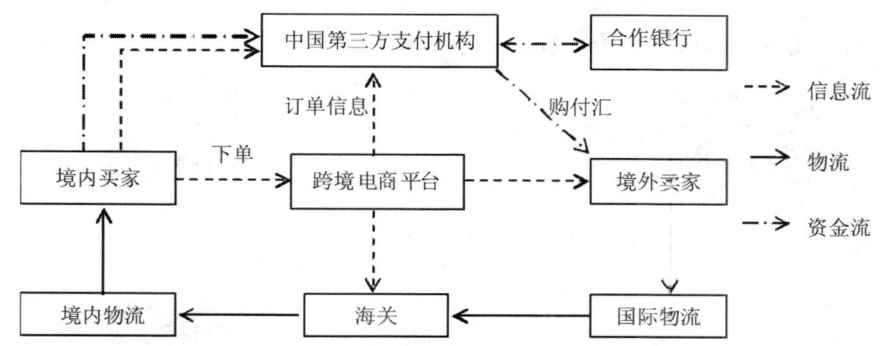

图 4-3　进口跨境电商平台第三方支付机构购付汇业务流程

资料来源：根据易观国际资料整理

收结汇是指，第三方支付机构帮助境内卖家收取外汇并兑换成人民币并进行结算的业务，其主要针对出口跨境电商平台，具体流程如图 4-4 所示。

境外买家通过跨境电商平台下单后，订单信息会同时发至境内卖家及海外第三方支付机构。买家通过支付公司、信用卡组织、银行、电汇公司等将商品货款支付给海外第三方支付机构，如 PayPal 等。海外第三方支付机构通过与中国合作的第三方支付机构，以收结汇模式将商品货款支付给境内卖家，再通过跨境物流将商品送至买家手中，从而完成跨境电商交易活动。

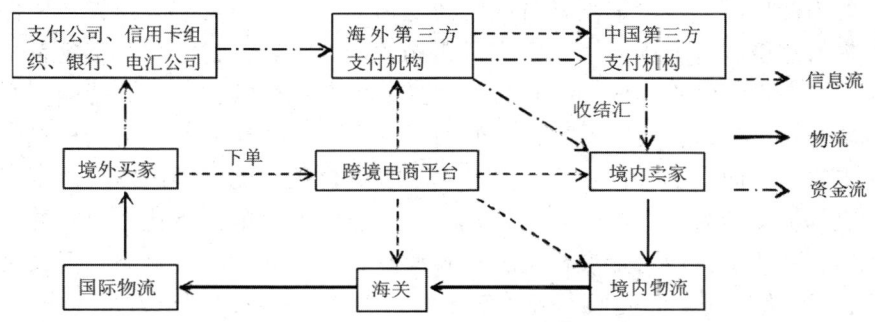

图 4-4　出口跨境电商平台第三方支付机构收结汇业务流程

资料来源：根据易观国际资料整理

（二）商业银行

很多跨境电商网站都支持 VISA、万事达、美国运通、JCB、银联等银行卡，用户只需在网上输入卡号、姓名等信息即可。例如海淘族可以直接使用双币卡进行支付，境外消费者也可以通过 VISA 信用卡来购买兰亭集势上的商品。此外，用户也可以去银行的线下网点转账汇款支付。例如，外卡收单业务中的信用卡收款的具体流程如图 4-5 所示。

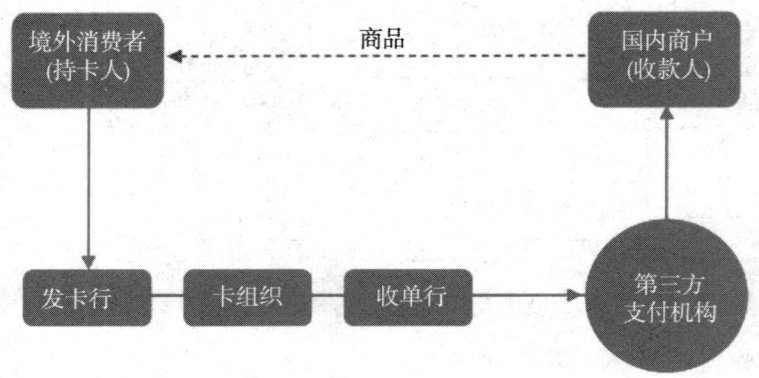

图 4-5　外卡收单业务中的信用卡收款的过程

图 4-5 中的发卡行是指发行信用卡的金融机构，一般为商业银行；收单行是指帮助商户接收来自消费者的不同信用卡付款款项的机构，可以是银行，也可以是其他非金融机构；卡组织是为发卡行和收单行提供结算服务的机构，比如 VISA、万事达等。一般而言，商户可以直接与收单行合作，满足消费者用信用卡进行支付的需求。然而，在跨境电商中，收单行在国外，商户在国内，国内商户绝大多数都不具备足够的能力去与收单行对接。这样，便催生出了提供跨境支付服务的第三方支付机构，比如深圳的钱宝、北京的首信易支付。第三方支付机构作为一种支付通道，可与境外银行合作，帮助国内商户收取外汇。于是，我们看到，境外消费者在下单并支付后，货款从发卡行通过卡组织流向收单行，之后再通过第三方支付机构流向国内商户。第三方支付机构拥有较为成熟的网络支付技术，且非常熟悉电商行业，但其并非金融机构；商业银行作为金融机构，拥有消费者和商户的账户资源，但其网络支付技术不够成熟，对电商行业不够了解。因此，二者之间通常是合作关系。此外，跨境电商支付还涉及不同币种、不同语言和不同的金融法规政策，这些都进一步促使二者加强合作关系。从另外一个角度看，二者存在一定的竞争关系：没有第三方支付机构时，用户一般只能通过银行进行跨境支付；第

三方支付机构出现后,用户可以绕开银行完成跨境支付。因此,第三方支付机构和商业银行实际上是一种"竞争与合作"关系。这种"竞争与合作"关系,一方面使得跨境支付变得更加安全便捷,从而提升用户的跨境购物体验;另一方面,二者的激烈竞争必然带来支付成本的降低,广大的跨境商户也将因此受惠。可以说,第三方支付机构和商业银行是跨境电商支付产业链的核心。

三、跨境电商的灰色支付

跨境电商的支付链为第三方支付机构和银行进行合作,境外消费者可以轻松在线完成支付,国内商户也能方便拿到货款。然而,对于出口跨境电商而言,由于种种原因,这条本该正常的跨境支付产业链却蒙上了灰色阴影。具体表现为:国家严格的外汇管理政策造成灰色结汇途径。根据国家外汇管理局的规定,货物贸易的结汇需要提供报关单。然而,出口跨境电商商户基本都采用邮政小包寄出,并没有向海关申报出口,因此也就无法提供报关单并正常结汇了。这样,中国商家赚得的大量外汇都滞留在海外的银行账户或者第三方支付平台上。一般合法的结汇途径有以下三种。

(一) 个人境内身份证结汇

按照外汇局的规定,个人境内结汇限定为每人每年5万美元。对于一家月销售额在20万美元左右的商户而言,如果使用多个身份证进行操作的话,每年需要48个不同的身份证。

(二) 汇丰境内ATM取现

这种方式同样受到金额限制,每日取现不超过2万港元(或等值人民币),该取现金额不计入个人境内5万美元的结汇额度。由于中国境内ATM一般限定每次取款金额最高为2500元,按照每日最高限额2万港元(或等值人民币)计算,一天得取现8次。汇丰境内ATM取现手续费为25港元/次,一天2万港元的取现手续费高达200港元,占交易金额(2万港元)的1%。

(三) 离岸公司汇款给国内工厂

这种结汇方式虽然不受金额的限制,但要求合作的国内工厂有外币账户,而且操作手续多、成本较高,结汇时间也通常在一周以上,不适合大部分出口跨境商家。

对于月销售额在50万美元左右甚至上百万美元的中大型商家来说,以上三种合法途径都无法满足其结汇需求,从而不得不转向地下钱庄来结汇。地下钱庄模式的支付链如图4-6所示。

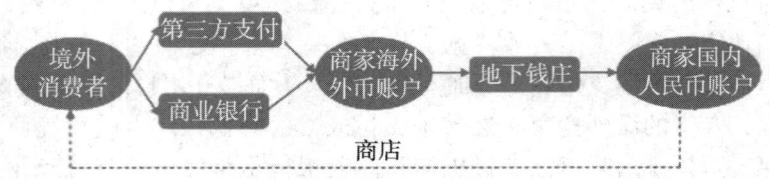

图 4-6　地下钱庄模式支付链

　　地下钱庄是一种游离于监管体系之外的非法金融组织，主要从事外汇买卖、跨境资金转移和资金存贷活动。在跨境资金转移活动中，地下钱庄连接着两端的需求：境内黑钱需要兑换成外币转移出境，境外合法或不合法的外币需要兑换成人民币流入境内。地下钱庄两头操作，使得跨境电商的境外外币能够按照钱庄汇率迅速兑换成人民币。整个流程只要几分钟就能完成，并且钱庄汇率一般比银行还高，因此绝大多数中大型的商家都会通过地下钱庄模式来结汇。当然了，跨境电商采用此模式面临道德风险（如钱庄卷款潜逃）和一定的法律风险。

第三节　跨境电商主要支付工具的对比

　　中国对外贸易市场份额的迅速增长及跨境电商的快速发展为跨境电商支付市场的发展创造了重要机遇。在跨境电商与跨境支付市场当中，支付机构根据经营模式可划分为两类。一类为线上模式：第三方支付平台（涉足跨境网购、外贸 B2B 等），例如，支付宝、信用卡和 PayPal 等。另一类为线下模式：传统金融机构（涉足跨境购物、外贸 B2B、境外 ATM 取现、刷卡消费等），例如：银行、消费金融公司。这两类公司的主要应用环节都集中于结算领域（见表 4-1），跨境电商 B2B 业务主要是通过"线下模式"完成，其方式主要有信用证、银行转账、西联汇款，跨境电商 B2C 业务主要是通过"线上模式"完成。在"线上模式"当中，第三方支付平台的跨境电子支付工具得到了广泛的应用。

表4-1 支付工具比较

支付方式		简介	优点	缺点	费用	适用范围
线上	PayPal	目前是小额跨境贸易工具中最主流的付款方式。PayPal是美国eBay旗下的支付平台，在国际上知名度较高，国外买家使用率占80%以上，是很多国家客户的常用付款方式	PayPal是支持全球190多个国家和地区、24种货币的在线支付工具	手续费高（每笔交易除手续费外，还需要支付交易处理费），将外币提现为人民币的手续繁杂。不支持仿牌，对买家（消费者）过度保护，卖家（商户）账户容易被冻结（只要有人投诉，你的PayPal账号就很可能被封，解冻时间需要180天），账户容易被拒付（Chargeback）	无开户费及使用费；每笔收取0.3美元的银行系统占用费；以美元形式提现至境内银行时，每笔收取35美元；以人民币形式提现至境内银行时，每笔收取1.2%的手续费	跨境电商零售行业，一千美元以下的小额交易更划算。主要客户群在北美、欧洲（德国、英国、法国）、澳大利亚市场
	国际卡组织（信用卡）	在欧洲和美国，主流的付款方式还是信用卡方式，信用卡用户群庞大，而且链接个人信用资料，非常安全。很多跨境电商平台都支持国际信用卡支付	欧美最流行的支付方式，信用卡的用户人群非常庞大	国际信用卡的收款较麻烦，且需预存保证金。国际信用卡付款的风险核心点就是客户的退单和小部分客户的信用卡诈骗行为。比如消费者退单或者悔单，因为国际小额贸易前期，卖家有物流等其他费用的投入，退单或悔单对卖家来说往往损失不少。而且现在很多主流的跨境电商平台也倾向买家	一般有开户费、年费和手续费等，具体费用根据不同的通道而定	从事跨境电商零售的平台和独立B2C平台

续表1

支付方式		简介	优点	缺点	费用	适用范围
线上	Payoneer	Payoneer 是一家总部位于纽约的在线支付公司，主要业务是帮助其合作伙伴将资金发到全球，同时也为全球客户提供美国银行或欧洲银行的收款账户，用于接收欧美电商平台和企业的贸易款项	申请方便快捷，个人或公司身份均可申请；结汇方便，不受外汇管制，可以通过网上转账、ATM 直接提取人民币	费用相对较高，针对大额交易不划算。资金从 Payoneer 到境内银行卡时，不能以美元入账	免费申请，当你收款达到 100 美元时，Payoneer 会额外奖励你 25 美元；账户管理费（年费）为每年 29.95 美元，无卡账户免年费，美国账户入账收 1%的手续费，银行转款收 2%的手续费，无汇损；欧洲和英镑账户入账免费，银行转款收 2%，无汇损。大客户可申请费用减免	单笔资金额度小但是客户群分布广的跨境电商网站或卖家。其为 Wish、亚马逊卖家比较常用的收款方式之一
	支付宝	国际版支付宝（Escrow Service）是阿里巴巴国际站和支付宝联合为国际买卖双方全新建立的在线支付解决方案	操作原理同国内支付宝一样，简单方便、周期短、成本低	国际支付宝目前仅支持买家进行美元支付；卖家可以选择美元和人民币两种收款方式	只对卖家收取手续费，对卖家的每笔订单收取 3%（中国供应商会员）或 5%（普通会员）的手续费。提现人民币到支付宝是不收手续费的，但提取美元要收取 15 美元的手续费	目前主要是用于速卖通平台卖家收款，单笔交易限额为 1 万美元。面向的客户群在南美、欧洲和中东等地区

续表2

支付方式		简介	优点	缺点	费用	适用范围
线上	World First（WF）	2004年成立于英国。全球客户超过28万，可以在欧洲、美国、日本和加拿大开设国际收款账户	WF是世界一流的外币兑换公司，结算方便；费用有一定竞争力，从PayPal转款到WF本地账户是无手续费的；WF账户转账回境内时，金额越大、汇损越低（具体要联系你的WF客户经理）	小额转款的手续费较高，不如Payoneer划算；转款时必须为公对公、私对私	免费申请，入账免费，无年费；每次转款汇损为1%～2.5%；满足一定条件时，无转款手续费	支持用World First收款的电商平台及支付网站有很多，目前国内用得最多的是亚马逊全球开店上的卖家
线下	西联汇款（Western Union）	西联汇款是国际汇款公司的简称，是世界上领先的特快汇款公司，迄今已有150年的历史，代理网点遍布全球近200个国家和地区	手续费由买家承担；对于卖家来说最划算，可先提钱再发货，安全性好，到账速度快	由于对买家来说风险极高，买家不易接受；买家和卖家需要去西联线下柜台操作；手续费较高	西联手续费由买家承担；需要买卖双方到当地银行实地操作；在卖家未领取钱款时，买家可以通过西联将支付的资金撤销回去	1万美元以下的跨境电商零售或小额批发交易、传统外贸行业
	电汇	电汇是传统B2B付款常用模式，适用于大额的交易付款。但实际上，对低于1万美元高于1000美元的交易而言，电汇方式也是一种不错的支付方式	收款迅速，几分钟到账。先付款后发货，保证商家利益不受损失	先付款后发货，买方容易产生不信任感。用户量少会限制商家的交易量。买卖双方都要支付手续费，而且费用较高	先付款后发货，外国人容易产生不信任感；客户群体小会限制商家的交易量；数额比较大的交易的手续费高	电汇是传统的B2B付款模式，适合大额的交易付款

续表3

支付方式		简介	优点	缺点	费用	适用范围
线下	速汇金汇款（Money Gram）	速汇金汇款在全球150个国家和地区，拥有5万多个代理网点。收款人凭汇款人提供的编号即可收款	汇款人及收款人均必须为个人；必须为境外汇款；客户如持现钞账户汇款，还需交纳一定的现钞变汇的手续费	单笔速汇金最高汇款金额为1万美元（不含），每天每个汇款人的速汇金累计汇出最高限额为2万美元（不含）	根据汇款金额，按比例收取，最低为10美元	适合海外留学人员、旅游考察工作人员、外贸SOHO一族
	中国香港地区离岸公司银行账户	卖家通过在中国香港地区开设离岸银行账户，接收海外买家的汇款，再从中国香港地区的账户汇到中国内地的账户	接收电汇无额度限制，不需要像中国内地银行一样受5万美元的年汇额度限制。不同货币可直接自由兑换	中国香港地区银行账户的钱还需要转到中国内地的账户，较为麻烦。部分客户选择地下钱庄的方式，有资金风险和法律风险	对跨境、跨系统的外币汇款，除了银行要正常收取的手续费外，通常情况下，中转行要收取20~30美元的费用	传统外贸及跨境电商都适用，适合已有一定交易规模的卖家

第四节　跨境电商支付工具的选择

一、北美地区

在信息技术、网络技术等技术成熟发展的背景下，北美地区的消费者习惯并熟悉各种先进的电子支付方式，对于网上支付、电话支付、邮件支付、手机支付等各种新兴支付方式并不陌生。信用卡也是常用的跨境支付方式之一。美国的第三方支付公司能够处理支持158种货币的维萨（VISA）与万事达（Master Card）信用卡、支持79种货币的美国运通卡（American Express）、支持16种货币的大来卡（Diners）进行的支付。同时，PayPal也是美国人异常熟悉的电子支付方式。此外，还有Facebook、Twitter等社交网络支付工具，以及亚马逊钱包等电商企业自有的支付工具。

二、欧洲地区

欧洲地区跨境电商消费者最习惯的电子支付方式除了维萨与万事达等国际信用卡外，还有一些当地信用卡。在英国等跨境电商市场比较发达的国家，包括PayPal在内的第三方支付方式使用率也较高。德国的Elektronisches Lastschrift Verfahren（ELV）是流通性非常强的一种电子直接支付方式，绝大多数的德国银行支持这种支付，通过网络，根据客户提供的商业银行账户号码和授权信息处理付款；Giropay是一种在线支付方式，超过1500家德国银行支持该方式，通过该支付方式，用户可实现网上支付；Sofortüberweisung是一种简便的在线支付方式，用户无须在线注册，通过银行提供的凭证与交易验证码即可操作；Prepaid Voucher是以货币价值储存的付款卡。

三、东北亚地区

日本消费者以信用卡支付与手机支付为主。日本的本土信用卡为JCB，支持20种货币，是常用的跨境支付方式。日本人普遍都还会有一张维萨与万事达信用卡，可以将其用于跨境电商支付。日本手机网购消费群体的规模已超过个人电脑网购消费群体的规模，所以，日本消费者习惯使用手机进行网购与支付。由索尼、移动运营商NTT DOCOMO和交通运营商JR-EAST组成的联盟推进着手机支付系统的发展。中国的支付宝在日本的使用率也较高。在韩国，跨境网购市场非常发达，主流购物平台多是C2C平台，如Auction、Gmarket、11ST等。另外，还有众多的B2C平台。但是，韩国在线支付方式比较封闭，一般只支持韩国国内银行的银行卡进行跨境支付，维萨与万事达信用卡的使用率较低，PayPal虽然也有不少韩国消费者在使用，但仍不是主流的支付方式。

四、拉美地区

以巴西、墨西哥、阿根廷为代表的拉美地区跨境电商市场的支付方式与使用率差异非常显著（见表4-2）。巴西的信用卡普及率较高，全国拥有约8260万张活跃的信用卡，其中维萨与万事达主导着信用卡市场。巴西网民常用的支付方式比较多，包括Boleto Bancário、DineroMail、MercadoPago、Moip、

Oi Paggo、PagSeguro、PayPal、SafetyPay、Skrill 等。其中，Boleto Bancário 是第二受欢迎的支付方式，也是那些没有信用卡的消费者经常使用的支付方式。此外，电子钱包（如 PayPal、MercadoPago）、充值卡、礼品卡、预付卡、虚拟卡等的使用率也较高。墨西哥跨境网购消费者偏好现金支付。在阿根廷，货到付款的支付方式也较为普遍。此外，还有 Pago Facil 和 Rapi Pago、Alternative Payments（Mercado Pago、PayPal、DineroMail）。

表 4-2　巴西、墨西哥、阿根廷跨境电商支付方式一览表

国家	支付方式与使用率
巴西	信用卡（79%）、Boleto Bancario（24%）、借记卡在线支付（4%）
墨西哥	现金（32%）、信用卡（28%）、借记卡（15%）、银行转账（15%）
阿根廷	信用卡/借记卡在线支付（56.2%）、货到付款（34.4%）、Pago Facil 和 Rapi Pago（22.9%）、Alternative Payments（MercadoPago、PayPal、DineroMail）（16.7%）、银行转账（5.2%）

资料来源：www.payvision.com

五、中国

中国最主流的支付平台是以支付宝、财付通为代表的非独立第三方支付平台（见表 4-3）。这些支付平台一般采用充值模式进行付款，实际上都拥有大部分银行的网上银行功能。所以，无论是信用卡还是借记卡，只要开通了网上银行功能，就可以实现跨境电商支付。信用卡在中国的普及率还有待提升，大部分消费者习惯使用借记卡进行支付。不过，信用卡在中国发展得非常快，其普及率也在剧增，尤其在城市年轻白领群体中，使用信用卡进行跨境支付的方式非常普遍。在一些经济发达城市，维萨与万事达信用卡支付已非常普遍，苹果公司的 PayPal 的使用率也比较高。此外，QQ 钱包、微信支付等基于社交网络的支付方式也逐渐普及。

表 4-3 中国从事跨境支付业务的代表性第三方支付企业

企业	进入时间	服务/产品	服务对象	海外合作机构	覆盖国家及地区
支付宝	2007 年	海外购	境外持卡人	日本软银、PSP、安卡支付、VISA、Master Card	中国港澳台地区、日韩地区、欧美地区
		外卡支付	境外持卡人		中国港澳台地区
财付通	2008 年	跨境网购支付	财付通客户	美国运通	英国和美国
快钱	2011 年	国际收汇	外商企业	西联汇款	190 个国家和地区
银联在线	2011 年	跨境网购支付	银联卡持卡人	PayPal、三井住友、东亚银行等境外主流银行卡机构	中国香港地区、日本、美国等全球主要国家及地区

资料来源：艾瑞咨询

第五节 选择跨境电商支付方式的影响因素

不同跨境电商平台、不同市场、不同消费群体决定了跨境电商支付方式的不同。在某一个跨境电商机构进行市场活动时，或者计划开发和进入一个新的跨境电商市场时，选择合适的跨境支付方式具有非常重要的意义。选择跨境支付方式的影响因素很多，主要有以下 4 种。

一、跨境支付方式普及率与覆盖范围

跨境支付方式普及率与覆盖范围是选择跨境支付方式的基础与前提。信用卡支付、货到付款、通过第三方支付平台支付等不同跨境支付方式在全球不同市场的普及率都不同，不同跨境支付方式的地理覆盖范围与业务覆盖范围也不同。针对某个市场或某类市场，跨境支付方式的选择也会不同。在欧美等地区的发达国家，金融环境相对成熟，电子商务的发展情况与支付技术相对成熟，信用卡支付与第三方支付具有较高的普及率与较大的覆盖范围，成为客户首选的两种跨境支付方式。在非洲、拉美、东南亚等地区，金融环境比较落后，信用卡普及率较低，信用卡支付、PayPal 等第三方支付工具一

般不会成为首选，而货到付款则是比较常用的跨境支付方式。

二、交易主体使用偏好

在跨境电商交易中，目标消费群体因支付习惯、偏好及所处宏观经济整体环境的不同而选择不同的跨境支付方式，这是从事跨境电商活动时所要重点关注的，也成为影响跨境支付方式选择的重要因素。例如，在中东与拉美地区，移动支付发展速度较快，显著高于欧美等成熟市场，已成为一种重要的跨境支付方式。在非洲、俄罗斯、印度等发展中市场，消费者对电子支付工具缺乏信任，大部分消费者偏好使用货到付款，尤其是货到付现金的支付方式。在开发东南亚跨境电商市场时，货到付款是一个必备选项，但一般的中小型卖家很难直接与当地物流商对接，所以，选择提供货到付款服务的跨境电商平台成为普遍的方式。在日本，手机的使用频率极高，加上手机支付系统比较成熟，基于手机的跨境支付成为日本跨境电商市场的重要支付方式。

三、跨境支付方式的使用成本

跨境电商卖家在货款回收方面远比国内电子商务卖家困难，海外资金结汇困难、周转慢、提款费率高、存在汇率变动风险等都是制约跨境电商货款回收的重要问题。跨境支付方式的使用成本已成为影响跨境支付方式选择的重要因素。使用成本包括时间成本与资金成本，资金成本又包括交易的手续费、汇率的成本等。不同支付方式交易的手续费各不相同，需要综合比较。目前，跨境支付的交易手续费一般为1.7%~5%，如欧美市场常用的PayPal，除了每笔0.3美元的收款手续费、35美元的提现费，还有3.4%~4.4%的收款手续费和2.5%的货币转换费等。伴随着市场竞争，支付公司的手续费在不断降低，旨在争取更多的客户。此外，对于跨境电商交易而言，与不同国家进行商品交易时还会涉及货币兑换与汇率的问题，这成为跨境支付方式的成本构成之一。一般而言，跨境支付机构会开通多种币种功能，采用用户本币直接扣款的方式，避免了用户承担汇率损失的风险，但商户需要在银行或支付机构进行货币转换，会产生货币转换成本，一般为0.1%~2.5%。

四、跨境支付方式的特征与优势

不同跨境支付方式有不同的优缺点，决定了跨境支付方式具有不同的使用范围。不同跨境支付方式在交易时间、手续费、合作门槛与风险等方面各有不同。从事跨境电商活动的交易主体，会结合自身特点选择适合的跨境支付方式。所以，跨境支付方式自身的特征与优势，成为跨境电商交易下跨境支付方式选择的重要影响因素。

【思考题】
1. 跨境支付的定义是什么？
2. 跨境支付的主要工具有哪些？
3. 跨境支付与人民币跨境支付的区别是什么？
4. 比较并分析热门跨境支付方式的优劣。

知识考查与技能训练

本章习题请扫码获得。

第五章　跨境电商物流

【学习目标】

　　本章旨在让学习者了解跨境电商物流的基本概念；熟悉跨境电商物流的几种模式，结合自己的理解，对比分析这几种模式，从而加深对跨境电商物流的理解。

【本章重点】

　　本章学习的重点是跨境电商物流的概念及模式。

第五章 跨境电商物流

第一节 跨境电商物流的相关概念

一、跨境电商物流的概念

随着经济和信息技术的发展，跨境电商已然成为我国对外贸易的主力军，扩大了我国企业的销售渠道。跨境电商日益增长的交易规模给跨境物流带来了巨大的潜在市场。

跨境电商物流是指以跨境电商平台为基础的，在两个或两个以上的国家之间进行的物流服务。由于跨境电商的交易双方分属不同国家，商品需要从供应方所在国家通过跨境电商物流方式实现空间位置的转移，再在需求方所在国家内实现最后的物流与配送。

根据跨境商品的位置移动轨迹，跨境电商物流可以分为三段：发出国国内段物流、国际段物流及目的国国内段物流。跨境电商商品种类繁多，使用小批量、多频次的运输方式，体积重量差别很大，不同品类所需运输和仓储解决方案各异，因此跨境电商物流要实现一站式、门到门的服务，各段物流间的有效衔接显得尤为重要。

二、跨境电商物流与传统物流的差异

跨境电商物流对物流的要求区别于传统物流，差异性主要体现在以下几个方面。

（一）运营模式的不同

传统商业"少品种、大批量、少批次、长周期"的运营模式决定了传统物流的固化性和单一性。而跨境电商"多品种、小批量、多批次、短周期"的运营模式对物流的响应速度和多元化提出了更高的要求。跨境电商网上交易后，物流信息会进行更新，这体现了库存商品快速被分拣和配送的原则，体现了跨境电商物流快速响应的特点。多元化物流渠道也符合跨境电商的需求。

（二）物流功能的附加价值不同

传统物流除了运输功能外，附加的价值体现得并不明显。跨境电商物流的附加值不仅体现在实现物品的跨境转移，而且还体现在终端客户对高效物流的体验以及物流成本低带来的产品价格竞争优势。

（三）物流服务的层次不同

传统物流主要强调"门到门""点到点"的服务，而跨境电商物流强调物流的资源整合和全球化服务。

（四）对信息化和智能化的要求不同

传统物流的作业流程相对固定，对信息技术的重视程度和智能化程度低于跨境电商物流。跨境电商的物流、信息流、资金流以主动的方式推送给客户，并且客户可实时监控，因此三者的统一是跨境电商物流的本质要求。

跨境电商物流更关注以信息技术为核心对物流的全过程进行优化。各大物流服务提供商也致力于开发领先的信息系统，以提供更全面、简单的物流信息操作模式，实现跨境电商的智能化。

三、跨境电商物流的特点

跨境电商物流除了与国内物流有共性特点以外，由于其属于跨境业务，跨境电商物流还有国际性的特点，其涉及的范围更广泛，包含更多环节。不同国家或地区的跨境电商物流运营环境具有差异性，导致跨境电商物流在仓储、运输、配送等过程中，需要面对不同的政治、经济、文化等环境，这无疑会增加跨境电商物流运作的难度和复杂度。目前，很少有企业可以依靠自身能力单独办理并完成这部分业务。

四、跨境电商物流企业的类型

在跨境电商物流蓬勃发展的过程中，跨境物流企业扮演着不可或缺的角色。跨境物流企业包括以下几种。

1. 在交通运输业、邮政业中发展起来的跨境物流企业，如联合包裹（UPS）、联邦快递（FedEx）等。
2. 在传统零售业中发展起来的跨境物流企业，如美国的沃尔玛、法国的Cdis-count等。
3. 大型制造企业或零售企业组建的跨境物流企业，如海尔物流、苏宁物流等。
4. 电商企业自建物流体系，如京东物流、兰亭集势的兰亭智通等。
5. 发展跨境物流业务的传统快递企业，如顺丰、申通等。
6. 新兴的跨境物流企业，如递四方、出口易等。

五、我国跨境电商物流的发展现状

跨境电商的发展离不开物流业的支持，从某种程度而言，跨境电商物流的发展程度决定了跨境电商的发展程度。跨境电商物流涉及的内容较多，并且物流过程中需要办理的手续也较为复杂，因此跨境电商物流一直是我国电商发展中的短板。随着跨境电商物流的不断完善，我国跨境电商物流整体上获得了较大发展。图5-1所示为2011-2015年我国跨境电商物流企业发展情况，从图5-1所示的数据可知，我国跨境电商物流业产值近5年来获得了较快增长，2015年的产值整体规模已达158亿美元。与2011年相比，产值的累计增长率超过28.04%。但是，跨境电商物流业产值增长速度整体上较为缓慢，远低于我国当前跨境电商产值的增长速度，这说明我国跨境电商物流发展还存在一定的滞后性。

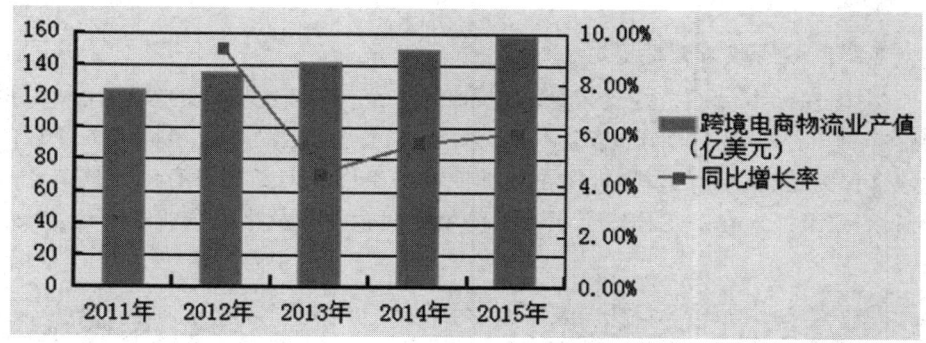

图5-1　2011-2015年我国跨境电商物流企业发展情况

数据来源：中国海关官方网站。

（一）物流基础设施不完善

物流业在中国起步较晚，传统的国内物流业基础设施相对完善，但是跨境电商物流体系有待改善。因为跨境电商涉及报关、核税等事务，所以物流运输周期长、物流运输方式复杂、物流过程中易丢件等问题突出。建立更加完善的物流体系、引入更先进和完善的物流设施成为解决问题的主要办法。完善的物流基础设施可以带来速度快、成本低的电子商务物流。

（二）跨境电商物流速度与跨境电商需求吻合度较低

中国跨境电商虽出现较晚，但发展速度却相当惊人。尤其从2011年开始，跨境电商交易额增速飞快。2015年跨境电商交易额为5.2万亿元，2016年跨境电商交易额高达6.5万亿元。无论是跨境电商物流的发展速度还是发展规模，都已达到较高的水平。与从事传统国内物流服务的企业数量相比，从事跨境电商物流服务的企业较少，物流的配送服务大多是由国际快递公司完成。但如此巨大的国际物流市场仅仅依靠几家国际快递公司是远远不够的，并且物流在购物旺季经常出现快递积压、爆仓甚至丢失等现象，这都给跨境电商的发展带来了阻力。

(三) 物流专业化水平不高

现在存在于我国市场的物流企业主要是第三方物流企业，这些第三方物流企业主要为国内电子商务服务。而那种大型的、专业地从事国际物流服务的企业很少。而跨境电商的交易方式决定了其与国内电子商务的不同，跨境电商是跨境交易，其交易流程和运输方式都较国内电子商务复杂，流程涉及国际快递运输、报关、报税、报检等程序。这就需要物流企业能够提供更高水平的专业化服务。专业的服务不仅能提高物流运作效率，还能提高客户的购物体验及满意度。

(四) 政府政策支持不足

中国现已出台了一些支持跨境电商的政策，让跨境电商的发展受到了重视并有所依靠。2013年出台的《关于实施支持跨境电商零售出口有关政策的意见》，为零售企业的发展提供了更加便利的条件。但是还没有出台扶持相关企业的政策，这在一定程度上阻碍了跨境电商企业以及物流企业的快速发展。

第二节 跨境电商物流模式

在跨境电商交易中，跨境电商物流一直是制约整个跨境电商行业发展的关键性因素，配送速度和配送质量直接影响到海外买家的购物体验。而随着近几年跨境电商的迅速崛起，跨境电商物流也迎来了发展的黄金时期。跨境电商物流模式逐步向正规化、合法化、多样化发展，从原先单一的传统物流模式演变成传统物流、海外仓、边境仓、国际物流专线等多元模式并存的新模式。

一、邮政小包

邮政小包指商品通过邮政体系（中国邮政、新加坡邮政、比利时邮政等）采用个人邮包的形式实现运输。受益于KPG（卡哈拉邮政组织）及万国邮政联盟，邮政网络几乎遍布世界各地，是渠道最丰富及使用范围最广的一种运输体系，据不完全统计，我国目前超过60%的跨境电商商品是通过邮政体系运输的。

邮政在经营过程中有大量的国家补贴，因此其向消费者提供的国际货运业务收费相对低廉，且其通关能力强。同时，因为邮政几乎覆盖世界上所有的城镇，且目前国际上已建立专门的邮政组织，所以国际邮政小包一般不受地域限制。而且邮政的操作平台较多，跨境交易较为便利，因此，很多电商企业一般都会选择邮政小包模式的跨境物流。但是，这种模式也存在一定的不足，主要表现为：运输货物的速度较慢，不适宜运输急需货品。例如，邮政小包的运输时间大部分超过 30 天，并且有时难以查询到包裹的物流信息，对电商时效性有较大的负面影响。此外，邮政单个小包的重量与体积有较为严格的限制，而且当货品运输量较大时容易造成货物的积压，损坏商品的质量，丢包率也相对较高。

二、国际快递

国际快递是在跨境电商中使用率仅次于邮政小包的另一种物流模式，其主要由 DHL、TNT、UPS 和 FedEx 这 4 家大规模的快递公司经营。这 4 家快递公司在全球已经形成较为完善的物流体系，几乎覆盖全球的各个重点区域。此外，我国本土快递公司也在逐步开展跨境物流业务，如顺丰、申通等，对于促进跨境物流的发展起到了实际的促进作用。

国际快递对信息的提供、收集与管理有较高的要求，以全球自建网络以及国际化信息系统为支撑，其显著优点在于：货物运输时效性高，能够向消费者提供实时的物流信息，货物在运输过程中的丢包率较低。例如，邮寄一件 500g 的产品到美国，采用 FedEx 只需要 5 天左右，运输速度是邮政小包速度的 6 至 7 倍。但是，国际快递成本较高，因为其在各国的计费依据、计费标准、服务时限、售后服务方面标准不一样，操作模式也不相同，所以，这些因素都在一定程度上提高了国际快递业务的成本，例如，一件 500g 的物品寄往美国需要 121 元人民币。另外，国际快递对于运送物品的类型有较大限制，如含电类、特殊类商品无法快递。因此，国际快递的业务范围受到了较大限制。综上所述，国际快递主要适合对时效要求较高、货值高、利润大的产品。

（一）DHL（敦豪国际航空快件有限公司）

DHL 是全球著名的邮递和物流集团 Deutsche Post DHL 旗下公司，公司的名称 DHL 由三位创始人（Adrian Dalsey, Larry Hillblom 和 Robert Lynn）姓氏的首字母组成。DHL 主要包括以下几个业务部门：DHL Express、DHL Global Forwarding, Freight 和 DHL Supply Chain。DHL 国际快递速度快，安全可靠，在美国和西欧有特别强的清关能力。DHL 在物流解决方案及国际邮递等领域提供了专业化服务。目前，DHL 在全世界拥有 350 000 名员工。

1986年12月1日，DHL与中国对外贸易运输（集团）总公司（简称中国外运）各注资50%在北京正式成立中外运-敦豪国际航空快件有限公司，是中国成立最早、经验最丰富的国际航空快递公司。合资公司将敦豪作为国际快递业领导者的丰富经验和中国外运在中国外贸运输市场的经营优势成功地结合在一起，为中国各主要城市提供航空快递服务。

随着中国经济的蓬勃发展，中外运-敦豪创下骄人业绩，公司经营业绩在1986年到2000年的年平均增长率为40%。中外运-敦豪已在中国建立了最大的合资快递服务网络，拥有82家分公司，有超过7 100名高素质员工，服务遍及全国401个主要城市，稳居中国航空快递业的领导者地位。

（二）UPS

UPS（United Parcel Service）于1907年8月28日在美国华盛顿州的西雅图成立，现已成长为一家年营业额达到数百亿美元的全球性的公司，以支持全球商业发展为目标。其总部位于美国佐治亚州的亚特兰大，服务于全球220多个国家和地区。2016年营业收入超过610亿美元，员工人数超过434 000。

从1993年开始，UPS推出了以全球物流（World Wide Logistics，WWL）为名的供应链管理服务，并于1995年正式成立UPS物流集团，来统领全公司的物流服务。物流已经成为UPS发展最快的部门。通过建立在50多个国家和地区的450多个分拨中心，UPS物流集团为客户提供全面的零配件和产品供应链管理服务，包括退货、修理等售后服务，降低客户在流通领域的成本，提高服务质量。

作为物流链管理的专家，UPS物流集团将自身的运输优势发挥到了极致，最大限度地减少运输过程可能造成的延误，创造了所谓的"跑道边效应"（End of Runway Effects）——在机场边建立物流管理中心，与多家高科技公司结成联盟，为他们提供库存、配送甚至售后服务。比如，UPS最大的空运枢纽设在肯塔基州的路易斯维尔机场，每天深夜，90架飞机聚集到这里，每隔两分钟就有一架飞机起飞或降落。每天惠普公司将损坏的电脑空运到机场。这些设备被运到机场边的UPS物流中心，由60名技术人员进行修复，再送到机场当天运走。这个部门每天修理800台电脑。

通过提供物流服务，UPS还成为新兴的网络零售业的后勤支柱。1998年圣诞节期间，全美通过网络订购的商品的55%由UPS完成派送（美国联邦邮政完成派送商品的32%，联邦快递完成派送商品的10%）。UPS与耐克的合作更能说明物流服务所起的作用。UPS负责耐克鞋和运动服装的仓储和派送，当消费者单击耐克网站进行网上订购时，其订购信息将自动传送到UPS的系统。每隔一小时，通过互联网订购的商品就会被装车运送到UPS的分拨中心，进入其运输系统直至派送到消费者手中。

作为世界上最大的快递承运商与包裹递送公司，UPS 同时也是专业的运输、物流、资本与电子商务服务的领导者。2017 年 6 月 7 日，《财富》美国 500 强企业排行榜发布，UPS 快递排名第 46 位。

（三）FedEx

联邦快递（FedEx Express）自 1973 年开始运营以来，一直定位于航空快递运输市场，以物流、运输、信息等为主要业务内容。FedEx 公司包括联邦快递、联邦陆上运输、联邦货运、联邦加急运输与联邦贸易网络 5 个相互独立的子公司，是世界上最大的快递运输公司，也是世界上最专注于快递市场的公司，专业从事世界各地文件、包裹、货物的国际快递服务。目前为全球超过 235 个国家及地区提供快捷、可靠的快递服务。在全球各地设有环球航空及陆运网络，一至两个工作日内，就能迅速运送时限紧迫的货件，而且确保准时送达。

FedEx 不仅能够提供"门到门"的服务，而且能够提供延伸到生产制造企业的生产线或是满足企业客户需求的服务，譬如 FedEx 的"惠普（HP）维修物流服务"，就是将 HP 电脑的维修中心与自己货物转动中心有机地结合起来，提供一种"从电脑用户办公桌拆卸电脑、包装、运输、到维修、交还、组装"的全链条服务。采取一体化的发展战略，优化公司的服务方式。FedEx 通过并购一些供应链的前端或后端企业，收购以运输公司为主的许多公司，加强公司的整个物流体系，并通过旗下多家独立运营的附属公司提供综合供应链管理服务。例如通过并购一些国家国内的卡车运输公司，或开设金考连锁店，扩大快递投递网络点的分布，独立用卡车运输短距离的快递或货物，实现快递的打印、投递、空运、陆运等于一体，提供快捷的运输服务，缩短运输时间，为客户提供快捷周到的服务，有利于实现运输效益的最大化。

FedEx 自公司成立至今，一直坚持着公司成立之初的市场定位——使命必达、速度快的发展战略，不断优化公司的航空快递服务，深入调整，推进自己的航空快递服务，延伸自己的航空快递服务链，不断采用新技术和发展策略，使公司的航空快递运输服务做到精而专，借助于新技术的运用，优化公司的航空快递运输物流流程，同时通过采用集团化经营，为客户提供集"打印—包装—运输—递送"于一体的完整物流服务，从各个环节简化公司的物流流程，从而确保客户的快递包裹能够安全、高效率地传送。不断改变公司的服务方式，创造领先于竞争对手的竞争优势。

(四) TNT

TNT 公司由澳大利亚人托马斯（Thomas）于 1946 年在悉尼创立，1988 年进入中国市场。TNT 于 1997 年被荷兰邮政（TGP）收购，总部迁往荷兰首都阿姆斯特丹。荷兰邮政以 TNT 作为闪亮品牌，将集团业务分为三部分：邮政服务、国际快递与现代物流。TNT 的独特经营理念是：为客户创造价值，提供全程解决方案。目前，TNT 已成为世界 500 强企业之一，是全球最大的汽车物流供应商，欧洲业务成为 TNT 的主要收入；此外 TNT 还开发了土耳其、独联体国家、中东和巴尔干地区的物流业务。

TNT 公司的经营战略如下。

1. 直复营销服务

直复营销是现代营销模式，商家通过收集、整理、筛选潜在客户名单，确定符合条件的客户群，然后通过快递方式，将产品、目录、广告等送达客户。TNT 直复营销的核心内容是消费者数据库。直复营销服务可帮助供应商有效地锁定目标客户，为商家争取和扩大商机。

2. 增值服务

增值服务是超过客户期望的个性化服务，个性化服务重在"设定与创造"。

（1）提高反应速度，提供更多便利。客户登录 TNT 集团网站 www.tnt.com 办理的业务会被 24 小时受理，网站提供充分的网上操作提示，简化一切可以省去的手续，兑现服务，承诺全程服务。

（2）服务得到扩展和延伸。TNT 有货运全方位服务，如及时送达服务、大型货物的货运服务、特殊操作服务、零部件仓储和工具配送服务等。

3. 差别化战略

TNT 提出整合直达快递的解决方案，它提供了一条更精练、反应更快的供应链：多个订单合并入同一个发货单元，一次通关后送入目的国；通关结束后，各货件分开，借助 TNT 已有的派送网络直接送到不同的客户手中。

4. 国际化战略

荷兰邮政从 1990 年开始，进行了 30 多次全球战略性收购：1997 年收购澳大利亚的 TNT，1998 年收购法国的 Jet 服务公司，1999 年收购意大利的 Tecnolo Gistica 物流公司，2000 年，收购法国 Barlatier 物流公司。除了采取并购方式外，荷兰邮政还采取了战略结盟方式，拓展自己的业务规模，近年来，荷兰邮政先后与瑞士、爱尔兰、英国、葡萄牙、新加坡 5 国的邮政达成战略联盟。

三、国际物流专线

国际物流专线指针对特定国家或地区推出的跨境专用物流线路，物流起点、终点、线路、运输工具、时间、周期基本固定。这种物流模式往往采取包舱运输方式，即集中一大批货物，在统一的时间内将货物运到境外，然后在目的国（地区）进行物流派送。这种专线物流对于那些短时间内发货量较大、发货目的地较为集中的跨境电商企业而言是一种较为合适的方式。目前的国际物流专线主要有航空专线、铁路专线、大陆桥专线、海运专线与多式联运专线等，如顺丰的深圳—台北航空线、中欧班列、渝新欧专线、敦煌网的 e-ulink 专线物流服务、中东 Aramex 专线等。

国际物流专线操作灵活，时效性强于邮政小包，一般 3 至 7 个工作日货物就可到港。物流专线服务稳定，通关能力强，买家可全程跟踪物流信息，适合运送高价值、有一定时效要求的物品，且大部分地区不收偏远地区附加费。对特定区域的跨境电商而言，国际物流专线是一种有效的跨境物流方案。但是物流专线具有区域局限性，对于货物的揽收范围和投递区域的大小都有较高的要求，只能用于特定的跨境物流需求或者作为跨境物流的周转与衔接环节。同时由于国际物流专线运送的货物在送达境外之后，通常需要与境外邮政或快递合作进行物流配送，故在时效性上不如国际快递模式。

知识拓展

中欧班列（武汉）运输实载率居全国第一

中欧班列（武汉）以工业制造大国德国以及资源大国俄罗斯为重要支点，在新亚欧大陆桥、中蒙俄、中国—中亚—西亚国际经济走廊上陆续开通多条线路，辐射多个国家。数据显示，截至 2017 年 12 月 28 日，返程的中欧班列（武汉）达到 214 列。2017 年中欧班列（武汉）共安全开行 375 列，比年初计划的 300 列增长 25%，比 2016 年全年开通 222 列增长 68.9%，在全国开通中欧班列的城市中名列第一。

依托结构合理的线路、日益创新的产品、完善优质的服务，中欧班列（武汉）引来一只只金凤凰。国内的冠捷、英利和国外的迪卡侬、世界奶粉巨头澳优公司等纷纷向湖北转移生产布局。中欧班列（武汉）超过六成的去程货源，来源于湖北当地，如：东风汽车、富士康电子产品、冠捷显示器、武钢特种钢材、长飞集团光缆等，中欧班列（武汉）顺利开出一条产业带。中欧班列（武汉）为了满足客户需求不断多样化，既有富士康、东风等大型制造企业的"定制专列"，又有凡谷、爱帝等中小外贸企业的"公共班列"，也有小微企业、跨境电商的"拼箱班列"，还有满足个人需求的"私人定制专列"。

现在，武汉市民在家门口的超市就能买到俄罗斯的提拉米苏和小麦粉，以及哈萨克斯坦的红花籽油、葵花籽油等日常用品。武汉人可以早上喝杯白俄罗斯牛奶，晚上来瓶法国葡萄酒，而远方的俄罗斯人也能喝上正宗的中国茶，穿上中国制造的服饰。

作为湖北积极响应"一带一路"倡议和"长江经济带"战略的重要载体，中欧班列（武汉）积极建设国际贸易"新通道"，全力实现与沿线国家的商品流通。

四、海外仓

海外仓也称海外仓储，是近几年发展最快的一种跨境物流模式。其一般运作方式为，在输入国预先建设或租赁仓库，提前将商品送达该仓库，然后通过跨境电商实现商品的销售，最后采用输入国物流直接从仓库发货给消费者。

海外仓是跨境电商物流发展的一个突破，是近两年诸多企业常采用的一种跨境物流模式。海外仓的建设有利于解决跨境电商运营中的诸多问题，其主要作用如下：

（一）降低物流成本

卖家可以将一些标准化要求不高且笨重的货物通过海运批量运送到海外仓，例如水龙头、钳子等五金建材。卖家在线上下单后，直接从海外仓发货，物流成本就大大降低了。

（二）缩短时间，提升效率

买家下单后，直接从海外仓发货，省去了包裹从国内到国外的路程时间及过海关的环节，使效率得到提升。

（三）高效管理货物，快捷处理订单

货物存放在海外仓之后，直接由海外仓协助管理，接到订单后也直接由海外仓打包、出货，对于卖家而言，更加便捷。

（四）提高客户忠诚度

对于跨境电商来说，买家和卖家之间的距离较远及海关通关流程的设置，使得售后服务（如：换货、退货等）难以快速开展。而与海外仓合作后，这

些问题都迎刃而解。客户有售后需求时,直接由海外仓出面解决,效率大大提升,客户的满意度、忠诚度自然可以提高。

(五) 有利于开拓市场

海外仓更能得到国外买家的认可,因此,如果卖家注意口碑营销,有利于卖家积累更多的资源去拓展市场,扩大产品销售领域与销售范围。

亚马逊是最早开始实践海外仓的公司,其仓储服务首先向海外卖家开放。到 2017 年,亚马逊在全球建立了 140 多个仓储运营中心。同时,一直把跨境电商作为经营核心的 eBay 也大力布局海外仓。eBay 与外贸电商服务商 Winit 合作,针对平台卖家推出了 Winit 美国海外仓,鼓励卖家拓展美国市场。接着,两者又合作推出英国海外仓,鼓励卖家在降低物流成本的基础上拓展英国市场。

国际大电商海外仓的飞速发展,也牵动着国内企业的神经。2014 年 5 月,中海集团牵手阿里巴巴涉足跨境物流和海外仓。中海集团拥有遍布全球的运输网络和码头仓储资源,与阿里巴巴携手在跨境电商物流方面合作,使两者的优势互补,在跨境电商领域占据有利地位。2016 年 4 月 19 日,中国邮政速递物流旗下的中邮海外仓宣布正式上线英国海外仓。在英国海外仓建立前,中邮海外仓已设有中邮美国仓。中邮海外仓是中国邮政速递物流为针对跨境电商卖家设立的灵活的、经济的一站式跨境出口解决方案。此外,我国跨境进口零售电商洋码头也已经在海外建了十大国际物流仓储中心(洛杉矶、旧金山、纽约、芝加哥、伦敦、法兰克福、巴黎、墨尔本、悉尼、东京),全球化布局也已完成。

与传统物流模式相比,海外仓模式能有效解决物流时间、物流成本、海关、商品本地化、退换货等诸多难题。然而,海外仓本质上是一种资本和技术密集型产业,需要不断地投入资金和时间来完善,例如高昂的海外仓建设、租赁、运营费等。繁多的费用使得那些商品利润空间较薄的卖家不堪重负。且海外仓对货物的库存周转率有极高的要求,因而资金实力不强的跨境电商企业及库存周转率低的商品不适合使用此种模式。

五、边境仓

边境仓与海外仓类似,区别在于仓库的位置:海外仓存在于输入国,边境仓则处于输入国的邻国。边境仓具体是指,在跨境电商目的国的邻国边境内租赁或建设仓库,通过物流将商品预先运达仓库,通过互联网接收顾客订单后,从该仓库进行发货。

根据仓库所处地域的不同,边境仓可分为绝对边境仓和相对边境仓。绝对边境仓指，当跨境电商的交易双方所在国家相邻时，将仓库设在卖方所在国家与买方所在国家相邻近的城市，如中国对俄罗斯进行的跨境电商交易，在哈尔滨或中俄边境的中方城市设立仓库。相对边境仓指，当跨境电商的交易双方不相邻时，将仓库设在买方所在国家的相邻国家的边境城市，如中国对巴西进行跨境电商交易，在与巴西相邻的阿根廷、巴拉圭、秘鲁等接壤国家的临近巴西边境的城市设立仓库。

海外仓的运营需要成本，商品存在积压风险，送达后的商品很难再退回国内，这些因素推动着边境仓的出现。同时，边境仓还可以有效利用区域贸易政策，有效规避跨境电商目的国的政治、法律及税收等风险。例如：巴西税收政策十分严格，海外仓成本很高，那么可以在其接壤国家的边境设立边境仓，利用南美自由贸易协定，推动中国和巴西之间的跨境电商交易。

 知识拓展

中国首个对俄罗斯电子商务边境仓在哈尔滨运营

中国首个对俄罗斯电子商务边境仓于2014年6月正式在哈尔滨开仓运营。该边境仓把全国各地对俄罗斯进行电子商务交易的货物集中在此，采取"仓储+物流"一站式服务，实现高效跨境物流配送。边境仓投入使用后，俄罗斯网民网购中国商品到货时间由原来的15天缩短至10天左右。

边境仓作为哈尔滨对俄罗斯经贸项目之一，由哈尔滨跨境物流企业黑龙江俄速通物流有限公司建造运营。边境仓位于哈尔滨哈南新区北方物流发寄中心，面积达3000平方米，拥有小货区、大货区、批量物品存储区、贵重物品存储区等专业划分的货物存储区，可存放十万余件货品。边境仓主要存储国内跨境电商或厂家的产品，并通过俄速通公司自身的物流优势，减少我国卖家的物流成本。

在没有边境仓的时候，南方的跨境电商企业在接到俄罗斯网民的订单后，会集中时间发货，自行负担邮费运至哈尔滨的发寄中心。然后，货物在发寄中心通过揽收、分拣、安检、打包、通关、清关等业务流程，送上货运包机飞往俄罗斯。现在通过边境仓，跨境电商可以事先将热销的商品寄存在哈尔滨，当俄罗斯网民下单后，边境仓可马上发货，省去了商品从电商总部运到哈尔滨的时间，至少可节省4天的时间。

同时，从成本来看，海外仓成本要远远大于边境仓成本。俄罗斯是重税的国家，对公司间的买卖经营监控非常严格，从海外仓发货，税务上很难做

到完善,因此很多传统的对俄物流企业都遭遇过重罚。而且,大宗货物要涉及大额的关税和繁琐的清关流程,相较之下,边境仓就没有这些困扰。客户接到订单后,货物从边境出关,用邮政清关,保证了清关效率,也保障了货物的安全。边境仓的投入使用促进了中俄贸易的深入发展。

六、保税仓

保税仓是经由海关批准设立的专门存放保税货物的仓库。具体是指预先将商品送至保税仓库,通过跨境电商实现商品的销售,商品从保税区直接发出。一般而言消费者能够在下单后 3 天之内收到货物,其物流速度在众多跨境电商物流模式中是首屈一指的。

(一)保税仓的种类

1. 公用型保税仓库:由主营仓储业务的中国境内独立企业法人经营,专门向社会提供保税仓储服务。

2. 自用型保税仓库:由跨境电商自建,仅供本企业自用。聚美优品所使用的保税仓为自用型保税仓。

公用型保税仓库和自用型保税仓库的主要区别如表 5-1 所示。

表 5-1 公用型保税仓库和自用型保税仓库的主要区别

	公用型保税仓库	自用型保税仓库
所存货物的供给对象	面向全社会提供公共保税仓储物流服务	存储的货物仅供本企业自用
功能	可以对所存货物开展包装、打膜、印刷唛码、分拆、分级、分类、拼装等简单的加工和增值服务	为特定加工贸易企业供应生产自用的生产性物料、零配件等,不能开展简单加工服务
面积标准	最小面积为 2000 平方米	对面积不设最低门槛
经营主体经营范围要求	必须具有工商行政管理部门核准的仓储经营权	无须具有仓储经营权
经营主体性质	对经营主体的性质不做特别要求,可以是外贸企业、物流企业或生产型企业等	经营主体只能是加工贸易企业

3. 专用型保税仓库:保税仓库中专门用来存储具有特定用途或特殊种类商品的仓库,包括液体危险品保税仓库、备料保税仓库、寄售维修保税仓库和其他专用型保税仓库。

(二）保税仓的特征

保税仓最显著的特征是仓储前置，用位移换时间，然后通过选择更经济的运输方式降低干线运输成本。同时，这种物流模式可以有效利用保税区的各类政策、综合优势与优惠措施，尤其是在物流、通关、商检、收付汇、退税等方面的便利，简化跨境电商的业务操作，实现促进跨境电商交易的目的。通过这种新型的"保税备货模式"，消费者只需承担商品价格和国内物流费用，其他风险都由卖家承担，消费者购物风险被极大程度降低，有利于企业大订单集货，降低商品价格，提升客户满意度，避免了传统模式下的种种不利因素。当然，保税仓也具备相应的不足，例如，商品的品类单一，多品种的商品容易造成库存积压，且国内的保税仓受政策影响较大，政策影响严重的，可能会导致跨境进口电商平台倒闭。

（三）可以存入保税仓库的货物范围

1. 加工贸易进口货物；
2. 转口货物；
3. 供应国际航行船舶和航空器的油料、物料和维修用零部件；
4. 供维修外国产品所用的进口寄售的零配件；
5. 外商暂存货物；
6. 未办结海关手续的一般贸易货物。

七、集货物流

集货物流是跨境电商飞速发展的一种产物，是指先将商品运输到某地或某地的仓储中心，达到一定数量或形成一定规模后，通过与国际物流公司合作，将商品运到境外买家手中；或者将各地发来的商品先进行聚集，然后再批量配送；或者与一些销售类似商品的跨境电商企业建立战略联盟，成立共同的跨境物流运营中心，利用规模优势或优势互补的理念，达到降低跨境物流费用的目的。例如，米兰网在广州与成都建了仓储中心，商品在仓储中心聚集后，通过与国际快递合作将商品发至国外买家；大龙网在深圳设立仓储中心，商品在仓储中心聚集后，通过国际快递公司配送到国外消费者手中。商品聚集后进行规模化运输的优点是能够降低物流成本，提高整体物流效率，尤其对于中小企业来说，集货物流是一种有效节约成本的物流模式。其弊端在于时效性可能不太理想，因为规模化运输之前的商品聚集和分类整理需要时间，会延长配送时间。这一模式主要用于大型电商平台或中小企业建立的战略联盟。

第五章
跨境电商物流

知识拓展

大龙网公司

大龙网成立于2010年3月,是国家商务部首批跨境电商试点企业之一,是博鳌亚洲论坛官方合作伙伴,是1500万家中国制造企业成为全球品牌商、全球供应商、全球跨境电商的孵化台,是首家大规模全球本土化跨境实业互联服务平台。2014年在海关总署跨境贸易电子商务通关服务平台启用时,大龙网走通了中国跨境电商海关通关第一票。在跨境产业互联的大通道上,大龙网提供跨境金融服务和平台增值运营服务,是目前国内最大的跨境电商B2B服务平台及跨境实业互联服务平台。

据统计,"一带一路"沿线新兴经济体和发展中国家共有约44亿人口,市场总量约21万亿美元,这一巨大市场带来无限机遇。大龙网借助"一带一路"政策优势和全球资源,与海外渠道圈结盟形成海外本土化跨境服务平台,用大数据和跨境供应链金融产品整合资源,同时在国内寻找细分行业合适的产能圈落地合作,在国内落户中国"集采中心",与国内产能圈领袖企业建成产业园、跨境产业小镇平台等,互通互联。大龙网以共享经济模式聚合目标市场国家有实力的合作伙伴,为中国出口企业打造覆盖整个目标市场国家的分销网络,并推出全新的FBO(Fulfillment By OSell),即跨境全程订单履行服务,以一站式整体出口解决方案助力中国制造实现一步跨境。至此,大龙网集团旗下的OSell跨境B2B本土化服务中心、OConnec跨境品牌集采中心、龙工场跨境电商产业园三大业务板块布局初步形成。

目前大龙网集团在俄罗斯莫斯科、波兰华沙、越南胡志明、阿联酋迪拜、印度新德里、加拿大多伦多、德国杜伊斯堡、印尼雅加达、柬埔寨金边、沙特、巴林等城市和国家分别设立了海外本土化服务办公室及中国品牌样品体验中心,在各地组建了本土化的海外团队,聚集了海外本土的品牌、营销、运营、物流以及渠道建设等方面的优秀人才,整合了全球本土化资源。同时,大龙网集团在重庆、深圳、上海、北京、广州、苏州、徐州、杭州、台州、合肥、贵州、绵阳、青岛、洛阳、焦作、西安、梧州等全国多个城市设立了分公司,全球员工1000人左右。

大龙网的企业愿景是打造跨境"商联网",成为全球新商业联合体创新者和领导者。大龙网抓住经济全球化趋势,借力国家"一带一路"倡议背景和由此带来的产业转型、消费升级的经济新常态,通过与各地政府合作成立跨境电商产业基金,形成了包括电商产业园、地方跨境电商服务平台、地方产业园产业扶持、跨境零售中心、跨境电商产业园、电子商务运营平台和全球商业贸易一体化服务在内的高效的商联网平台,打造未来全球新商业联合体。

八、第四方物流

传统意义上,所谓第一方物流是指生产企业自身做货运、仓储;第二方物流是指生产企业聘请车队、仓库来做货运、仓储,属于功能性的服务;第三方物流则为整个供应链提供整体管理服务。但是,随着全球经济的发展,世界环境发生了三方面的变化:供应链的全球化、复杂化;由互联网兴起带来的透明化;市场需求个性化。这些变化使传统的第三方物流已经不适应、满足不了这种需求,因而第四方物流应运而生(见图5-2)。

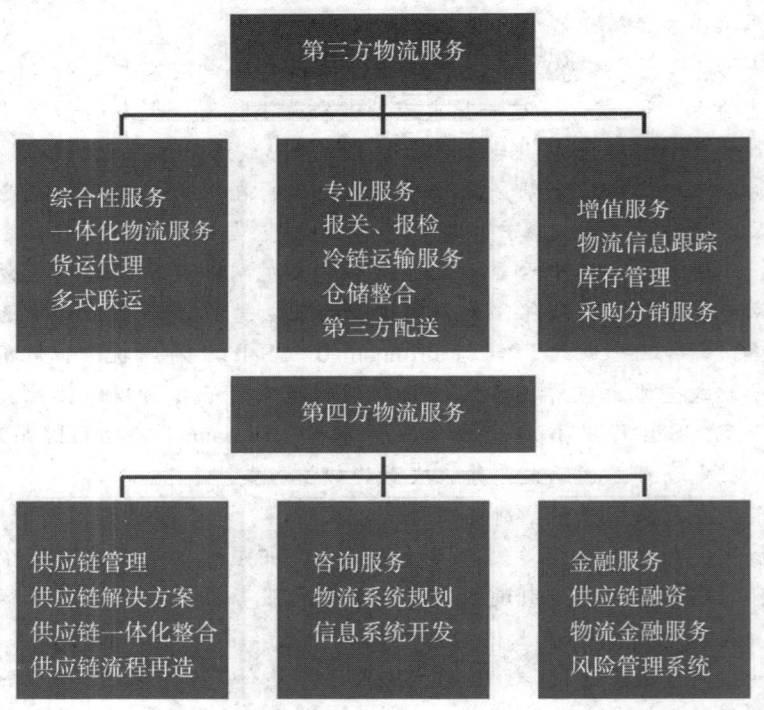

图5-2 第三方及第四方物流服务

(一)第四方物流的定义

第四方物流是一个供应链的集成商,有引导供需双方及第三方物流的力量。它不是物流的利益方,而是通过拥有的信息技术、整合能力以及其他资源提供一套完整的供应链解决方案,以此获取一定的利润。它帮助企业降低成本和有效整合资源,并且依靠优秀的第三方物流供应商、技术供应商、管理咨询以及其他增值服务商，为客户提供独特的和广泛的供应链解决方案。第四方物流通过整个供应链的影响力，在解决企业物流的基础上，整合各类社会资源，实现物流信息共享与社会物流资源的充分利用。

（二）第四方物流的基本特征

1. 第四方物流把为企业物流服务的行为由多种形态变为一种形态。即变多元化为一元化，变多家物流服务为一家物流服务，并能提供精准的、功能齐全的一体化服务。它克服了第一方物流（企业自营物流）、第二方物流（简单基础物流）、第三方物流（专营物流企业）的弊端，从而把物流过程集约化，减少流通费用的支出，为物流用户带来价值，使基础物流与传统物流模式得以升华，档次进一步提高，使物流形态发生质的变化。

2. 第四方物流具备调动和协调各种物流资源的能力，其中主要包括对各种物流技术与行为的综合运用，最核心的内容是对各种物流活动与行为的控制及沟通，而对于各种物流技术、网络技术（包括信息监控网络、物流用户网络以及企业内部管理网络等）的这种协调、控制、沟通及掌控能力是实现第四方物流服务的最本质的内涵。

3. 第四方物流能提供计算精确、操作性良好、实用性强并能适应不同需求者特点的物流解决方案。其服务特性是能完成一体化的物流服务。

由于跨境电商与跨境物流的情况很复杂，因此一批第四方物流公司涌现出来，为跨境物流注入新鲜元素。如：Axado 通过与全球超过 150 家物流公司进行合作，为跨境电商相关方提供一揽子的物流解决方案；速四方等第四方物流公司除了可提供物流专线服务外，还推出货源分拣、在线收付、在线推广、全球物流与仓储等服务内容，并开始涉足大数据、信息技术与金融增值服务。

（三）我国第四方物流发展策略

1. 制定发展规划，推行行业标准。

我国物流的有序发展需要一个有利的环境，全国的物流应有一个发展规划。此规划应根据我国物流发展的状况、问题及面临的国际国内形势和机遇，确定我国物流发展的目标及跨越式发展的实施步骤；在综合运输系统发展规划的基础上，制定点和面结合的物流园区的发展规划；在我国信息系统发展规划的基础上提出对物流信息平台的建设要求；制定物流人才的培育规划。此外，还应包含实现上述规划应采取的政策措施，如培育物流市场和物流服务提供商的政策措施等，为物流发展创造有利的政策法规环境。

第四方物流最大的难点在于，制造商依据什么能很放心地将其对物流的控制权交给物流服务商。解决难点的首要前提就是物流服务必须标准化和规范化。行为规范和标准的制定可以大大方便各个物流企业之间和各个物流功能之间的相互协作和配合，降低交易成本，提高交易成功概率。行为规范化主要包括程序规范化和服务规范化，如：作业流程规范化、功能衔接规范化、方案设计规范化、业务操作规范化、意外处理规范化等。物流服务的标准化主要是指技术指标的统一和质量标准的统一，如：数据信息的标准化、设备设施的标准化、质量考核的标准化等。行业规范化和标准化的作用，无论是对整个物流行业、物流企业还是消费者而言，都是不容低估的。物流行业需要用标准将供方—干线物流—配送—投递到户等物流环节有机连接起来，尤其是信息技术普遍应用于物流企业的今天，如果企业的物流接口没有相适应的标准，我们很难想象各环节连接时的难度和成本；对物流企业来说，标准是提高内部管理、降低成本、提高服务质量的有效措施；对于消费者而言，享受标准化的物流服务是消费者权益的体现。

2. 着力发展第三方物流企业，为第四方物流的发展提供基础。

第四方物流的本质是集成和整合，这主要体现在信息的共享和物流过程的优化。第四方物流供应商的核心能力是集合第三方物流供应商，在一定的信息收集和共享的基础上，对物流业务的解决方案进行决策和优化，以行业最佳为目标，更好地为货主企业提供物流服务。第四方物流优化方案的实施，需要第三方物流在信息共享和指令执行两个层面上的配合。在整个物流供应链中，在社会分工上，第四方物流是第三方物流的管理和集合者，第四方物流是在第三方物流整合社会资源的基础上再整合第三方物流，如果没有第三方物流企业的存在和发展，那么第四方物流就没法去管理、集合和整合。因而，只有大力发展第三方物流，第四方物流才有发展的基础。我们还处在发展第三方物流的初始期。国际上的第三方物流公司在中国尚未被允许经营真正的第三方物流业务。国有的以物流服务为主体的公司尚未完成经营机制的转换，民营的第三方物流公司虽在崛起却还没有壮大，同时制造企业把物流外包给第三方也尚未形成气候。因此，大力发展第三方物流是当前提高我国物流产业发展水平最重要的措施。大力发展第三方物流并培育大型物流企业，这样既可以在不增加资本投入的情况下，提高物流业的效益，又可以为协作企业创造"第三方利润源"。

第四方物流必须在第三方物流行业高度发达和企业供应链业务外包极为流行的基础之上才能够发展起来。第四方物流所倡导的物流运作新思路、新理念，即为企业设计融合物流技术与通信的整体物流秩序、无缝连接下游经销商和上游供应商以提高企业物流全环节运作效率、降低物流整体费用的经营方针，这是第四方物流思想的精髓和希望所在，而第四方物流只有与第三方物流在服务上更多地进行互补和合作，才能将物流成本最小化，提高运营效率。

3. 大力发展电子商务物流，建立全国物流。

公共信息平台电子商务＝网上信息传递＋网上交易＋网上结算＋物流配送。一个完整的商务活动，必然要涉及信息流、商流、资金流和物流四个流动过程。其中物流是基础，信息流是桥梁，资金流是目的，商流是载体。物流是电子商务的重要组成部分，是信息流和资金流的基础与载体。没有现代化物流运作模式的支持，没有一个高效的、合理的、畅通的物流系统，电子商务所具有的优势就难以得到有效的发挥；没有一个与电子商务相适应的物流体系，电子商务就难以得到有效的发展。如前所述，发展第四方物流是解决整个社会物流资源配置问题的最有力的手段。我国目前正在推进信息化建设，同时，物流业在我国经济中的地位越来越突出，这就需要将当前蓬勃发展的电子商务和现代物流产业结合起来，而结合两者的最佳途径就是发展电子商务物流，培育第四方物流，建立全国物流行业的公共平台。通过国际互联网形式整合物流企业（包括第三方物流企业）的资源可以使我国物流产业真正有质的提高，也只有这样才能从容应对加入WTO后来自跨国物流公司的竞争。目前物流方面的网络企业很多，能够整合一定社会资源和具有一定社会影响的企业不多，国家应重点培育已经具有第四方物流的雏形且整合物流资源有一定基础的物流信息平台，将其发展成为第四方物流。

4. 政府要转变管理职能，搞好物流基础建设、产业服务和规范工作。

第四方物流对整合社会资源及物流产业的提升有非常重要的作用。建立物流信息公共平台、发展第四方物流应该是政府重点工作的对象。为此，物流产业政策的重点应放在物流基础建设、产业服务、规范工作上。物流基础设施建设投资额大且投资回收期长，因此政府应建立以政府资金为主导，外资、民间资金为补充的多元化的物流投融资体系，并借鉴国外的经验，改革物流设施投资的纯现金回报制度，让物流企业低成本运作，适当的时候可以发行物流建设债券，或者放宽科技含量高的物流公司发行股票并上市的条件，为物流建设筹资。另外政府要加强物流的规范化、制度化管理，一方面要制定科学规范的操作规程、管理制度，加强物流业法制建设；另一方面要建立健全科学管理体制，从硬件、软件各方面提高管理水平，不断提高物流从业人员的技术和管理素质，全面提高物流业的服务水平。

第三节 跨境电商物流模式的选择

物流是跨境电商企业提高用户体验的关键因素,因此影响物流配送流程的任何因素都可能影响到用户体验。物流成本、时效性、配送便捷性、物流信息反馈是影响跨境电商选择物流模式的重要因素。物流成本是指用户购买商品过程中的物流成本。时效性是指货物从客户下单到客户收货的时间。配送便利性主要指物流网络覆盖广泛,能够配送到偏远的地方。物流信息反馈主要是指物流企业的查询信息是否及时更新。不同的跨境电商物流具有不同的优缺点和使用条件,跨境电商交易方要根据自身交易方向、交易模式和交易品类的不同,选择合适的跨境电商物流模式。

一、不同交易方向

跨境电商交易根据交易方向的不同,可分为跨境出口交易和跨境进口交易。这里所说的跨境出口和跨境进口,实际类似于传统国际贸易中的进出口业务,不同之处在于此时的进出口业务是通过电子商务交易平台实现的。对于跨境出口交易活动来说,由于需求发生在境外,因此邮政包裹、专线物流、快递物流和海外(边境)仓物流模式都可以被采用;而对于跨境进口交易来说,需求主要来自本国,可以采用邮政包裹、专线物流和快递物流等常用的跨境电商物流模式。

二、不同交易模式

跨境电商交易根据交易主体的不同,分为企业对企业(B2B)、企业对消费者(B2C)、消费者对消费者(C2C)三种主要的交易模式,如表5-2所示。

表 5-2　不同交易模式下的跨境电商物流模式的选择

交易模式	贸易方向	①	②	③	④	可选择的物流模式
B2B	出口	是	是	是	是	海外仓储、外贸企业联盟集货或第三方物流仓储集运
B2B	进口	是	是	是	是	保税区
B2C	进口	是	否	否	否	邮政小包
B2C	进口	是	是	否	是	国际快递
B2C	出口	是	是	是	否	规模大：海外仓；规模小：邮政小包、国际快递、国内快递、国内聚集后规模化运输
B2C	出口	否	否	是	否	邮政小包
C2C	出口	否	否	否	是	国内快递、国际快递
C2C	出口	是	否	否	否	邮政小包
C2C	进口	是	是	否	是	国际快递、邮政小包

备注：①表示物流成本：商品是否包邮；②表示时效性：收货时间是否要求高；③表示配送便捷性：配送网络是否广泛；④表示物流信息反馈：是否能及时查询到信息，跟踪物流情况。

B2B 模式通过建立供应契约以及长期关系来降低代理成本、保持价格黏性，同时通过降低库存、执行订单等方式，获得的交易成本比市场交易机制下的成本更低。B2B 模式使企业和企业之间达到了信息和资源的共享，极大地降低了企业信息搜索成本、协调成本；B2B 模式的商品批量大、金额大，对物流成本、配送便捷性、物流信息反馈速度要求极高。因此出口物流最好选择海外仓储、外贸企业联盟集货或第三方物流仓储集运；进口物流则选择保税区。

B2C 模式通过第三方跨境电商平台以在线零售的方式销售商品到全球终端消费者。这种模式的特征即为消费者通过互联网技术向企业在线购买商品或服务，而企业直接面向消费者，实现产品或服务的销售，能以更低折扣让利给消费者。从进口电商来看，B2C 模式下规模比较大的电商企业将大批量进口商品放入保税区，从而在最后一公里物流上获得时效性，并以价格优势取胜，提高用户体验。而相对来说，规模不大的跨境电商企业针对小批量、金额少的订单，可直接采用邮政小包；若买家要求时效性与物流信息反馈则采用国际快递。从出口电商来看，B2C 模式下规模大的企业采用海外仓储，降低物流成本。而若用户要求时效性，规模小的电商企业可适当采用邮政小包、商业快递、国内快递、国内聚集后规模化运输。若卖家订单地址比较偏远，配送不便捷，企业可选择邮政小包。

C2C模式即个人卖家在第三方跨境电商平台上，以在线零售的方式将商品直接销售给全球终端消费者，第三方跨境电商销售平台有eBay、亚马逊、阿里巴巴全球通等。这种模式凭借高效率、开放性、低成本的特点，大大地降低了交易成本，在提高消费者生活质量的同时，也为更多的企业或个人创造了贸易机会。在出口电商方向上，C2C跨境电商小卖家要想在物流上赢得时效性，通常采用国际快递，但是考虑到成本，小卖家选择的物流以邮政小包为主，国内快递的跨国业务模式为辅，国际快递是其补充方式。从进口电商来看，大部分C2C卖家人肉背货或用国际快递、邮政小包寄回国。

三、不同交易品类

不同的跨境电商物流模式具有不一样的特点，适用于不同种类的商品。相关机构研究表明，我国跨境电商品类主要集中在服装服饰、3C电子产品、家居园艺和汽车配件等行业。不同的行业适用不同的物流模式，对于服装服饰、3C电子产品，由于这类产品体积较小、交易量分散，可以采用邮政小包、专线物流、快递物流和海外（边境）仓等物流模式；而对于家居园艺、汽车配件等产品，则不建议采用邮政小包、快递物流的模式，其他专线物流、海外（边境）仓物流模式是较好的选择。

总体而言，跨境电商的快速发展离不开电子商务模式的创新，更离不开物流模式的创新和物流体系的完善，只有信息化、专业化和集约化的现代物流模式才能更好地支持跨境电商的发展。对于跨境电商企业而言，应根据实际情况进行合理选择，从而以最低的成本、最短的时间提供最高的服务质量。

 知识链接

顺丰的国际化之路

顺丰国际电商事业部成立于2014年7月1日，主要负责顺丰的国际业务。谈及最新战略，其内部人士表示，顺丰要实现自身的全球化，通过重资产投入，以物流业务为主，构建顺丰的国际仓网。目前顺丰的全球化主要包含产品全球化和网络全球化两方面。

在产品全球化方面，目前顺丰的直发业务已经可以覆盖全球241个国家。在网络全球化方面，顺丰将通过建立20个全球仓网，来覆盖4个主要目标市

场：北美海外仓，将布局在美国东部、美国西部和加拿大；欧洲海外仓，除了在英国布局4个仓外，还会布局在德国、法国、意大利和西班牙，此外还将在俄罗斯和澳大利亚建仓。

在实现顺丰全球化的同时，另一方面，顺丰国际业务本身也要实现升级，由顺丰物流转变成顺丰服务，目标是建设自有的生态链。此前，顺丰嘿店转型，顺丰优选为嘿店开展线上业务提供了平台，嘿店的一部分海淘业务还被并入顺丰优选的新频道"优选海淘"，同时该频道也承接了之前的优选国际业务，并且顺丰优选的网站定位更改为"优选商品，服务到底"，显示出顺丰优选将进一步利用嘿店在线下的服务和配送功能。早在2013年，顺丰海外扩张已经启动：顺丰速运旗下的另一家电商网站"海购丰运"（SFBUY）正式切入美国在线交易市场，试水跨境"海淘"业务。

除顺丰外，国内其他几家快递公司"四通一达"（圆通、中通、申通、百世汇通、韵达）也没有停下海外扩张的脚步，情况如下：

圆通2015年1月19日宣布旗下"一城一品"上线第一批海外商品，美国快递巨头UPS原亚太区高管钟展荣正式任职圆通副总裁，无疑瞄准的是跨境物流及跨境电商这片新蓝海，加速国际化。

中通专门从事国际物流、国际包裹业务、跨境电商出口或进口业务的"中通国际"于2015年3月1日正式上线。

申通在2014年全面布局境外市场，除了2013年已经铺开业务的中国"港澳台"地区和美国之外，申通还计划：以2014年为起点，5年内实现境外投资超过10亿元。

百世汇通在海外和国际快递企业合作，业务可覆盖全球200多个国家和地区。

韵达在美国、新西兰等国外地区都设有速递服务中心。

这样看来，快递行业的海外战早已打响。在过去5年，中国快递市场的规模经历了一场指数式的疯狂增长，而国外快递巨头纷纷涌入中国市场后，国内快递业的转型已迫在眉睫。而快递海外战的打响，无疑也是转型的一个契机。

菜鸟——全球物流新格局

在"菜鸟"成立的时候，马云希望菜鸟能实现中国任何地方24小时送货必达的目标，而全球范围则是72小时送货必达。要实现这样的目标，在中国快递每年超过50%的增速、占据全世界一半业务量的背景下，并不容易，这也远非一家物流公司所能实现的。菜鸟走的是另外一条更为宏大，也更为艰苦的道路：搭建一张物流网络，既通过数据技术提升全行业物流伙伴的效率，也通过投资建设组建了一张有高品质能力的物流服务网络，让更多的消费者享受到好的服务，一轻一重战略齐头并进。

1. 菜鸟让跨境贸易像本地购物一样便利

在2013年以前，俄罗斯居民如果想要从中国网购一件过冬的棉衣，他必须在夏天就付钱下单。因为物品要经过长达两三个月的物流奔波才能抵达。甚至很多用户发现，收到冬衣的时候天气已经转暖。中俄之间是全球双边贸易最繁忙的路线之一，但人们长期忍受着繁琐、低效的货物流通效率。2013年3月，当时阿里速卖通举行了一次大促销，一天之内产生了17万个包裹，但俄罗斯邮政每天只能处理3万个包裹。一个月后，当这批500吨重的包裹到达俄罗斯海关时，直接让海关和邮政系统崩溃了。普京一怒之下，革除了俄罗斯邮政部部长的职务。

4年后的今天，情况已经完全不同。如今在俄罗斯经济排名前20位的城市，中国发出的包裹在15天内被签收的比例，已经从2%迅速上升到80%。当地居民不需要再经受跨越季节的等待。在更远的西班牙，马德里居民在2017年3月的一次网购中，发现在阿里速卖通下单买了中国的手机后，只过了5个小时，快递员就敲响了他的家门。这速度比本地购物还快。

全球贸易的流通效率在以惊人的速度提升，主要是因为一张依托于智能技术的全球物流网络正在迅速形成。在这张网络上，不同国家、不同语言的人、不同的商业和物流企业之间，都通过一套共通的技术语言连接在一起。这张网络就是菜鸟网络。如今的菜鸟网络已经成为集快递、仓储、跨境、末端等一体化的物流大数据平台，连起了224个国家和地区，成了服务全球中小企业与消费者的基础设施。

2. "北京、上海快不算快，新疆、西藏、内蒙古快才叫快"

中国是最佳的物流优化试验田。这里有全球最多的物流订单，每天有约1亿个包裹在流动。但是中国的地理面积广阔，地形地势复杂，交通基础设施薄弱，人口和消费能力的分布也极不均衡。这造成物流的效率提升面临诸多屏障。

而菜鸟网络的第一道药方，就下给了中国的主流快递公司。原本电商卖家寄件要手动填写单据，现在其中有超过八成被替换成了菜鸟提供的电子化的面单（发货配送单）。这让传统快递业开始数据化。用沉淀下来的数据运算来实时监测和调配资源，全国快递寄出到送达的平均时间已经下降到了2.6天。消费者普遍感受到，用"四通一达"寄件的速度已经越来越快。

背靠阿里巴巴的菜鸟网络，此前做出绝不亲自配送快递的承诺，以避免与"四通一达"等物流公司之间的冲突。但是随着智能化和自动化设备的大范围采用及消费者对于物流时效性的更高要求,菜鸟与物流公司在数据上的冲突日益显露。此前,菜鸟与顺丰关于丰巢快递柜的数据调用问题的争执,正是矛盾公开化的一例。而从千亿资金的投资方向上来看,除了进一步提高智能化水平,加强数据积累和分析之外。仓库、超级枢纽和末端配送——正是当前物流快递领域最大的痛点所在。

中国快递物流的发展伴随着电子商务的高速发展。时至今日,电子面单使用率已接近80%,一天约一亿包裹总量的关卡近在眼前。高效平稳处理订单、提高效率不仅是已经上市的快递企业的业务目标,也直接影响着国内最大的两家电商——阿里巴巴和京东的竞争。这就要求电商商家更多采用"分布式仓储+落地配送"的模式,多地建仓是最直接有效的解决方案。

菜鸟通过投资建仓、搭建运营网络,在全国打造了智慧仓配送网络。这可以让商品配送往前一大步,商品提前来到消费者所在的区域。基于这种用数据让商品前置的运算,后来陆续产生了当日达、次日达、1小时达、30分钟达、两小时极速上门取退等服务。目前,菜鸟已经在全国1000多个区县实现了物流当日达和次日达。消费者在天猫平台购买超市类快消品、消费类电子产品、美妆等商品时,只要认准"当日达"或"次日达"的标识,就可以享受上午下单、下午收货,或者是下午下单、第二天收货的服务。

但是菜鸟想要的远不止于此。马云多次说到对菜鸟的希望是"北京、上海快不算快,新疆、西藏、内蒙古快才叫快"。从电商交易平台到小微金融平台,再到社会化物流平台,马云一直希望提供的服务必须是普惠的。

为了这个目标,菜鸟已经把物流网络向中西部延伸,触碰到了近3万个村庄。贵州铜仁山区的村民购买了一条广州制作的龙舟,这个18米长的大家伙通过菜鸟平台两天就被送到了;青海可可西里保护区的守护者居住条件差,通过菜鸟平台,从上海发出的保暖房屋也能送达青藏高原腹地,解决了他们只能睡帐篷的生存难题。

甚至在珠峰所在地西藏日喀则定日县扎西宗乡,现在也有菜鸟开设的服务网点。而原先东部地区发出的包裹要走上近20天才能到达定日县城,之后不再往下派送,需要消费者自己前往县城提取,并且还要额外缴纳取件费用。

为了实现"全国24小时可达",帮助边远地区实现快递升级是必不可少的一环。珠峰菜鸟驿站让拉萨—日喀则—定日—扎西宗以及珠峰这一物流"天路"更加通畅,改写了原本珠峰脚下没有专业快递线路的历史。

3. "新物流已经成为新零售的高速公路"

中国的社会化物流起于电商。在电商发展的前半段,物流比拼的是价格,所以造就了"江浙沪包邮"。到了后半段,物流比拼的是服务,包括随着新零售而来的、更加多元的物流服务。

商务部近期在一份报告中表示,新物流已经成为新零售的高速公路,以线上线下融合为特征的全渠道流通正在快速发展,以菜鸟为代表的"当日达"已经成为物流配送领域的新航标。

除了这个航标,其实更多的物流"特种作战部队"已经冲到了更前面。比如北京、上海的消费者在天猫超市买生鲜,根据不同的地址,就可能会获得1小时送达的极速物流服务。盒马鲜生也把线下高品质门店转变成了明亮的仓库和智能配送中心,实现了下单后最快30分钟内就送达。这种效率是通过一套精密的算法和高超的智能技术来实现的。运用大数据算法,商品可以根据消费趋势,提前在全国各地分仓布货。消费者的订单可以从距离最近的仓库发出。仓库内也别有洞天,各种全自动流水线、AGV(自动导引运输车)、机械臂每天都在上演机器人总动员。2018年6月,菜鸟位于广东的一个仓储中心推出了中国规模最大的智能物流机器人仓库,仓库里的机器人可以自动托举货物走动,还能互相避让、排队,这个仓库代表了中国机器人仓库的最高水平。

菜鸟网络总裁万霖表示:"菜鸟是一家数据公司,更是一家智能物流网络公司、商业基础设施公司。我们将聚焦为消费者提供极致的物流服务。随着新零售的深入发展,未来的物流网络肯定不是现在的样子,我们将加大在相关基础设施、运营网络、智能技术等领域的投资,和物流合作伙伴一起,前瞻布局面向新零售、全球化的物流网络。"新技术和新需求让行业意识到,仅仅依靠传统的仓配模式已经远远不够。新零售的物流应该有立体、多元的解决方案。

4. "为全球消费者提供普惠、极致的物流体验"

除了快,菜鸟也在用科技赋予物流更多的增值体验,比如可以确保网购的西瓜送到手上是冰镇的15℃;或者可以在不冰冻的情况下,把海外的新鲜肉类送到国内消费者餐桌上,这对于传统物流而言都是不可思议的。

在菜鸟智慧物流的支撑下,天猫在体量巨大的基础上,最近一个季度的交易额增长仍高达49%,更好的物流体验不但吸引了更多年轻用户和女性消费者的青睐,也给天猫平台上的品牌商家带来了更高的用户忠诚度和全新的供应链模式。

除了增持股权,阿里巴巴和菜鸟还将在5年内投入1000亿元,打造服务于全球买、全球运的高效物流网络。目前在全球,还没有任何一家平台和企业对物流做过如此大规模的投入。这些资金除了继续投资数据技术等领域的研发,主要用于智能仓库、智能配送、全球超级物流枢纽等核心领域建设。

菜鸟已经在全球投资建设了一批履约中心（GFC），并且正在部署世界电子贸易平台（Electronic World Trade Platform，e-WTP）超级物流枢纽。未来将借此为全球消费者提供普惠、极致的物流体验。

京东物流

京东作为规模巨大的自营式电商企业，于2007年建设自营物流体系，经过11年时间，京东现已成为中国规模较大、较专业以及用户体验较佳的物流服务提供商之一。2010年4月，京东自营配送模式在全国首推"211限时达"服务，即：在部分城市可实现上午11:00前提交现货订单（以订单进入出库状态时间点开始计算），当日送达；夜里11:00前提交的现货订单（以订单进入出库状态时间点开始计算）在第二天送达（15:00前）。2011年3月，京东商城包裹可视化跟踪系统（GIS）正式上线，京东配送员已经全部配备了PDA设备，用户可以在地图上实时看到自己的包裹在道路上移动等投递情况，方便客户对商品的及时追踪和查询，使物流变得更加透明。2016年11月，京东集团以"京东物流"为全新品牌标识，以品牌化运营的方式全面向社会开放，提出京东物流全面迈向"开放化、智能化"的战略。继阿里巴巴之后，京东成为中国又一大开放自身物流平台电商。京东物流一直致力于提供最佳用户体验，品质电商的标识也成为京东物流服务的一面旗帜。

一直以来，京东商城的用户对京东物流最直接的体验就是快，京东业务员的专业素质和贴心服务也成为京东物流优质服务的一大亮点。优质高效的物流服务得益于京东完善的物流基础设施网络和现代化的物流设施设备，京东自建物流的服务质量和效率得到了行业内的一致好评。其优势主要表现在以下几个方面：

1. 物流基础设施和网络完备

京东不断扩充商业版图，在基础设施建设方面不遗余力。截至2016年底，京东已在全国15个城市获得390万平方米土地用于京东商业帝国建设。目前，京东物流的供应链物流、冷链物流、京东快递、物流云等都已发展成熟，京东物流拥有7个智能物流中心、335个大型仓库、710万平方米的仓储面积、5600多辆自营车辆、近7000个配送点与自提点，完成了对全国2691个区县的覆盖。京东物流"重模式"之路为其带来了完备的物流基础设施和网络，亚洲一号、配送网络以及青龙系统成为京东运营的核心竞争力，京东物流的客户时效和服务标准现已成为全球物流服务标杆之一，京东商城对全国超过85%的自营订单配送可实现当日或次日达。京东物流"开放化、智能化"的战略目标也为京东走物流"重模式"之路奠定了良好的基础。京东物流仓配送规模在中国无出其右，它将大数据和人工智能等技术全面应用在仓储布局、拣货路径优化、智能排产、路网规划、动态路由规划等领域，大力构建智慧物流体系，高科技智能产品不断研发并投入应用，无人机、无人车、无人仓等技术创新不断提高，智慧物流项目为京东带来强劲动力。

2. 物流流程短

京东物流在一线城市的一般流程是仓库—配送站—用户，在二三线城市的一般流程是仓库—城市中转站—配送站—用户。而一般的社会物流流程大多是用户—配送站—城市中转站—省级分拨中心—城市中转站—配送站—用户。京东大规模的自有仓库为配送流程带来巨大的便利，在缩短物流服务供应的整个流程中，放眼中国整个物流行业，京东的速度可以说是个中翘楚。京东物流强大的支撑力量，为京东降低交易成本和提高服务效率提供了可靠的保障，也使得京东在电商激烈的市场竞争中突出重围。在提供物流服务的过程中，自营配送和较少的中间环节带来的时间效益是京东提升企业品牌价值的又一可靠保障，京东快递配送流程如图5-3所示。

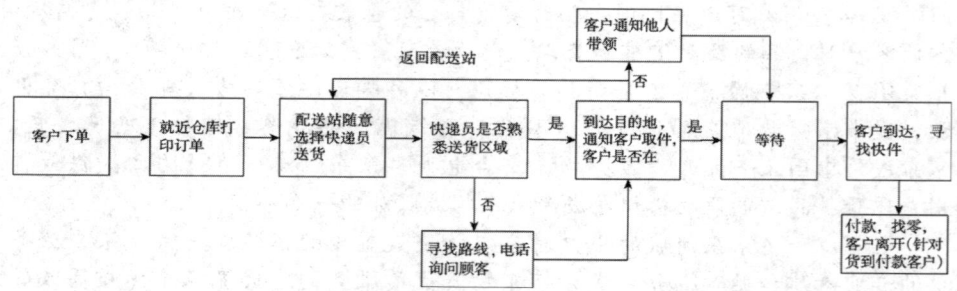

图5-3 京东快递配送流程

3. 自营物流管理优势显著

京东最初自建物流体系，除了有对未来发展的长远打算，也有中国快递行业成本高、服务质量差的原因。第三方物流难以满足京东电商平台的发展要求，更不能实现京东"品质电商"的战略规划。自建物流体系和物流管理团队，能使商品从最初被挑选到最终被送达的整个传递过程都得到可靠保障，实时监控产品动态、追踪物流信息，使物流流程透明化。一方面，对人员的选择和培训能够保障最靠近消费者的员工所提供的服务满足企业的要求，减少因第三方物流低服务质量所带来的退货和投诉等问题；另一方面，自建物流体系及自营配送，能够匹配京东商城产品不断扩充、GMV（网站成交金额）持续增长的需要，使得最初的物流重资产投资得到集约规模效益，最大程度降低交易成本、提高企业效益。自营物流较高的管理水平为京东的优质服务提供可靠保障，专业的管理团队也使得物流流程管理更加高效。

4. "品质电商"带来良好声誉

京东"品质电商"的经营理念在当今时代对于迎合消费者需求转变具有

重要意义。中国社会经济的不断发展以及中产阶级规模的扩大，使得消费者平均消费水平较之过去有了显著的提高，与发达国家的差距逐渐缩小。经济大环境的改变带来消费者消费观念的转变，对产品的品质和服务的关注逐渐超过对产品价格的关注，电商只有品质化和品牌化经营才能赢得消费者的信赖。京东"品质电商"战略的提出和不断的优化升级，使得京东在商品品质、物流服务、用户体验、供应链管理等多个维度竞争力持续增强，为京东迎来更大的增长空间。开放物流体系后，京东扭亏为盈以及京东营收的强劲增长反映了消费者对京东正品行货和优质服务的认可。京东品质电商的良好声誉带来的是消费者的忠诚和稳定的交易量，这对京东经济规模效益发挥作用以提升企业价值并最终实现企业长远发展意义重大。

5. 顺应电子商务新发展

社会的发展对物流提出越来越高的要求。国内第三方物流服务水平、服务拓展性等方面远远落后于电子商务企业的发展要求。随着网络零售市场的成熟及新零售的兴起，物流扮演的角色也逐渐发生转变。所谓新零售，即服务商利用大数据、云计算等创新技术实现线上服务、线下体验和现代物流结合起来的零售模式。京东的发展模式与这一理念不谋而合，京东商城线上销售与线下零售企业不断深化合作，再结合京东完善的自营物流体系，使京东在未来的竞争中拥有强劲优势和发展潜力。

京东完善的物流网络是现今京东最重要的核心竞争力，开放物流体系，对京东来说既是机遇也是挑战。处理好京东原有物流业务与开放物流系统后的社会化物流需求，保持京东物流体系的优势，同时更好地服务社会是京东未来发展必须着重考虑的问题，也是对京东长远发展及不断前进的要求。

【思考题】

1. 跨境电商物流模式有哪些？
2. 边境仓与海外仓的区别是什么？
3. 选择跨境电商物流模式时应注意些什么？

知识考查与技能训练

本章习题请扫码获得。

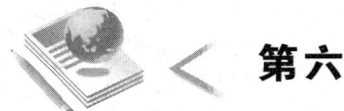

第六章　跨境电商风险防范

【学习目标】

本章旨在让学习者了解跨境电商的主要风险；熟悉跨境电商中的消费者权益保护；掌握跨境电商中的知识产权保护；了解如何解决跨境电商中的争议，从而提高学习者对于跨境电商风险防范的认识。

【本章重点】

本章学习的重点是跨境电商的主要风险、跨境电商中的知识产权保护、跨境电商中争议的解决机制及其构建问题。

第六章 跨境电商风险防范

第一节 跨境电商的主要风险

跨境电商企业通过各类网络平台在线进行网上交易,这一过程在给国际贸易带来巨大方便的同时,由于网络交易的全球性、开放性、匿名性,一系列不容忽视的风险也随之出现。跨境电商的风险主要包括政治和政策风险、信用风险和法律风险等。

一、政治和政策风险

政治风险在很大程度上取决于各国的政治稳定性及实施的政治制度。相对来说,政局较为稳定的国家,政治因素影响跨境贸易的风险较小,而政局动荡不安的国家,政治因素影响跨境贸易的风险较大。国家间的战争、贸易争端、政治经济制裁、关税的变化、汇率的变化甚至是检验制度的调整都会对我们的跨境贸易造成直接的影响。例如,2014年,阿根廷政府出台新规,限制公民海外网购,规定每人每年最多可进行两次境外网购,每年购物金额若超过25美元,则应对超出部分交纳50%的关税。阿根廷是热门的新兴市场之一,这一政策的出台使中国的跨境贸易电商承受了巨大的损失。

我国政策的变动对跨境电商的影响更为明显。早年间,国家针对跨境电商出台了一系列积极鼓励和扶持的政策,跨境电商依靠政策红利迅速崛起,经历了2014年的萌芽期和2015年的高速发展期,在2016年4月又因为政策收紧而瞬间跌入谷底。2016年4月7日,我国财政部、海关总署、国税总局等11个部门联合公布了《跨境电商零售进口商品清单》,清单共包括1142个8位税号商品,包括部分食品饮料、保健品、服装鞋帽、家用电器以及部分化妆品、纸尿裤、儿童玩具、保温杯、配方奶粉等商品。2016年4月15日,第二批正面清单公布,包含151个8位税号商品,补充了液态奶、生鲜、水果、部分保健品等。这项政策的出台,意味着只有清单上的商品可以走保税备货模式,未列入清单的商品将全部从网络上下架,网购保税商品在进入保税区的中央仓库时需要按货物验核通关单。通关单是一般贸易进口必需的文件,以前跨境进口电商无须通关单,只需申报即可。这意味着国家对跨境电商按照一般贸易的规则来进行监管,跨境电商这个行业将面临更为严格的监管。可见,本国及其他国家贸易政策的变动直接影响着跨境电商行业的发展规模与速度。

二、信用风险

随着经济全球化的推进和互联网的普及，安全和信任已成为跨境电商发展中最重要、最核心的问题。跨境电商在为突破传统跨境贸易局限性带来巨大贡献的同时，消费者和经营者的信用不良或欺诈也给交易双方和政府带来了极为严重的信用问题。信用风险在很大程度上影响着跨境电商的发展。当前的信用风险主要由以下三个因素造成。

（一）商品本身的信用风险

近几年，跨境电商迅猛发展。早期跨境电商贸易从业门槛低、订单碎片化的特点，使得一大批受自身规模和资金链限制的中小企业拥有了参与国际贸易的机会。然而，由于这些企业本身缺乏经验与资金，普遍存在以下三个方面的问题：一是自动化设备使用率低，产品质量难以保证；二是自主创新意识缺乏，产品研发投入少，更新换代速度慢，仿冒其他品牌产品、侵犯知识产权的现象屡见不鲜；三是品牌意识薄弱，品牌建设能力严重不足。上述三个方面的综合原因导致其产品质量低劣、价格低廉，长期处于产业价值链的下游，大多数中小跨境电商企业只能依靠降低价格、牺牲利润来获取市场份额，维持自身运营发展。由于跨境电商中的买卖双方分属不同国家，购买者仅仅通过跨境电商平台了解商品信息，一旦出现产品质量、数量等问题，境外消费者退换货服务难度较高，即使可以实现，退换货成本也极高，因此，影响消费者的消费体验。

（二）支付方式的信用风险

大多数支付平台都采用二次清算的模式，导致客户资金沉淀在第三方支付账户中，随着用户数量的增加，这一沉淀的资金量十分巨大。第三方支付可以直接支配交易资金，甚至发生越权调用资金的风险，一旦第三方携款潜逃，交易双方将产生极大的损失。监管机构没有明确对相关支付问题的处理手段，也没有对支付运营商实行准入和主体监管制度。国家外汇监督管理局应及时对跨境电商中的第三方支付平台给予明确定位和规定。这种风险如果不加以控制，那么非法资金流通渠道就可能快速形成。

（三）物流信用风险

在跨境电商的发展中物流起着重要作用。物流发生在买家支付之后，但实质上是卖家的商品被买家签收后，支付货款才转给卖家，这样就发生了真正意义上的支付在物流之后的情况。B2C 交易多使用国际小包邮寄的方式，这种方式没有被纳入海关登记。由于物流等原因使得货物没能到达买家手中时，货款不能按照既有的规定打给卖家，但并不一定是卖家的问题，具体的原因十分复杂，这个物流风险就直接影响了支付。

三、法律风险

和国内的电商法律相比较，跨境电商的法律风险会涉及不同的法律体系、不同的法律领域，相对来说较为复杂。由于我国跨境电商的发展时间较短，经验尚缺，相对应的法律法规也还不够完善，因此会产生一系列的法律风险。

（一）隐私风险

大多数的网络经营者都会要求消费者在进行商务交易的过程中登记个人信息资料。但是如果企业并没有对用户的私人信息进行保密反而有所泄露，因此从一定程度上会使得消费者对企业产生不满情绪。同时在跨境电商交易的过程中，有些企业会将消费者的个人信息进行整理从而建立起消费者信息资料数据库，并且还会通过一种有价的形式向第三方出售，这就违反了电子商务活动的相关资金规定。

（二）知识产权法风险

知识产权是指权利人对创作的智力劳动成果所享有的专有的权利，它具有专有性、地域性和时效性的特点。各种智力创造如发明、文学和艺术作品及在商业中使用的标志、名称及图形设计的知识产权都可被认为是某一个人或某一组织所拥有。

随着电子商务的发展，通过互联网销售书本和报刊的方式已经被众多的企业所应用，在一定程度上就会隐藏着侵犯著作权的法律风险。由于传统的著作权法是以实物为著作载体，而境外电子商务交易中开始出现电子文档和课件的销售。在进行电子交易的过程中，企业无法从根本上保证购买者对书本和报刊信息的随意传播，同时也无法保证其他用户对这些信息进行复制，极易对原作者的著作权造成一定的侵犯，从而引发侵犯著作权的法律问题。

（三）商务交易风险

电子商务作为互联网发展的产物，在交易的过程中需进行电子支付，从一定程度上就会面临着巨大的虚拟诈骗风险。境外电子商务中的交易风险主要是存在一种国际性的非法交易活动，参与境外电子商务的企业并没有按照合法的方式来进行交易，损害了企业与用户之间的经济利益。根据实际数据资料显示，大约有1亿的境内在线消费者受到虚假信息的侵害，所骗取的金额也是相当的高。由于跨境电商在国际上并没有建立一个统一的信用评判标准，因此从一定程度上给许多的不法企业以及个人提供了洗钱的可能性。由于我国第三方支付的平台比较多,且银行和第三方支付平台在跨境消费上存在较大的安全漏洞,从而给个别机构提供了诈骗和违法违规的机会,导致境外电子商务交易存在资金风险。

(四) 货物税收风险

在跨境电商中,邮递的物品会存在个体小、总量大和种类比较分散的现象,企业为了逃避税收,开始进行多次邮递以及用"蚂蚁搬家"的形式运送大量的货物;小型电商开始以混淆自用物品与代购物品的方式来逃避税收。从整体上来看,这些现象钻国家征税的漏洞,使得海关征税难度系数变高。有些规模较大的企业为了能够减少生产成本,降低税费,不惜采取走私的方式来逃避税收,导致国家税款流失现象越来越严重,对整个国家经济运行安全会产生巨大的影响。

第二节 跨境电商中的消费者权益保护

我国已进入消费需求持续增长、消费结构加快升级、消费拉动经济作用明显增强的重要阶段。跨境电商作为新兴的贸易形式,在给我们带来便捷的服务和丰富的消费商品的同时,传统交易中产生的纠纷及风险并没有随着高科技的发展而消失,相反,网络的虚拟性、流动性、隐匿性以及跨国性对交易安全及消费者权益的保护带来了更大的挑战和问题,这些挑战和问题使得消费者受损的概率大幅提高。

一、网络消费者具有的权利

(一) 知情权

消费者知情权即消费者拥有了解自己获取的商品或是购买的服务实际状况的权利。依照《消费者权益保护法》规定,消费者知情权是指消费者拥有根据商品或者服务的不同情况,了解经营者出售的商品的价格、产地、出品方、用途、品质、原料、生产日期、保质期、售后服务或是与服务相关权利的权利。而网络消费者知情权是指消费者经由网络获取商品、进行使用或是获取服务时,拥有了解自己获取商品或者服务实际情况的权利,与传统的消费者知情权相比并没有太大的区别。但因为网络消费与传统消费相比具有一些特殊性,所以在实现权利方面具有一定的区别,使消费者在获取商品时对商品的相关信息没有进行足够的了解，也不能以往常的目测、手感等方法去了解商品。

（二）安全权

消费者安全权是消费者在购买、使用商品和接受服务时所享有的人身和财产安全不受损害的权利。这是消费者最重要的权利。我国《消费者权益保护法》第七条规定：消费者在购买、使用商品和接受服务时享有人身、财产安全不受损害的权利，消费者有权要求经营者提供的商品和服务，符合保障人身、财产安全的要求。消费者安全权的根源在于保护公民的人身及财产不受侵犯是我国宪法规定的公民的基本权利之一。

消费者安全权包括以下两个方面的内容。

1. 人身安全权

（1）生命权，即消费者的生命不受危害的权利，如震惊全国的山西假酒案件，严重威胁人民群众的生命安全。

（2）健康权，即消费者的身体健康不受损害的权利，如食物不卫生而导致消费者中毒或因电器爆炸致使消费者残废等均属侵犯了消费者健康权。消费者在购买、使用商品和接受服务时，首先考虑的便是商品和服务的卫生、安全因素，不希望身体受到伤害，甚至发生生命危险。

2. 财产安全权

财产安全权即消费者的财产不受损失的权利，财产损失有时表现为在财产外观上发生的损害，有时则表现为价值的减少。电子商务主要通过网络银行或各支付平台等方式进行交易，这些方式对消费者的财产安全有一定的威胁。由于国际互联网本身是个开放的系统，而网络银行的经营实际上是将资金的流动变为网上信息的传递，这些在开放系统上传递的信息很容易成为众多网络"黑客"的攻击目标。目前，有些消费者不敢通过网络上传自己的信用卡账号等关键信息，也是基于这个原因。

（三）公平交易权

我国《消费者权益保护法》第十条规定：消费者在购买商品或者接受服务时，有权获得质量保障、价格合理、计量正确等公平交易条件，有权拒绝经营者的强制交易行为。此规定也就是指消费者在与经营者之间进行的消费交易中所享有的获得公平的交易条件的权利。公平交易的条件关系到消费者的经济利益，由于消费者以满足生活需求为目的而购买商品或接受服务，当某种消费品不能得到时，其需求就不能被满足，甚至危害自己的生命健康，因此，出于对消费品的强烈需求，他们往往不得不接受不公平的交易条件。同时，在市场经济条件下，由于信息不均衡分布，消费者要依赖经营者提供的信息，正确地判断商品、服务的价值，因而，更容易被经营者欺骗而进行不公平的交易。所以，通过法律对经营者的行为进行规范，并赋予消费者法定的公平交易权尤为必要。在世界各国的消费者保护法律制度中，保障消费交易公平都是其重要的内容之一。

网络消费者也具有这种公平交易权。从权利内容上来说，网络消费者的公平交易权与传统消费者没有质的区别，但由于网络消费具有虚拟性，网络消费者的公平交易权更值得关注，更需要特殊的保护。常言道：货比三家不吃亏。在传统消费中，消费者可以这样去比较，凭借自己的经验和对商品的了解，做出与所购买商品或接受服务相当的判断，即便是这样，与货物质量不相当的不公平交易仍有存在空间。而网络消费者通过互联网进行交易，不能货比三家不说，商家送来的货的价值与消费者所付款项不相当的情况更是随处可见。另外，在网络消费中，很多交易条款都是经营者事先安排好的，消费者只有"同意"或"不同意"的选择空间，也就是说存在大量的格式条款、霸王条款，这些更给公平交易打上了问号。所以，公平交易权，理应是网络消费者的一项重要权利。

网络消费中存在的侵犯消费者公平交易权的问题如下所示：

1. 格式合同问题

《中华人民共和国合同法》第三十九条规定：格式条款是指当事人为了重复使用而预先拟定，并在订立合同时未与对方协商的条款，采用格式条款的合同称为格式合同。网络消费跨越了时空的界限，是不用面对面就可以进行的网络交易，维持这种交易的公平性依靠的是网络交易合同的公平性。但格式条款的存在导致交易本身就是不公平的。

2. 网络消费欺诈问题

网络消费欺诈是指经营者以非法占有为目的，在网络上实施的利用虚构的商品和服务信息或者其他不正当手段骗取消费者财物的行为。在网络环境下，经营者的身份信息披露要么是不全面的，要么是虚假的，消费者一般很难认证或无法判断经营者的真实身份。而且，在销售商品时，经营者对消费者没有告知自己销售动机的义务，消费者只是凭借经验和习惯对经营者的销售动机进行主观判断，很难断定经营者是真实销售商品还是借销售商品之名实施欺诈。

另外，在网络交易中，消费者凭借经营者提供的电子产品介绍、图片介绍等对所购商品做出鉴别，在消费者收到货物之后，发现实物与电子产品介绍相差甚远，也就是说消费者没有拿到与所付金钱对等的商品。笔者认为，在这种情况下，经营者也有欺诈之嫌，那么进行的交易就是一种明显的不公平交易。很多消费者要么觉得想讨个公平无处可去，要么觉得商品价格低廉不值得去理论，但是他们的合法权益已经受到侵害。只有当国家立法机关、相关职能部门和全社会都来关注问题的严重性时，公平正义才能真正实现。

3. 合同条款的不适当履行

网络合同条款的不适当履行包括延迟履行和瑕疵履行两个方面。所谓延迟履行是指债务人能够履行，但在履行期限内未履行债务的现象。在网络消费中，物流配送缓慢是消费者经常遭遇的问题，由于经营者或物流配送机构的原因，经营者承诺的交货日期往往难以兑现。所谓瑕疵履行是指债务人虽然履行，但其履行有瑕疵，即履行不符合规定或约定的条件，网络消费者在认购商品并发出货款后，经常会发现所收到的商品的数量、种类、质量等与电子产品介绍不一致的情况，这就是一种瑕疵履行现象。另外，合同履行后的售后服务也无法保证，因为网络交易打破了地域限制。我国的《消费者权益保护法》中虽然规定经营者承担"包修、包换、包退"（简称为"三包"）的义务，但要么经营者在产品介绍中说"无包修"，要么即使经营者承诺了"三包"，由于地域限制，经营者的身份难以认定，消费者很难实现自身售后服务的权利。这些情况都给网络消费中的公平打了折扣。

（四）消费者求偿权

消费者求偿权是指消费者在购买、使用商品或接受服务时，因人身、财产等合法权益受到损害时，依法取得的请求赔偿的权利。《消费者权益保护法》第十一条确立了消费者求偿权为消费者的一项基本权利。

1. 消费者求偿权的主体

《消费者权益保护法》第四十条规定：消费者在购买、使用商品时，其合法权益受到损害的，可以向销售者要求赔偿。销售者赔偿后，属于生产者的责任或者属于向销售者提供商品的其他销售者的责任的，销售者有权向生产者或者其他销售者追偿。消费者或者其他受害人因商品缺陷造成人身、财产损害的，可以向销售者要求赔偿，也可以向生产者要求赔偿。属于生产者责任的，销售者赔偿后，有权向生产者追偿。属于销售者责任的，生产者赔偿后，有权向销售者追偿。消费者在接受服务时，其合法权益受到损害的，可以向服务者要求赔偿。

从上述规定中，我们可以知道，《消费者权益保护法》中求偿权的主体包括直接购买商品和接受服务的消费者，也包括因为商品缺陷而受到人身、财产损害的第三人。具体来讲，求偿权的主体包括商品购买者、商品使用者、服务接受者和因商品缺陷而受到人身、财产损害的第三人，只要受到损害的人都可以依法获得赔偿，而并不要求其与经营者之间存在合同关系。

2. 消费者求偿权的行使

消费者求偿权的行使可通过自力救济和公力救济的途径进行。

（1）自力救济：消费者在法律规定的期限内发现合法权益受到损害时，可以直接告知经营者，或通过各级消费者委员会，要求经营者给予补偿。

（2）公力救济：消费者在发现自己的合法权益受到损害时，可以通过向国家相关行政机关申诉，也可以通过向人民法院诉讼的途径，获得损害赔偿。

然而，在网络交易盛行的今天，由于网络交易不受时间和地域限制，网络传输信息的速度非常快，涉及面十分广，有关部门要对网络交易进行有效监管难度非常大。当侵权行为发生后，消费者往往无法得知经营者的真实身份，或由于经营者处于异地导致诉讼成本过高以及举证困难、法律不适用等原因而放弃求偿权。因此，当网上消费产生纠纷后，有关部门在处理时要坚持举证责任倒置的原则，即由经营者承担举证责任。为了减轻消费者的负担，降低投诉成本，可以建立一个统一的全国性网上投诉中心，和全国联网的"经济户口"数据库。这样，当合法权益遭到侵犯时，消费者可以通过网络快速、经济地向主管部门投诉。主管部门接到投诉后，应及时进行举证调查，在适当的期限内处理并反馈，从而达到维护消费者合法权益的目的。

（五）自主选择权

我国《消费者权益保护法》第九条规定了消费者享有自主选择权，具体是指消费者可以根据自己的消费需求和要求，自主选择自己满意的商品或服务，决定是否购买商品或接受服务的权利。它是消费者的一项权利。所谓自主选择权是指消费者依法享有自主选择商品或者服务的权利。我们在购买商品或接受服务时，都不会盲目且不受约束地进行，而往往是根据自己的需要和喜好来选择商品或服务。

1. 消费者自主选择权的内容

（1）有权利和自由来对经营者进行选择。为方便消费者购买商品和接受服务，消费或服务场所会提供一些经营者来为其提供服务。消费者有权利对经营者进行选择，来得到更好更周到的服务。禁止强卖，消费者有权利选择交易相对人，不受任何国家机关、个人的干预。

（2）有权利和自由来选择商品种类和服务方式。消费者在购买商品和接受服务的时候，由于商品种类繁多，服务方式各不相同，所以消费者有权利和自由对其进行选择，挑选出最适合自己、最需要的商品种类和服务方式。

（3）有权利和自由来决定是否要购买一种商品或一种服务。在商场提供出多种商品和服务时，消费者有权利和自由对其进行拒绝，从而挑选自己喜欢的商品。

（4）在选择商品种类和服务方式时，有权利对商品和服务进行比较和筛选。消费者挑选商品和服务时，由于一些经营者会对挑选行为进行怒骂、产生生气的反应，使得消费者不能自由地对商品进行挑选。消费者的自主选择权保护消费者自由挑选的权利，所以消费者完全可以自由使用这一权利，对物品或服务进行比较、挑选。《消费者权益保护法》规定：消费者依法享有自主选择商品或者服务的自由和权利，简称为自主选择权。因此，消费者有权根据自己的需要和兴趣，自主选择自己所需要的商品或服务。

2. 消费者自主选择权的特点

同其他消费者权利相比，消费者自主选择权具有以下两个明显的特点。

（1）选择的自愿性。一切消费行为和要求都由消费者自己决定，不受任何其他力量的影响与左右。消费者购买商品或者接受服务的目的各不相同，需要自己产生足够的意识，到底需要什么只有自己知道且由自己决定。

（2）选择的自由性。消费者在消费的过程中的行为仅受自己想法的支配，不受外界打扰，经营者不可进行禁止、限制和干涉等行为。自由性是自愿性的结果和反映，是消费者选择自愿性的外在表现。消费是完全自由的，由消费者自己来决定。经营者的禁止、限制和干涉都是无效的行为。

3. 消费者自主选择商品是合法的行为

中国宪法规定了中国公民享有宪法和法律规定的权利。消费者的自主选择权是相对的，要遵守社会公德，不得侵害国家、集体和他人的合法权益。

在消费者网络购物的过程中，网站一般都订有格式条款，其内容由商家事先制订，给消费者提供的只是"同意"或"不同意"的按钮。由于这些格式条款的内容早已确定，没有表示合同另一方的意思。常见的对网络消费者不公平的格式条款主要有以下几种类型：（1）经营者减轻或免除自己的责任；（2）加重消费者的责任；（3）规定消费者在所购买的商品存在瑕疵时，只能要求更换，不得解除合同或减少价款，也不得要求赔偿损失；（4）规定系统故障、第三方行为（如网络黑客）等因素产生的风险由消费者负担；（5）经营者约定有利于自己的纠纷解决方式等。总之，这些格式条款的使用，剥夺或限制了消费者的合同自由，消费者在面对"霸王条款"时，因为不了解相关知识、无暇细看或者即使发现问题也无法修改格式条款等情形，处于不利的境地。

二、网络消费者权益保护的基本原则

(一) 诚实信用原则

我国《民法通则》第四条规定：民事主体应当遵循自愿、公平和诚实信用的原则。其中，诚实信用要求人们在市场活动中讲究信用、恪守诺言、诚实不欺，应当本着诚实、善意的心态，在不损害他人利益和社会利益的前提下追求自己的利益。

消费者要在虚拟的网络中进行交易，交易的结果是电子产品变成实物，在这整个过程中，更需要讲诚信、恪守诺言、秉承善意。一份网络消费协议能否达成的一个很关键因素就在于商家是否诚信。如果经营者和网络服务提供商等交易方不讲诚信，只想投机取巧，其结果只能是"城门失火，殃及池鱼"。不仅不能使消费者建立起网络消费的信心，还会使整个网络市场处于瘫痪状态。而事实上，在网络交易中，不讲诚信者大有人在。从网上电子产品的广告宣传，到经营者出具的电子产品图片及介绍，再到消费者验货后的"保修包退"，都可能存在欺诈。在网络消费中，诚实信用原则经受着更多的考验，它应该是网络消费者权益保护立法的一项基本原则，用之指导网络消费法律法规的制定与实施，规范网络交易市场。而且，该原则具有填补法律漏洞的功能，当人民法院在司法审判实践中遇到立法中未遇见的新情况、新问题时，可直接依据诚实信用原则行使公平裁量权，调整当事人之间的权利义务关系。因为，诚实信用原则意味着承认司法活动的创造性与能动性。

在网络消费者权益保护中，应充分贯彻和体现诚实信用原则：完善网络消费立法，加强交易监管，规定经营者在网络注册时采用实名制（目前已实现）；明确网络经营者的信息披露义务；严格惩罚网络消费欺诈行为；规范市场主体，制定严格的市场准入制度和信誉评价制度；适度增加网络交易服务平台的责任与权力（如核查网络经营者真实身份的责任和权力）等。

(二) 对网络消费者给予特殊保护原则

对网络消费者给予特殊保护原则，是指应当充分认识到网络消费者的弱势地位，并在此基础上，站在网络消费者的立场上，对经营者的活动进行一定的限制与约束，在法律中应当体现对网络消费者利益的倾斜，全面规定网络消费者的权利，并为网络消费者的权利提供严密的保障机制。

规定这一原则是由消费者权益保护法固有的价值取向和消费者的特殊地位决定的。在因消费所形成的法律关系中，双方当事人的法律地位应当是平等的，但是，由于消费者以他人生产的消费品满足自己的需求，而消费品的信息却存在于经营者一方，使得消费者不仅在了解商品、选择商品、正确判断商品价值等方面要依赖经营者,而且在正确使用商品方面,消费者也要依赖经营者。另外,作为为满足生活需要而购买、使用商品的消费者个人,其面临的是一个个具有健全组织机构,拥有雄厚经济实力和丰富产品知识同时又掌握交易主动权的经营者,因而消费者在整个交易过程中是处于弱势地位的。之所以要对消费者的利益进行特殊保护,还有一个重要的原因就是,消费者的利益具有特殊性。消费者购买商品是为了满足个人生活,而这个满足的过程直接关系到消费者的生存权利,因为消费品是否安全与卫生与消费者的生命安全与健康息息相关,生命权、安全权、健康权等是人类最基本的生存利益,是最基本的人权,这些权利是经营者的经济利益所无法比拟的。与传统消费者相比,网络消费者由于网络环境的特殊性,维护自身合法权益变得更难,网络消费相关立法更应向网络消费者倾斜,这样才能体现法律的公平正义的本意。

美国与国际经济合作与发展组织(OECD)共同制定的《OECD电子商务保护指南》中就明确规定了经营者的网上披露义务,包括披露商家自身信息,提供货物、商品的信息及交易信息等重要信息,以保护网络消费者的知情权。我国在网络消费者权益保护立法中,应把"对网络消费者给予特殊保护"作为一项基本原则,指导网络交易,规范网络市场。贯彻对网络消费者给予特殊保护的原则,要求在网络消费者权益保护立法中,不必拘泥于网络经营者与消费者地位的绝对平等,网络消费者的权利与义务和经营者的义务与权利也无须对等,但立法应当体现对网络消费者利益的倾斜,以维护网络消费者的合法权益为本,对网络消费者规定更多的权利,对经营者设置更多的义务。同时,在司法诉讼中采取"举证责任倒置"的原则,用以监督经营者依法行驶权利,适当履行义务,便于补救网络消费者的受损权利。另外,在制度建设层面,也应尽量向网络消费者这个弱势群体倾斜。

(三)综合辅助保护原则

网络经济的特殊性决定了对电子商务中消费者权益的保护不能局限于单一的模式,纯粹的法律保护不能充分保护消费者的权益。对网络交易中消费者权益的保护,需要在法律保护之外采取综合的辅助保护模式,强化消费者组织、社会公益及社会团体的作用,形成政府监管、行业自律与消费者自我保护相结合的保护体系。

消费者是单个的社会成员,其经济及掌握各种知识的能力都非常有限,因而无力与经营者抗衡。这就需要国家站在消费者一方,对消费领域进行适度的干预,在消费者利益受到侵害的情况下,对消费者提供各种帮助。网络消费者虽然是在网络这个虚拟的场所进行交易的,但交易的各个环节仍旧是国家可以掌控的，国家对网络消费者提供全方位的保护，是消费者放心消费的坚强后盾。

在综合辅助保护原则下，消费者的自我保护意识不可或缺。消费者应当具备理性消费意识，在处理纠纷时应当理性维权。消费者自我保护意识的提升是其维护自身利益的首要保障，具体而言，自我保护意识应当包含自我控制和自我选择两方面的内容。自我控制指消费者应当加强网络技术知识的积累，适当运用网络软件技术手段对网络环境进行清扫，确保个人信息及账户的安全。自我选择要求消费者知悉经营者的经营策略和营销陷阱，防止自己被蒙蔽而受到欺诈，能够实现自主选择。另外在产生纠纷时，消费者应当采取理性维权的方式，在不激化矛盾的前提下，妥善处理纠纷，达到预定目标。综合辅助保护原则构建了行业自律、政府管理和消费者自我保护三位一体的保护模式。如果能够切实贯彻这一原则，将会极大地促进电子商务的发展和对网络消费者权益的保护。

知识拓展

消费者权益保护的起源

消费者权益保护起源于消费者运动，消费者协会是消费者权益保护组织的先驱。1891年，世界上第一个旨在保护消费者利益的组织"纽约消费者协会"成立；1898年，美国成立了世界上第一个全球性消费者联盟。在20世纪60年代，消费者保护运动进入蓬勃发展时期。1960年，由美国、英国、荷兰、比利时、澳大利亚5国消费者组织发起，成立了国际消费者联盟组织（简称IOCU），它是一个独立的、非营利的、非政治性的组织，其宗旨是：在全世界范围内做好消费者权益的一系列保护工作，包括收集和传播消费者权益保护的情报资料，开展消费者教育，促进国际合作交流，组织有关消费者权益问题的国际研讨，援助不发达地区的消费者组织开展工作，在国际机构代表消费者说话等。该组织的成立标志着消费者保护运动已成为世界性的潮流。

1962年3月5日，美国前总统约翰·肯尼迪发表了《关于保护消费者利益的总统特别咨文》，首次提出消费者的"四项权利"，即消费者有权获得安全保障，有权获得正确资料，有权自由选择，有权提出消费意见。自此以后，"四项权利"逐渐为世界各国消费者组织所公认，并作为最基本的工作目标。1969年，尼克松总统又补充了索取赔偿的权利。为了促进各个国家和地区的消费者组织之间的合作与交往，在国际范围内更好地保护消费者权益，1983

年,国际消费者联盟组织确定每年的3月15日为"国际消费者权益日"。

自此之后,许多发达国家制定了保护消费者权益的基本法,并与各种保护消费者权益的具体法律制度相配套,形成了比较完善的消费者保护制度和法律体系。消费者权益的保护范围不仅涉及消费者的人身健康与安全,还涉及消费交易的公平、消费环境的改善等各个方面。而且,厂商等其他市场主体也逐步树立了维护消费者权益的意识,成立了一些专门方便消费者投诉、向消费者组织提供援助的机构,形成了全社会共同维护消费者权益的局面。社会发展到今天,消费者权益保护立法的状况已成为衡量一个国家社会文明发展程度和法制建设完善程度的重要标志;保护消费者权益的相关制度与规范的建设,已成为各国社会经济政策的重要组成部分。

国外消费者权益保护

1. 健全的法律体系

美国、加拿大、日本有关保护消费者权益的单项法律法规很多。比如,加拿大涉及消费者权益保护的法律有消费者保护法、商业行为法、预付费服务法、机动车辆修理法、贷款担保法、消费者报告法、墓地管理法等几十部,从最初的质量、计量、价格、安全、卫生等领域,扩展到现在的信用卡、利率、环境保护等新的领域。又比如,美国的消费者保护法律制度建立较早且比较完善。美国没有消费者保护基本法,众多单项的成文法和长期积累的大量判例构成了美国消费者保护立法体系。同时,法案一经颁布,政府每年都要检查执行情况,以确保立法真正起到保护消费者权益的作用。又如,日本消费者立法比较先进,2004年将《消费者保护基本法》名称改为《消费者基本法》,从"保护"转为"帮助其自立",从保护弱者的立场转变为"照顾到消费者的年龄和特性",从根本方针上进行了大的改变。

2. 注重宣传教育

美国保护消费者权益的政府执法机构、消费者自发成立的保护消费者权益的民间组织、企业保护消费者权益的自律机构几乎都办报纸、刊物和网站等,报纸等大多都是免费赠送给消费者的。加利福尼亚州消费者事务部的网站每月被单击300万次,此事务部每月分发上千册印刷品。美国消费者联盟的《消费者报告》杂志,在美国的发行量为400万份,这本杂志不刊登商业广告,不为任何公司做宣传,在读者中享有很高的知名度。

3. 注重产品抽查和实验

设在旧金山的美国消费产品安全委员会的工作人员有数十人,每年要在市场直接抽查几千种产品,约占该委员会管辖的消费产品总数的1/4以上,全年通常要处理几百起抽查及投诉的案件。案件的处理均以试验室检测的数据为依据，案件处理的公正性、科学性及可靠性很强。美国消费者联盟拥有50个属于自己的试验室专门用于比较试验，然后通过杂志、专刊及网络向广大消费者发布试验结果，并使之成为消费者教育的重要内容。日本比较试验中心成立于1974年，1980年在神奈川县的相模原市建立了商品比较试验基地和培训中心。商品比较试验基地有三栋试验大楼，分别有被服试验室、食品试验室、环境室、住宅室、燃烧性测试室、家电的爆炸试验室、汽车和自行车的试验室等。开展的试验主要包括个案试验、批量个案试验、比较试验和委托试验。每个商品比较试验从立项、检测到结果公布的周期约为半年，每个商品比较试验中比较的商品品牌不能少于5种。

4. 强化受理投诉工作，处罚力度大

加拿大安大略省人口比较多，加拿大有三千多万人口，其中安大略省有一千多万人口，其省会城市多伦多有约550万人口，相对其他城市的投诉、咨询更多，消费者事务保护部负责投诉、咨询的有13人，每年处理投诉7.6万件，每天接听咨询、投诉电话1800余次，业务量比较大。加拿大为加重对侵害消费者权益行为的处罚，1996年对《竞争法》的有关内容进行修改，其中对虚假广告、误导广告的民事责任修改为刑事责任，加重了对这类行为的处罚。法律赋予的职责使加拿大安大略省消费者保护部的权力非常大，比如企业若侵害了消费者权益，经调解不成，消费者可直接将企业告上法庭；根据北美贸易协定规定，若欺诈消费者的行为涉及其他国家的，消费者保护部同警察一样有跨国调查的权力。

三、加强跨境电商消费者权益保护的对策建议

（一）完善我国现有的消费者权益保护法律制度

我国的《消费者权益保护法》虽然为电子商务领域的消费者权益保护提供了基本的法律规则，但尚有不足之处，不能完全适应电子商务，尤其是跨境电商迅速发展的现实。政府制定的法律框架应着眼于保护消费者免受欺诈销售之苦、保护个人隐私、鼓励曝光、支持商业交易和促进解决纠纷。具体措施有：1. 明确消费者的权利和经营者的义务。2. 确定跨境电商运行模式和规范。这样可以使整个交易流程规范化、简易化，减少不必要的中间环节，让消费者能清晰明了地掌握物品的资金和流向。3. 建立市场准入机制。在鼓励电子商务发展的前提下，以立法的形式规范电子商务行为，明确电子商务网站的市场准入资格、市场经营行为、组成方式等，使电子商务网站具备"经营主体资格"，符合《消费者权益保护法》中的被投诉对象的条件。4. 明

确电子支付细则。在我国电子商务领域的立法，尤其在电子支付方面的立法，还存在很大的空白地带。通过细化电子支付立法，保障消费者电子支付的合法性和安全性。5. 提高互联网披露信息的真实性和完整性。充分借鉴发达国家管理互联网信息的先进立法经验，禁止虚假网络广告，对电子商务信息披露的范围、披露方式、责任人做出明确的要求，确保提供给消费者的是对称的、清晰的、全面的交易条件。6. 限制不公平的格式合同、霸王条款，给消费者创造公平的交易环境。

（二）构建跨境电商信用体系，加强对网上交易的监督

如今各国之间的贸易往来不仅是依靠价格的竞争，更多的是以服务和商品质量为核心的竞争。因此，企业应注重提升商品的服务和质量来增加信用度，树立质量意识和品牌意识，提升国际竞争力，规范行业标准，降低跨境电商贸易风险。

此外，我国要严格调查贸易对象的资信情况，这是规避贸易风险的前提条件。我国要加强对跨境电商平台商家的审查和监督。资信调查的内容包括企业的注册情况、企业资产信用的真实性、企业的履约能力及信誉度等。建立跨境电商平台消费者投诉中心，同时赋予消费者监督投诉权。平台对投诉数据进行统计，定期将投诉数量靠前的卖家店铺名称公布在购买网页和卖家论坛中，为消费者的购买决定提供借鉴，也可促使平台更有针对性地进行内部监督。同时，行政管理部门对经营者的投诉反馈也记录在此数据库中，将失信的交易方纳入信用黑名单中，限制其跨境交易范围。

（三）完善安全保护措施和机制

网上交易安全是消费者普遍关心的热点问题。消费者往往希望能简单、快捷地完成交易，但又担心自己的经济利益因操作不当或"黑客"入侵而遭受损失。因此我们必须采取行之有效的措施发现交易系统隐患，防范"黑客"的侵入；要逐步建立健全以信息安全、网络安全为目标，加密技术、认证技术为核心，保障电子交易制度安全为基础的，具有自主知识产权的跨境电商安全保障体系；要建立一个专门的、全球性的认证体系，权威、公正地开展跨境电商认证工作，确认从事跨境电商活动的企业的身份的合法性、真实性和准确性。在跨境电商中，采用一定的加密技术和措施，确认交易用户的身份和授权，可以保证数据传输的真实性和保密性。考虑到跨境电商已经打破了传统的地域限制，成为国际贸易的手段，我们必须注意建立的核心密码技术标准应与国际标准兼容，且其必须经过国家密码管理机关审核和批准方可使用。

(四) 增强消费者的自我保护意识，提高防范能力

与现实交易相比，网上交易具有难以用行政手段控制的特点，因此网上交易安全更需要社会力量的参与。各级相关部门要注重加强对消费者的教育，增强消费者的自我保护意识，提高消费者的防范能力。各地工商行政管理局和中国消费者协会等相关单位，要善于充分利用各种媒体和舆论工具来普及消费者权益保护知识，不定期地发布所抽查商家及其商品的质量公告。通过宣传教育，使广大消费者充分掌握消费维权、投诉、仲裁和诉讼等方面的基本程序和相关的基本知识，切实增强消费者的维权意识，提高消费者的自我保护能力。消费者除接受教育外，还应加强自身保护意识，不断提高电子商务技能，建议消费者经常浏览中国电子商务诚信评价中心网站，了解商家的信誉状况。在电子支付时，选择具有第三方支付服务和履约保障服务的平台，并按正规流程付款。

第三节 跨境电商中的知识产权保护

一、知识产权的概念

知识产权又称智力成果权，是指公民或法人凭着通过自己的劳动而取得的创造性的智力成果依法享有的权利。包括：关于文学艺术和科学作品的权利；关于表演艺术家演出、录音和广播的权利；关于人们在一切领域的发明权利；关于科学发现的权利；关于外观设计的权利；关于商标、服务标记、厂商名称和标记的权利；关于制止不正当竞争的权利以及在工业、科学、文学和艺术领域里一切其他来自智力创作活动所产生的权利。

二、知识产权的特征

（一）专有性

知识产权的专有性表现在两方面：一方面是独占性，即知识产权为权利人所独占，权利人垄断这种专有权利并受到严格保护，没有法律规定或未经权利人许可，任何人不得使用权利人的知识产品；另一方面是排他性，即对同一项知识产品，不允许有两个或两个以上的同一属性的知识产权并存。

（二）地域性

知识产权的地域性即知识产权只在所确认和被保护的地域内有效；即除

一国和其他国签有国际公约或双边互惠协定外，经一国法律所保护的某项权利只在该国范围内发生法律效力。所以知识产权既具有地域性，在一定条件下又具有国际性。

（三）时间性

知识产权的时间性即知识产权只在规定期限内被保护。法律对各项权利的保护，都规定有一定的有效期，各国法律规定的保护期限的长短可能一致，也可能不完全相同，只有某知识产权或权利加入国际协定或进行国际申请时，各国才对其有统一的保护期限。

三、跨境电商侵权的表现形式

（一）侵犯商标权

商标侵权是跨境电商经营活动中最为显著的问题，主要包括以下几种情况：未经权利人许可而在相同或相似商品上使用与其相同或近似的商标、非法销售侵犯注册商标专用权的商品、伪造或擅自制造他人注册的商标标识、为侵权商品提供生产加工及仓储运输等便利条件的行为、混淆行为或虚假宣传等不正当竞争行为。从具体形态上看，既存在电商平台上屡禁不止的制假、售假问题，也有第三方卖家使用侵权商标、售卖侵权商品等行为。随着跨境电商的稳步发展和竞争升级，商标侵权行为的表现类型愈加多样化、综合化、新颖化，这也给商标权保护带来了一定程度的困难。

（二）侵犯著作权

在跨境电商经营活动中，侵犯著作权的行为主要表现如：商家未经版权人许可，利用盗版的文字、音乐、视频等进行相关宣传，以牟取不法利益，由此引发了诸如网络服务商侵权行为责任承担、第三方平台责任分担等法律问题。在跨境电商著作权领域，"盗图"是最典型的侵权行为，即卖方未经允许，擅自使用他人享有著作权的文案、照片、视频等智力成果，或售卖货物中包含他人享有版权的作品，使真正的权利人的利益受到损失。网络上充斥着各种电子化数据，如风趣调皮的图案、耐人寻味的文案、令人心醉的视频，跨境电商活动经常要利用这些享有著作权的作品，侵权行为人往往为了一己之利，通过下载、电子公告、电子邮件等不法方式，非法使用这些享有著作权的电子作品进行盈利，赫然侵犯著作权人的网络传播权和其他相关权利，对权利人利益造成难以估量的损害。

（三）侵犯专利权或假冒专利

在跨境电商领域，未经许可而以生产经营为目的，实施侵犯他人受保护专利的违法行为即为专利侵权。与著作侵权和商标侵权的易判断性不同，专利侵权具有很强的专业性和地域性，仅凭第三方平台所掌握的产品信息，很难对相关权属做出判断，专利权保护在可操作性和责任划分上具有相当难度。

四、跨境电商和知识产权的立法现状

在国际上，联合国国际贸易法委员会制定了《电子资金传输法》《统一电子签名规则》《电子商务示范法》等，2005 年，联合国国际贸易法委员会通过了《联合国国际合同使用电子通信公约》，欧盟和美国在 1997 年分别提出了《关于电子商务的欧洲建议》和《全球电子商务框架》，世贸组织在 1998 年提出了《关于全球电子商务的宣言》并在当年正式启动了全面研究电子商务法律问题的项目。世界知识产权组织在 1996 年通过了《WIPO 版权条约》和《WIPO 表演和录音制品条约》，这两项版权立法具有十分重要的历史意义，并且说明了全球电子商务中的知识产权保护已经成为国际贸易与知识产权法律中的重要内容并且在全球社会得到了普遍的重视。

国内电子商务是一种新型的商务活动，传统的民商事法律在相应的法律保护层面具有明显的滞后性和局限性，但是也有一些法律的出台让这种状况得到了很大的改善。《电子签名法》是我国关于电子商务方面比较有针对性的一部法律，最高法出台的一系列相关解释也涉及较多知识产权问题。但是这些法律从整体上把握，显得过于笼统，在具体的实务中缺乏实操性。

知识产权方面的法律在我国主要是以单行法的方式出台的，例如，《中华人民共和国著作权法》《中华人民共和国商标法》《中华人民共和国专利法》《信息网络传播权保护条例》等。从整体来看，整个知识产权的保护体系还不是很健全，主要原因是目前的法律体系缺少统一的知识产权基本法统摄，过于注重具体保护，在结构上就会显得很不完备，法律部门之间就会缺乏协调性。

五、跨境电商中的知识产权纠纷特点

（一）知识产权纠纷案件在数量上呈逐年上升态势，且主要集中在经济发达地区

近年来，人民法院审理的包括跨境电商的知识产权纠纷案件呈逐年上升态势，电子商务平台统计的数据也表明电子商务的知识产权纠纷存在该特点。仅 2017 年，知识产权权属、侵权纠纷案件便多达 22 683 件。

此外，从纠纷产生及案件管辖的区域分布来看，电子商务知识产权纠纷案件主要集中在东部沿海以及内陆经济发达省、市，这主要是由于被告住所地或者侵权行为地为此类案件的主要管辖依据,而目前国内从事电子商务的经营者大多集中在北京、上海、长江三角洲、珠江三角洲等经济较为发达和活跃的地区。因此,北京市、浙江省、上海市、广东省、江苏省等地的人民法院受理此类案件较多。

(二)大部分纠纷案件为侵犯著作权、注册商标专用权纠纷案件

在电子商务案件的知识产权侵权纠纷中,侵犯注册商标专用权纠纷案件和侵犯著作权纠纷案件各占据四成左右,侵犯专利权纠纷案件占不到一成,不正当竞争纠纷案件占大概一成。由此可见,大多数的案件类型为侵犯著作权、注册商标专用权纠纷,二者的比例大致相当,而侵犯专利权、其他知识产权类型的纠纷较少。

(三)涉案标的额普遍不高,但社会影响较大

案件的标的额大多在几十万元以内,几万元的案件比例较高。然而,虽然涉案标的额普遍不高,但此类案件引发了较为广泛的关注。关注的原因主要有几个方面:一是电子商务为迅猛发展的新生事物,面临着众多法律空白,案件的处理引发了诸多探讨;二是对于众多的权利人来说,许多案件为"试水"性质的诉讼,诉讼的矛头直指第三方电子商务平台,一旦针对第三方电子商务平台的诉讼成功,那么对于其他权利人而言无疑具有重大的示范效应,维权的成本将大大降低,而收益将大大增加;三是对于寸土必争的电子商务行业而言,其担心法院在个案中对其加重责任,会引发潜在的维权诉讼的爆发,从而危及行业的发展和生存;四是这些案件的审理结果在国际上引起了较大的反响。

(四)跨境第三方电子商务平台难脱干系

由于跨境电商业务的开展总是依托于互联网上的电子商务应用——各种跨境电商平台来进行的,因此跨境电商知识产权纠纷案件中所反映出来的最突出问题是跨境电商平台的法律责任方面的问题,也就是平台商对于发生在其平台上的知识产权纠纷,是否具有主观过错、是否构成侵权、是否应当承担损害赔偿责任的问题等。

知识拓展

中国海关知识产权保护典型案例

案例一　上海、南京、广州、北京、拱北等海关开展中美联合执法行动

打击跨国销售侵权货物专案

根据海关总署与美国海关和边境保护局（CBP）及美国移民与海关执法局（ICE）签署的知识产权执法合作文件，2016年3月和4月，中国海关会同美国海关联合开展两次各为期1个月的知识产权专项执法行动。

行动期间，全国海关共查获输往美国的侵权货物200余万件。其中，上海海关查获寄往美国的侵犯"NBA"商标专用权的球帽一批。该关在海关总署的安排下开展了中美跨境执法协作，及时深挖线索、固定证据并第一时间将上述案件信息经由海关总署通报给美国移民与海关执法局（ICE），美方根据中国海关提供的线索成功侦破了美国境内的销售侵权货物案件，对其国内犯罪嫌疑人采取了刑事强制措施。

南京海关查获寄往美国的侵犯"OAKLEY"商标专用权的眼镜6,302副、侵犯"RAY.BAN"商标专用权的眼镜43副，案值约126万元。南京海关将案件相关线索及时通报江苏省公安厅，公安部门根据线索抓获一名犯罪嫌疑人。

广州海关查获寄往美国的侵犯"NFL""RE""NBA""ADIDAS""REEBOK"商标专用权的球衣、球帽一批。案件查办后，该关深挖线索，运用风险分析下达预定式布控指令，连续查获5批假冒运动服装共计225件。

案例二 黄埔、天津、杭州、宁波、广州海关联合查办进口假冒商标汽车润滑油专案

2016年5月，海关总署通过与公安部合作，从一起通过国内某电商平台销售假冒汽车润滑油案件中，敏锐发现相关侵权线索。由于案件发生在进口环节，涉案货物通过跨境电商平台销售且危及国内消费者生命财产安全，海关总署高度重视，与公安部商定对案件进行联合督办，并召集杭州、宁波、广州、黄埔、天津海关组成专案组，部署开展打击进口假冒润滑油专项行动。

行动中，5个海关严密监控来自重点国家的进口润滑油数据，积极开展风险防控，先后采取保护措施20次，查获并向公安机关通报案件6宗，查扣假冒汽车润滑油80余吨，货值人民币950余万元。黄埔、天津海关发挥传统海运口岸海关在风险查控方面的优势，对海量进口电子数据进行分析过滤，从中捕捉疑点，研究假货报关规律，不断缩小布控范围，在确保合法贸易正常通关的前提下，对进口假冒润滑油实施精准打击。行动期间，黄埔海关分别在黄埔新港和东莞沙田口岸查获3批进口假冒汽车润滑油31.7吨；天津海关分别在天津新港和东疆口岸查获3批进口假冒汽车润滑油38.1吨。专项行动所查扣的润滑油均系假冒"壳牌""美孚""嘉实多"等知名品牌商品。

黄埔、天津两关继续深挖扩线，及时固定证据，并向公安机关通报海关

新掌握的案件线索，扩大了战果，推动了广西防城港市和天津市两地公安机关加入了打击进口假冒润滑油专案，取得积极成效。公安机关在海关的支持配合下，捣毁境内仓储窝点5个，抓捕犯罪嫌疑人11人，查扣假冒润滑油11万桶。

案例三 深圳、宁波、天津、黄埔、上海、杭州、青岛、南京海关查办出口侵犯专利权电动平衡车专案

2016年11月15日至12月31日，海关总署为深入推进中国制造海外形象维护"清风"行动，支持我国知识产权优势企业"走出去"，组织天津、上海、南京、杭州、宁波、青岛、深圳和黄埔海关，开展针对出口电动平衡车专利权保护专项行动。

行动期间，相关海关共计查获涉嫌侵犯专利权电动平衡车案件28起，查扣侵权电动平衡车12,766台，价值人民币约1,300万元。有效遏制了平衡车行业面临的侵权和无序竞争情况，规范了行业秩序，保护了国内平衡车生产企业的合法权益。

相关海关强化信息沟通，联动查控，形成严密的防护网。为了形成打击合力，天津、宁波、深圳、青岛等海关通过跨区域海关执法协作，加强对平衡车产业集中的江浙地区的协同监控，在违法分子逃避华东、华南片区海关打击、北上转移的情况下，有效遏制侵权违法行为口岸漂移。

在打击出口环节侵权违法行为的同时，相关海关积极开展行业调研，针对电动平衡车行业侵权乱象，通过推进成立行业协会、加强行业自律、制定技术标准、提起民事诉讼等形式，积极引导权利人开展维权，为自主知识产权企业的健康、持续发展提供支持与保障。

六、跨境电商中的知识产权保护政策

（一）加快跨境电商领域知识产权保护立法

如何强化跨境电商领域的知识产权保护，是我国立法推行、司法实践和政府事务中亟待解决的重大问题。虽然国务院于2013年出台了《关于实施支持跨境电商零售出口有关政策的意见》，但对法律规范和各项政策的解读仍存在一定程度的延迟，且滞后于新形势下出现的知识产权风险，造成了跨境电商行业在发展过程中仍然存有法律真空的局面。因此，在建立跨境电商知识产权保护体系时，首要任务是加强立法、强化监管，对现有法律法规进行修改与整合。同时借鉴国外的先进理论和成熟经验，融合自身情况不断创新，提高国际竞争力，推进互联网环境的改善，督促行业良性发展。此外，鼓励跨境电商行业协会制定知识产权保护自律规范和信用机制，推动行业协会加

强自身监管制度建设,通过建立诸如跨境电商认证中心、信用评价体系等,打击销售假冒伪劣产品等侵犯知识产权的行为,建立健全跨境电商知识产权保护制度。

(二) 提升政府监管强度,加大对跨境电商侵权行为的惩处力度

在跨境电商行业关于知识产权管理方面,存在政府主管部门众多、管理分散、执法交叉等现象,造成知识产权管理体系混乱、执法效率偏低。为提升监管效能,厘清对跨境电商知识产权进行保护的管理体制,我们一方面要尽快出台跨境电商知识产权保护的执法程序,明确执法监管主体,加强部门之间的协调和联动,规范侵权责任判定和纠纷解决流程,降低执法难度和执法风险;另一方面,要积极探索建立跨境电商知识产权保护事前审查、事中监控、事后处理等一系列风险控制和稽查制度,完善前期信息收集工作和后续稽查监管制度,加强对跨境贸易电子商务行业的知识产权审查与监督。如2015年5月,在浙江省打击侵犯知识产权和制售假冒伪劣商品工作领导小组办公室(以下简称"双打办")牵头与阿里巴巴共同发起的"云剑行动"专项打假活动中,阿里巴巴利用大数据分析,为浙江省经侦总队推送线索385条,立案169起,破案164起,抓捕犯罪嫌疑人300名,捣毁窝点244个(其中46个生产窝点),现场查获商品价值4.01亿,涉案总价值达8.16亿。通过平台大数据预先审查分析,能够有效地阻止和打击各类知识产权侵权行为,尤其是侵犯他人商标权的网络售假行为。

此外,关于跨境电商运营过程中的知识产权侵权问题,要进一步加强执法力度和惩责手段,建立联合信用惩戒机制和信息公开制度,提高侵犯知识产权的违法犯罪成本,实现一体化的综合保护手段,促进我国跨境电商活动进入良性发展模式。

(三) 用大数据思维监控海量商品信息的知识产权合法性

跨境电商经营者,尤其是大型综合平台服务商,可以自己开发系统软件,用大数据的思维筛选、抓取涉嫌侵犯知识产权的商品或者卖家信息,抑或引入知识产权服务商对其网络平台上的海量商品知识产权信息进行自我审查,并适时向相关卖家发出侵权相关的提示信息、改进措施、扣分制度。对于确认侵权并拒不改正的卖家给予断链处罚,以警示和维护平台产品的正品信息形象。同时建立宽严适度的商品信息准入制度。

(四) 树立企业知识产权保护意识,强化品牌价值

目前,我国跨境电商企业主要以中小企业为主,多数企业没有建立专门的知识产权管理部门或知识产权管理岗位,知识产权意识不强,知识产权管理水平尚需进一步提升。因此，除了完善立法制度、强化执法规则之外，还必须转变企业的知识产权观念，加强知识产权法律意识和道德修养的培育工作，组织相关专题教育，开展系列活动，推进树立电商行业知识产权保护文明公约。这不仅要求企业提高自身法律素养，杜绝侥幸心理，减少因各种技术手段的不当运用造成对知识产权的侵权；还要求企业加大知识产权战略投入，加强自主研发与知识产权布局，做好自身产权池积累沉淀，提高企业的知识产权保护水平和管理能力。站在长远发展的角度，企业还应注重自身品牌的打造和维护，一方面规避侵犯他人权利，另一方面积极捍卫自身利益，避免品牌遭受侵权。

（五）开展国际领域知识产权保护协调工作

跨境电商是基于互联网的发展，应运而生的一种现代交易方式，电子商务的出现对传统知识产权保护提出了新的挑战。互联网的基本要求是自由和开放，电子商务中传统边界的概念越来越模糊。保护知识产权日益依赖国际公约、多边协议、双边协议等。关于保护跨境电商中的知识产权的国际立法仍处于起步阶段，发达国家和发展中国家之间在保护知识产权方面存在显著差异，这对知识产权保护带来很大困难。因此，国际之间应该联系自身实情和法律制度等要素，加强对跨境电商的协作管理和制度建设，推动全球知识产权一体化保护。

我国商务、海关、金融等部门要加强与海外国家及国际组织推进跨境电商知识产权保护的研究，探讨国际条约或多边/双边协定中关于跨境电商中知识产权保护的实体内容，完善跨境电商国际合作制度，要充分利用 WTO 等规则，指导国内企业解决跨境电商贸易争端，建立跨境电商领域中知识产权国际纠纷的处理机制。

第四节 跨境电商中的争议解决机制

随着跨境电商贸易往来的日益增多，与之相关的争议也在急剧上升。这些争议一般以合同争议为主，主要包括以下几种类型：卖方不交货的争议；卖方延迟交货的争议；卖方虚假发货的争议；卖方所交付的商品存在质量问题的争议；卖方所描述的商品信息存在虚假成分的争议等。由于跨境电商不同于以往的国际贸易，又不同于普通国内消费者买卖，它对于买卖双方而言是一种更为新颖的买卖模式，具有国际性和复杂性的特点。当产生这些争议时，采用传统的国际商事争议解决方式常常会带来耗时长、效率低、成本高的问题，这严重阻碍了跨境电商的进一步发展。因此，构建全球跨境电商交易网上争议解决体系已经势在必行。

一、跨境电商网上争议解决

网上争议解决是指通过使用信息和通信技术（尤其是互联网技术）进行和协助争议解决程序的一种跨境争议解决方法。传统的争议解决机制包括通过法院提起诉讼、调解、仲裁等，不适合处理这类小额、量大的跨境电商争议，不能直接用来切合实际地处理许多低值交易，包括企业与企业间的交易和企业与消费者间的交易所产生的争议。网上争议解决与传统争议解决方式相比，在解决消费者跨境电商争议上具有独特的优势。首先，通过对信息技术的运用，跨境当事人无须进行面对面接触，使得争议解决成本大大缩减。其次，对先进技术的运用使得信息传递更加快速便捷，争议解决的效率得到了极大的提升。同时，由于跨境电子交易当事人对网络技术比较熟悉，通过网络解决争议时在技术上也会比较自如。因此，网上跨境电商争议解决方式深受跨境交易当事人的喜爱。

二、网上争议解决的现有模式

（一）网上协商

双方当事人通过网上协商解决争议是一种最常见的网上纠纷解决方式，它最显著的特点是快捷高效。网上协商能够为多数交易额小、争议不大的电子商务争议提供很好的纠纷解决方式。争议的最终处理结果往往都是双方当事人协商的产物，它们无须第三方参与解决。这种网上协商方式被称为"自行协商"，协商的通道都是由双方当事人自行建立的。然而在实践中，网上协商并未得到交易双方当事人的重视，主要是因为交易双方缺乏正常的协商渠道，尤其是缺乏解决纠纷的协商通道。

（二）网上调解与网上仲裁

调解是指当事人请求一名或多名第三人（调解人）协助他们设法友好解决他们由于合同引起的或与合同相关的其他的法律争议的过程。

网上调解是指交易双方当事人通过在线调解员的协助处理相应争议的过程。网上调解往往是通过调解员说服当事人接受自己提出的解决方案来处理纠纷，它的主要优点是快速、高效、灵活、简便。当事人可选择专门的网上调解平台解决纠纷，也可选择电商平台附设的调解平台解决纠纷。

仲裁一般是当事人根据他们之间订立的仲裁协议，自愿将其争议提交由非司法机构的仲裁员组成的仲裁庭进行裁判,并受该裁判约束的一种制度。仲裁活动和法院的审判活动一样,关乎当事人的实体权益,是解决民事争议的方式之一。

网上仲裁是指仲裁协议的订立、仲裁程序的进行及仲裁裁决的作出均通过互联网进行。在仲裁过程中,当事人可以选择仲裁员和准据法。网上仲裁的主要难题是仲裁协议的有效性及仲裁裁决的执行问题。与网上调解类似,当事人可以选择专门的网上仲裁平台解决纠纷,如,中国国际经济贸易仲裁委员会(CIETAC)的网上争议解决平台;也可以选择电商平台附设的网上仲裁平台解决纠纷,如,天猫国际及京东国际附设的纠纷解决机制。

(三) 网上法庭

网上法庭也称在线法庭,是指主要在网上进行的法院诉讼程序。争议当事人可以通过电子通信技术完全实现诉讼目的。其中,在线法庭既包括在线诉讼程序也包括法院附设的在线替代性纠纷解决程序。在线法庭利用信息技术使得当事人可以完全通过在线方式进行交流,无须面对面进行接触。在线法庭的优势在于既保留了传统法庭的权威性又吸收了现代网上争议解决方式的效益性。这对当事人处理数量众多但争议额较小且证据不多的电子商务纠纷具有很强的吸引力。相比其他在线争议解决方式而言,在线法庭更容易获得公众及当事人的信赖。在线法庭中当事人可以获得一份强有力的判决书。在线法官比一般在线调解员更加具有威望,甚至在线法官更具有专业优势进行在线诉前调解,因为当事人更加信赖具有充分权威性(中立性与独立性)的法院及法官。

(四) 投诉处理模式与信誉标记模式

投诉处理机制和信誉标记属于常用正规解决办法之外的模式。投诉处理是一种无第三方干预的便于对消费者投诉进行谈判的程序。现有的投诉处理模式的范例来自欧洲消费者中心网和国际消费者资讯网等。

电子商务中的信誉标记通常是指网站上显示的一种形象、标识或印章,用于标识网上商家的可信度。目前还有全球信誉标记联盟和亚太信誉标记联盟等组织,其目的是进一步促进并加强全球信誉标记系统。

三、跨境电商争议解决机制构建

近年来,我国已成为全球跨境电商增速比较快的国家之一。跨境电商在重塑进出口贸易模式、优化要素配置、扩大国际贸易空间、加速国际贸易走向无国界贸易等方面发挥着越来越重要的作用。然而,在其迅猛发展的同时,虚假宣传、销售假冒伪劣商品、侵犯知识产权、非法交易等行为时有发生,被众多海外消费者投诉。据 eBay 统计，中国卖家每完成 100 个跨国交易，平均接到 5.8 个投诉，远高于全球平均水平 2.5。如何建立完善的跨境电商争议解决机制，更快捷、更公正、更经济、更有效地解决跨境电商中的纠纷，成为一个亟待解决的问题。

西方发达国家的跨境电商发展较早，其对构建跨境电商交易网络争议解决体系的尝试也较早，如美洲国家组织建立的跨境交易区域性网上争议解决体系，这对当前我国构建该体系的整体框架设计有一定的借鉴意义。由于该体系的建立需要解决很多全球性问题，单纯一个国家、一个地区是无法完成这一任务的，更适合由全球性国际组织来具体负责相关创设工作，目前该体系的整体框架模式的设计均基于联合国国际贸易法委员会制定的相关法律标准。争议解决机制要有效、能够解决全球性问题，需要十分严密的组织框架，能够通过集中管理来满足各国的多元需求。全球性网上争议解决体系应采用设计中心结构和分支结构的模式，全球在此问题上基本达成了共识，即由参与国委派代表组成专门的管理委员会，完成中心管理结构的创设，由该机构制定相关规则，并由秘书处负责执行，各参与国应分别设立分支机构，辅助秘书处完成上述工作。但是各国在很多细节问题上还存在很大的争议，如网上争议解决平台的设立，是设立全球统一的网上争议解决平台，还是设立多个平台同时运行，前者的优点在于便于管理，所提供的服务水平相同，后者能够为争议方提供多种选择，有利于提高服务水平。在初创阶段，建议将现有争议解决结构纳入争议解决体系中，以便尽快完成该体系的构建。

（一）设置目标

从本质上说，跨境电商纠纷解决机制是跨境电商交易的衍生服务，与物流服务、支付服务等相同。因此，建立适用于跨境电商的纠纷解决机制旨在优化跨境电商的经营环境，充分保障消费者的权利，完善跨境电商的服务网络和服务体系，预防和减少因互联网跨境交易而引发的纠纷。新的纠纷解决机制必须整合协商、调解、仲裁等多元化的纠纷解决方式和途径，为企业、平台以及消费者提供全方位的纠纷解决服务。

（二）优选路径：网上替代性纠纷解决

作为传统国际贸易的新发展模式，跨境电商不同于传统贸易的特征导致了传统国际贸易法规则不能完全引导和规制跨境电商中的国际贸易行为。客户的分散化直接导致的问题是商家有可能会随时面临来自全世界各国的诉讼，通过司法机制解决跨境电商纠纷的高成本令人望而生畏，且存在着诸多规则障碍。

正因为通过司法途径解决跨境电商争议存在很多困难，各国都偏向于将协商、谈判、调解和仲裁、模拟法庭等替代性纠纷解决方式作为解决跨境电商争议的主要方式。

是否将信息技术引入替代性纠纷解决是一个争论不休的话题。传统方认为替代性纠纷解决主要依靠双方的充分沟通以及第三方的中间斡旋，而仅仅依靠信息技术无法达到传统替代性纠纷解决方式的优势且无法达到定纷止争的结果。事实上，信息技术在提高纠纷解决效率、获得争议各方的信任方面都有着积极的作用。

信息技术通过一系列的信息保存和处理技术可以将在跨境电商交易中的所有基本交易信息进行长时间保存，因而，基于对电子信息技术的肯定和信任，双方对于电子证据将较少提出异议，这也将促成纠纷的快速解决。此外，信息技术在纠纷解决中扮演着类似独立第四方的角色，可以缓和争议各方的对立情绪，帮助双方更快更高效地解决纠纷。

从信息技术与替代性纠纷解决相结合的实践来看，有两个较为成功的案例。一是 eBay 的内部调解系统，其在广泛调研和精密设计的基础上，利用信息技术快速对当事人提交的纠纷类型进行分类，并针对不同的类别提出不同的自动解决方案，这些自动解决方案往往在实践中已经被大多数当事人所认同。二是美国 Cybersettle 争议解决网站。该网站主要通过信息技术设计某种背对背调解程序，在责权明晰仅仅索赔数额有争议的案件中鼓励双方当事人给出心理报价，只要双方报价方案的差距小于特定的范围或一定的数额，调解结果就是系统自动给出的中间价。

因此，将这一替代性解决方式通过网络信息技术在网上直接进行，即网上争议解决机制，不但能够与跨境电商的网上交易无缝对接，而且也加快了解决争议的进程，同时更好地保护了中小企业和普通消费者的利益，不至于让他们在国际诉讼中花费更多的时间和金钱。

（三）构成要素分析

在争议解决机制中引入网络技术不仅涉及技术问题，更涉及实质性的法律问题。建立网上争议解决机制的要素包括争议解决平台建设、私人执行机制、实体法适用、仲裁协议有效性等方面。

1. 平台要素：与第三方争议解决平台的合作

跨境电商纠纷解决机制从本质上仍然是法律体系下的纠纷解决机制，应当遵循法律的一般原则，即正当程序原则，因而跨境电商平台与纠纷解决平台或者机构应当是什么样的关系也成为跨境电商纠纷解决机制设立中的一个重要问题。

跨境电商纠纷解决机制与跨境电商平台在国际上一般有两种模式。一种是跨境电商平台与纠纷解决平台合二为一的模式。最有名的就是 eBay 模式。eBay 拥有自己的内部纠纷解决系统，用来解决买卖双方之间发生的纠纷，其处理方式是为双方提供在线谈判程序，通过互相交流沟通解决分歧。但 eBay 的内部纠纷解决系统并不是完全的可复制，因为对于中小型的跨境电商平台而言，要建立起完善的内部纠纷解决机制并拥有专业的纠纷解决调查小组和办案人员并非易事。

因此，国际上的另一种模式为跨境电商平台与纠纷解决平台相互独立的模式，如 SquareTrade 以及 Modria 纠纷解决平台。在 eBay 发展初期，其还未具备条件时，一直由 SquareTrade 帮助其解决电子商务纠纷。

综上所述，跨境电商争议解决平台可以按需要区分为内部争议解决平台和独立第三方争议解决平台。首先通过内部争议解决平台提供买卖双方友好协商的环境，为快速解决争议提供便利。在协商、谈判无法达成有效协议时，则可以通过与独立第三方争议解决平台的合作，由买卖双方选定中立人进行网上调解或仲裁。网上争议解决平台可以是开放平台，如互联网网站、论坛，也可以是封闭平台，如内联网或内部电子文档管理系统，甚至可以借助于谈判软件等方式使得整个网上争议解决程序更加规范和高效。

2. 执行要素：信用评价机制为补充

网上仲裁可以根据《纽约公约》裁定，但网上协商、网上调解所达成的协议无法利用《纽约公约》的执行机制。切实可行的补充执行方式是通过包括跨境电商平台信用等级制度、网络评价制度、互相评分制度等私人执行方式，鼓励当事人服从争议解决结果，自觉履行仲裁裁决或调解协议。评价体系不但适用于跨境电商中的商家，同样也适用于买方，总体而言对商家更为关键。

目前，此类评价制度已广泛运用于各大网络购物平台，如淘宝、亚马逊等，但缺乏将平台信用评价体系与争议解决执行机制相联系的制度。私人执行方式看似"软法"机制，不能强制要求当事方对裁决、协议自觉执行，但商誉评价所具有的威慑力是任何网络商家所不敢忽视的。

3. 实体法要素：法律适用

争议解决过程中的法律适用问题是决定当事人权利义务关系的关键，也是买卖双方非常关注的问题。但鉴于各国有关电子贸易以及消费者法律的不同，适用一方当事人所在国的法律往往不被双方所接受。在国际法律实践中，进行网上仲裁、网上调解的双方当事人可以就争议应当适用的法律做出约定，同时也允许在争议中适用商人习惯法。

事实上在网上调解和网上仲裁程序中适用法律的一般原则或商人习惯法

是快速、高效、公平解决争议的良策。建议网上争议解决机制采用公平原则、行为守则、统一通用规则等商人习惯法规则作为实体法，从而避免在解释适用法规则时可能出现的复杂问题。

因为网上处理的绝大多数案件都可以在合同条款基础上裁决，诉诸复杂法律规则的必要性较小，因此，网上争议解决所需要的只是一套适用于基本事实的一般法律原则，这样就可以避免处理法律适用和管辖权问题。这一观点也被联合国贸法会所认同。

4. 有效性要素：关注各国消费者立法的不同

在网上仲裁方面，有些国家的国内法明令禁止争议发生前订立消费者仲裁协议。如何使网上仲裁规则既能有效地为参与跨境电商的消费者和商家提供权益保障，同时又不违反有些国家禁止争议发生前订立消费者仲裁协议的规定，成为需要探讨的问题。

联合国贸法会对该问题的提议是：以双轨制为基础拟订网上争议解决程序规则草案，其中一个轨道以仲裁结束，另一个轨道则不以仲裁结束，而是以中立人提出的不具约束力的"建议"结束。

双轨制的适用由买方自我确认并进行选择。双轨制的优点是：一方面使得网上仲裁在不违反他国国内法的前提下依然能够有效进行，发挥仲裁裁决约束力和终局性的特点，防止一方当事人违反网上协商或调解协议，单方面将争议再次提交至法院解决，起到定纷止争的作用；另一方面，双轨制的做法也尊重了交易双方的选择权，避免出现做出的仲裁裁决因为违反有关仲裁协议有效性的国内法规定，而无效或无法执行的情况。

天猫国际争议处理规范

第一章 总 则

第一条 为明确存在争议的交易款项归属或资金赔偿，保障天猫国际上买家和卖家在交易中的合法权益，依据《天猫国际服务条款规则》，制定本规范。

第二条 天猫国际争议处理规范，是买家和卖家不可撤销地授权天猫国际基于自己的判断、作为独立第三方，对买卖双方存在争议的交易款项归属或资金赔偿做出处理的基本程序与标准。

第三条 天猫国际将基于普通人的判断，根据本规范的规定对买卖双方的争议做出处理。天猫国际并非司法机关，对凭证/证据的鉴别能力及对争议的处理能力有限，天猫国际不保证争议处理结果符合买家和（或）卖家的期望，也不对依据本规范做出的争议处理结果承担任何责任。

第四条 处理争议期间，天猫国际通过天猫国际系统、阿里旺旺、电子邮件、短信或电话等方式向买卖双方发送的与争议处理相关的提示或通知，构成本规范的有效组成部分。

第五条 天猫国际有权随时变更本规范并在网站上予以公告。除非另有规定，变更后的规范一经公告即自动生效。

第二章 售中争议处理规范

第一节 一般规定

第六条 售中争议处理指交易完结（指天猫国际系统显示"交易成功"或"交易关闭"时的状态）前买卖双方提起交易保障要求，天猫国际根据相关要求对交易款项归属做出处理的基本程序与标准。

第二节 交易标的规范

第七条 卖家交付给买家的商品应当符合法律法规的相关规定，不得出售假冒商品，且所售商品不得违反《天猫国际服务条款规则》的盗用他人账户、进行虚假交易、描述不符第（一）项或第（二）项、骗取他人财物、发布违禁信息、出售含有假冒材质成份商品的相关规定。

第八条 卖家应当对所售商品进行如实描述，即应当在商品描述页面、店铺页面、阿里旺旺等所有天猫国际提供的渠道中，对商品的基本属性、成色、瑕疵等必须说明的信息进行真实、完整的描述。

第九条 卖家应当对所售商品质量承担保证责任，即保证交付给买家的商品在合理期限内可以被正常使用，保证商品不存在危及人身财产安全的不合理危险、具备商品应当具备的使用性能、符合商品或其包装上注明的采用的标准等。

第三节 交易行为规范

第十条 买卖双方应当进行真实交易，不进行以增加销量为目的的虚假交易。

第十一条 发货规范。

（一）卖家应当在买家付款后的 120 小时内（《天猫国际服务条款规则》）发货，但有特殊规定的除外。在买家申请退款时卖家尚未发货的情况下,卖家应当征得买家同意后再发货。卖家逾期发货或者未经买家同意在买家申请退款后发货,卖家应当追回已经发出的商品,但买家已经签收并确认收货的除外。

(二)卖家应当按照订单约定的收货地址发货。

(三)除非买卖双方另有约定,卖家应当负责将货物送达买家收货地址。商品需要买家到指定地点提取的,应当在发货前告知买家并征得买家同意。

(四)卖家应当以约定的发货方式进行发货;除非发货前征得买家书面同意,带有"进口保税"标记的商品需按规定方式进行发货。

(五)卖家应当使用有揽收和签收凭证的运输方式发货。买家要求使用没有揽收和签收凭证的运输方式(以下简称"平信方式")发货的,卖家应当在发货前以阿里旺旺的方式明确告知买家该方式存在的风险。

(六)在买卖双方指定了特定承运人的情况下,卖家应当委托该特定承运人运送商品。卖家违反前述规定的,买家有权拒绝签收商品。

(七)自卖家单击发货之日起30日内仍未完成中国海关清关(不包括因买家的原因造成的清关失败或者延误),交易支持退款,卖家应当及时召回商品并承担商品灭失等相关风险。

(八)若卖家选择的物流公司无法在官方网站查询到完整及有效的货物追踪记录,自卖家单击发货之日起30日内买家仍未收到货物的(不包括因买家的原因造成的清关失败或者延误),交易支持退款,卖家应当及时召回商品并承担商品灭失等相关风险。

第十二条 签收规范。

(一)买家应当在订单中向卖家提供准确的收货地址和收货人信息。买家需要变更订单中的收货地址或收货人信息时,应当征得卖家的明确同意。

(二)买家在提供收货人信息时,可以选择本人或者他人作为收货人。买家选择他人作为收货人,该收货人违反本节约定义务时,由买家承担相应责任。

(三)因买家填写的收货地址和(或)收货人信息不准确,或者未经卖家同意就要求变更收货地址或收货人信息,导致卖家发货后货物无法送达的,运费由买家承担。

(四)买家只填写了收货地址,但没有填写收货人或填写的收货人信息不特定,商品在收货地址被签收的,该签收视为买家本人签收。

(五)卖家按照约定发货后,收货人有收货的义务。收货人无正当理由拒绝签收商品的,运费及关税由买家承担;买卖双方另行约定的除外。收货人拒绝签收商品后,卖家应当及时联系承运人取回商品。因卖家急于取回商品所产生的额外运费、保管费等费用由卖家承担。

（六）收货人可以本人签收商品或委托他人代为签收商品，被委托人的签收视为收货人本人签收。

（七）收货人签收商品时，应当对商品进行验收。涉及商品表面一致的事项，收货人应当在签收商品时进行验收。对于不能在签收商品时验收的事项，收货人应当在确认收货前或在《天猫国际服务条款规则》中交易流程及规定的超时打款时限内进行验收。本条所称"表面一致"，是指凭肉眼即可判断所收到的商品表面状况良好且与网上描述相符，表面一致的判断范围可参考但不限于货物的形状、大小、数量、重量等。

（八）收货人签收商品时发现表面不一致的情形，有权拒绝签收商品。对于需要先签收再打开包装查看的商品，收货人应当要求承运人当场监督并打开包装查看，如发现表面不一致，应当在签收单（收货人联和承运人联）上备注详细情况并让承运人签字确认或者直接退回商品。

（九）收货人境内签收商品后，商品毁损、灭失的风险由卖家转移给买家。

第十三条 退货规范。

（一）买卖双方达成退货协议，或天猫国际做出退货退款的处理结果后，卖家应当在收到天猫国际处理结果后的 48 小时内或者与买家约定的时间内提供当地退货地址（即商品销往中国大陆的商家需提供中国大陆的指定退货地点；商品销往香港的商家需提供香港的指定退货地点；商品销往台湾的商家需提供台湾的指定退货地点。具体退货地点以双方协商为准）。卖家逾期未提供合理退货地址的，需承担商品无法退回的风险。

（二）卖家提供错误的退货地址导致买家操作退回商品后无法送达的，卖家承担因此产生的运费。

（三）买家根据协议约定或天猫国际做出的处理结果操作退货时，应当使用与卖家发货时相同的运输方式发货。除非得到卖家的明确同意，买家不得使用到付方式支付运费。退货后，卖家有收货的义务。

（四）临界保质期商品的维权处理规范。保质期是指产品的最佳食用期或使用期。产品的保质期由生产者提供，标注在限时使用的产品上。在保质期内，产品的生产企业对该产品质量符合有关标准或明示担保的质量条件负责，销售者可以放心销售这些产品，消费者可以安全食用或使用。若商家明确商品保质期≤30 天，则从买家签收之日起算距离保质期到期天数≤3 天的，无条件支持买家退款不退货；30 天＜商品保质期≤90 天，则从买家签收之日起算距离保质期到期天数≤7 天的，支持买家退款不退货。其余情况参考各类目条款。

第十四条 买卖双方应当在交易前对商品情况、交易过程进行详细、清晰明确的约定。

第四节 物流规范

第十五条 卖家应当对运费的承担和组成做出清晰、准确的描述。

（一）商品描述中对运费做出两个以上的不同描述，或者实际发生的运费与商品描述的运费不一致的，卖家应当通过阿里旺旺向买家进行说明，并取得买家的同意。卖家违反前款约定的，以有利于买家的描述支付运费。

（二）运费由买家承担的，卖家应当按照实际发生的金额向买家收取运费。

第十六条 行邮税、通关手续相关问题。

（一）商品邮寄快递入境需办理相关入境通关手续的，卖家应根据相关法律法规，提前告知买家应由其进行配合的事项。买家应当进行配合并提供必要文件。如因买家未进行配合导致商家无法发货的，商家不承担责任。

（二）卖家不得要求买家对法律法规规定以外的事项进行配合或提供不必要的文件。

（三）进口商品产生的进口税，除个人邮递物品申报的关税由商家进行承担报销外，由买家承担。

第五节 争议处理

第十七条 卖家出售的商品违反法律法规规定，或违反《天猫国际服务条款规则》的盗用他人账户、骗取他人财物、发布违禁信息、出售假冒商品、出售包含假冒材质成份商品的相关规定，天猫国际有权对交易做撤销处理。

第十八条 商品存在质量问题或与网上描述不符的，交易做退货退款处理。商品并非假冒商品且没有质量问题的，交易做打款处理。因商品存在危及人身财产安全的不合理危险，导致买家损失的，由买卖双方另行协商或通过其他途径解决，天猫国际不予处理。

第十九条 就售中而言，买卖双方进行虚假交易的，交易做退款处理。就售后而言，买卖双方进行虚假交易的，驳回买家退款要求。

第二十条 卖家违反发货规范，导致买家未收到货、拒绝签收商品或者签收后退回商品的，交易做退款处理，运费由卖家承担。卖家提供凭证证明买家已收到货，买家未提出其他异议的，交易做打款处理。

第二十一条 买家依据签收规范拒绝签收商品或者退回商品的，交易做退款处理，运费由卖家承担。涉及表面一致的事项，买家提供有效凭证证明签收时已存在表面不一致情形的，交易做退款或退货退款处理；买家无法有效举证的，交易做打款处理。

对于不能在签收商品时验收的事项产生争议的，适用本规范第十八条的规定进行处理。

第二十二条 买家或卖家违反退货规范的，做如下处理：

（一）卖家未在规定时间内提供退货地址，或者提供的退货地址错误导致买家无法退货或操作退回商品后商品无法送达的，或者买家根据协议约定操作退货后，卖家无正当理由拒绝签收商品的，交易做退款处理，退货运费由卖家承担。卖家需要取回商品的，应当与买家另行协商或通过其他途径解决，天猫国际不予处理。

（二）买家逾期未根据协议约定或天猫国际规定时间操作退货的，交易做打款处理。

交易款项支付给卖家后，买家再次要求退货的，应当与卖家另行协商或通过其他途径解决，天猫国际不予处理。

（三）商品在退货过程中损毁的，商品退回买家或买家无理由拒签后，交易做打款处理。

（四）买卖双方达成退货退款协议或天猫国际做出退货退款处理的交易，商品退回卖家退货地址后，天猫国际有权退款给买家。

（五）买卖双方达成换货协议的交易，卖家收到买家退回的商品后逾期未再次发货的，天猫国际有权退款给买家。

（六）就退货退款处理的跨境交易而言，因卖家原因导致买家无法退货的，交易做不退货退款处理。

（七）卖家未向买家提示风险而使用平信方式发货的，或未委托特定承运人承运商品的，交易做退款处理，运费由卖家承担。

第二十三条 买卖双方约定不清，根据本规范无法确定争议的责任归属的，交易做退货退款处理，发货运费由卖家承担，退货运费由买家承担。因约定不清导致的其他损失，天猫国际有权根据具体情况判断双方应当承担的比例或有权不予处理。

第二十四条 运费承担规范如下：

（一）交易中的运费争议，根据"谁过错，谁承担"的原则处理，但买卖双方协商一致的除外。本规范已经做出明确规定的，按照相应的规定处理。

（二）买卖双方达成退款协议，但未就运费进行约定的，由卖家承担与其发货相同货运方式的运费。

（三）天猫国际处理争议期间，卖家同意退货或换货，但就运费的承担提出明确异议的，买家应当先行退货，卖家签收商品后，由天猫国际根据本规范对运费承担做出处理。

第二十五条　商家出售以下任一明知是不符合相关国家或地区食品安全标准法律法规的食品，应为买家退款，若买家要求赔偿的，应再向买家支付相当于商品实际成交金额十倍的赔偿金，赔偿金额不足一千元的，赔偿一千元：

（一）过期食品或商品外包装上标注的生产日期晚于该商品的实际生产日期；

（二）其他不符合相关国家或地区食品安全标准法律法规的商品。

第三章　售后争议处理规范

第二十六条　售后争议处理指交易完结后买卖双方提出交易保障要求，天猫国际对要求的交易赔偿做出处理的基本程序与标准。

第四章　举证责任

第二十七条　争议处理过程中，天猫国际有权要求买家或卖家提供证明证据，且有权单方判断证据的效力。

第二十八条　买家主张未收到货的，卖家对买家已按照本规范规定签收商品承担举证责任。

第二十九条　买家签收商品后，因表面不一致产生争议的，买家对签收商品时即已存在表面不一致的情形承担举证责任。

第三十条　买家主张收到的商品存在质量问题或系假冒商品且通过肉眼无法做出判断的，卖家应当按照天猫国际的要求提供包括但不限于：完整进货凭证链、品牌授权、产品合格证、商业登记证等证明文件。买家主张商品存在质量问题或与网上描述不符，且可通过肉眼做出判断的，天猫国际有权根据商品图片直接认定。

第三十一条　卖家提供符合本规范第三十条规定的证明文件后，买家应当根据天猫国际的要求提供相应的检测凭证。检测结果为商品存在质量问题或系假冒商品的，检测费用由卖家承担；检测结果为商品不存在质量问题且非假冒商品的，检测费用由买家承担。因商品在检测过程中产生的损坏责任承担原则，与检测费用的责任承担原则相同。客观上无法提供检测证明或者提供检测证明的代价超过争议金额本身而导致事实无法查明的，按照本规范第二十二条规定进行处理。非应天猫国际要求，买家自行检测的，检测费用由买家承担。

第三十二条　如果卖家没有声明发货，但在买家申请退款前已经实际发货的，应当提供相应的发货凭证。

第三十三条 针对天猫国际受理的各类型争议所需提供的全部证明文件，以天猫国际要求的内容为准。

第三十四条 天猫国际作为独立第三方，仅对双方提交的证据进行形式审查，并做出独立判断，双方自行对证据的真实性、完整性、准确性和及时性负责，并承担举证不能的后果。

第五章　争议处理程序

第一节　申请和受理

第三十五条 买家申请退款后，买卖双方可以选择自行协商、要求天猫国际介入或通过司法途径等方式解决存在的争议。任一方要求天猫国际介入时，天猫国际有权根据本规范对争议进行处理。

第三十六条 买卖双方向天猫国际申请争议处理，必须符合以下条件：

（一）就售中争议而言，因买家未收到商品、商品表面不一致、收到的商品与描述不符、商品存在质量问题产生争议的，买家应当在付款后，确认收货前或在《天猫国际服务条款规则》中交易流程及规定的超时打款的时限内提出退款申请。

（二）就售后争议而言，符合以下条件的争议处理，买家可以提出退款申请：

1. 因商品系假冒商品产生争议的，买家应当在交易成功后的 90 天内提出退款申请。

2. 因收到的商品与描述不符产生争议的，买家应当在交易成功后的 15 天内提出退款申请。

3. 类目对售后争议处理的受理有特殊规定的，依照类目的特殊规定。

第三十七条 天猫国际对符合第三十八条的争议处理申请，予以受理；对下列申请，分别情形，予以处理：

（一）买家超出规定时限提出退款申请的，天猫国际不予受理。

（二）买卖双方经自行协商达成退款协议并履行完毕，一方或双方反悔产生争议的，天猫国际不予处理；买卖双方经自行协商达成退款协议但尚未履行，一方或双方反悔，要求天猫国际介入的，天猫国际按照本规范进行处理。

（三）交易做不退货退款处理后，卖家需要取回商品的，应当联系买家自行协商或通过其他途径解决，天猫国际不予处理。

（四）买卖双方实际交易商品与订单显示商品不一致，因实际交易商品产生的争议，天猫国际不予处理。

（五）驳回买家退款要求后，买家再次申请的天猫国际不予处理。

（六）本规范有特别规定的其他情形，天猫国际不予处理。

第二节 争议的处理

第三十八条 天猫国际处理争议期间，买卖双方应当按照天猫国际系统的提示和（或）天猫国际发送的短信、电话或邮件通知及时提供凭证。

第三十九条 天猫国际收集到双方提供的凭证后，将在天猫国际系统提示的时间内，按照本规范对相应争议做出处理；本规范没有明确规定的，由天猫国际依其独立判断做出处理。任何一方无正当理由，未按照前款规定提供凭证的，天猫国际有权按照实际收集到的凭证做出处理。

第四十条 天猫国际按照其独立判断，根据不同情况，将对买卖双方的争议做以下类型的处理：

（一）交易做撤销处理的，交易款项支付给买家。

（二）交易做退款处理的，交易款项支付给买家。

（三）交易做退货退款处理的，在卖家签收退货后，交易款项支付给买家。

（四）交易协商不退货部分退款处理的，交易款项分别支付给买家和卖家。

（五）交易做打款处理的，交易款项支付给卖家。

（六）驳回买家退款要求。

第三节 处理中止

第四十一条 天猫国际处理争议期间，有下列情形之一的，天猫国际中止处理相应争议：

（一）买卖双方一致要求自行协商处理争议。

（二）任何一方通知天猫国际通过司法途径解决争议。

第四十二条 争议处理程序恢复情形如下：

（一）买卖双方一致要求自行协商处理争议的，应当在提出协商要求后的30天内自行操作交易款项，或向天猫国际提供协商结果，由天猫国际代为操作。逾期未操作交易款项也未告知协商结果的，天猫国际有权根据本规范处理争议。

（二）一方通知天猫国际通过司法途径解决争议的，应当在通知天猫国际后的7个工作日内向天猫国际提供司法机关的案件受理凭证。逾期未提供案件受理凭证，或司法机关在受理案件后的：6个月内未对交易款项做出冻结、划拨等处理的，天猫国际有权根据本规范处理争议。

第四节 执行

第四十三条 天猫国际处理争议期间，买卖双方达成退款协议，但无法自行操作的，天猫国际将根据双方达成的退款协议，直接操作相应的交易款项和（或）保证金。

第四十四条 天猫国际对争议做出处理后，有权通知支付宝公司按照处理结果将交易款项的全部或部分支付给买家和（或）卖家，或由卖家（或买家）按照处理结果将相关款项支付给买家（或卖家）。

第四十五条 在将交易款项全部支付给买家后，根据争议处理结果仍需卖家承担责任的，天猫国际有权，从卖家根据《天猫国际服务条款规则》缴纳的保证金或其他款项中划拨相应的钱款补偿支付给买家。交易款项或保证金被支付后，根据处理结果仍需卖家（或买家）承担责任的，由买卖双方自行协商或通过其他途径解决，天猫国际不予处理。

第四十六条 处理争议期间，天猫国际使用自有资金代替卖家先行退款给买家（亦称"先行垫付"）的，交易做出处理后，天猫国际有权将保证金与先行垫付金额相当的部分划扣至天猫国际账户。

第五节 其他

第四十七条 天猫国际对争议做出处理并通知支付宝公司支付争议款项后，买家或（和）卖家对天猫国际的处理有异议的，您必须在天猫国际处理后的20日内将争议诉诸香港国际仲裁中心（HKIAC）进行仲裁。

第四十八条 争议通过司法途径解决的，天猫国际将根据司法机关的生效法律文书，通知支付宝公司操作相应的交易款项和相关保证金。

第六章 出境购交易纠纷处理规则

第四十九条 出境购定义：在天猫国际平台下单，通过电子凭证方式到境外店铺取货的交易。

第五十条 出境购售中的争议指电子凭证核销前产生的交易纠纷；售后的争议指电子凭证核销后产生的交易纠纷。

第五十一条 若购买的为免税商品，实际到店取货人信息与购买时所填写的取货人信息不符导致无法取货的，商家不承担责任。

第五十二条 若消费者购买的免税商品，因入境地法律法规限制无法入境的，商家已在消费者购买时进行详细说明或提醒的，商家不承担责任。

第七章 附则

第五十三条 天猫国际对争议做出处理后，不免除买卖双方基于与天猫国际签署的其他协议、规则应当承担的责任。

第五十四条 天猫国际定期或不定期的官方活动规则,对买卖双方争议处理有特殊要求的,按照活动规则的特殊要求进行处理。

第五十五条 本规范生效或变更前天猫国际已介入处理的争议,适用当时的规范进行处理;本规范生效或变更后天猫国际介入处理的争议,适用本规范或变更后的规范进行处理。

【思考题】
1. 跨境电商的主要风险有哪些?
2. 在跨境电商中如何保护消费者权益?
3. 请结合实例说明在跨境电商中如何对知识产权进行保护?
4. 如何构建跨境电商争议解决机制?

知识考查与技能训练

本章习题请扫码获得。

# 第七章　跨境电商第三方平台

【学习目标】

本章旨在让学习者能够用亚马逊平台、eBay 平台、Wish 平台开展跨境业务，熟悉亚马逊平台、eBay 平台、Wish 平台的业务操作。

【本章重点】

本章学习重点是掌握亚马逊平台、eBay 平台、Wish 平台的特点、注册步骤、操作流程、产品刊登及相关规则。

第七章
跨境电商第三方平台

第一节 亚马逊平台

一、全球开店

亚马逊"全球开店"由美国总部2012年3月发起,是为了满足中国卖家拓展海外市场的诉求,而推出的一个帮助中国卖家通过亚马逊网上营销平台将产品更好地卖给国外消费者的项目。该项目包括开店前为卖家提供指导,定期提供卖家培训,为卖家提供"亚马逊物流"整体解决方案等。亚马逊中国于2012年引入了"全球开店"业务,其之前的发展速度并不快。一方面,"全球开店"团队人员有限,仅仅在亚马逊北京总部有业务团队,在具有良好的外贸基础、聚集了大量外贸卖家的长三角和珠三角则缺少布局;另一方面,亚马逊"全球开店"的"本地化服务"还不够细致。例如,之前给卖家的销售建议都是英文的。2013年后,亚马逊中国开始做出重大调整。首先是业务团队的扩张,据了解,亚马逊中国负责"全球开店"项目的团队规模已增长了3倍,并于2014年在上海、2015年在广州设立了专门的商务顾问团队;其次,亚马逊中国开始更多地从中国卖家的角度考虑问题,为卖家提供无时差、无语言障碍的中文服务。2013年亚马逊"全球开店"中国卖家数量增加了196%,并在英国市场上取得了超过560%的销售额的增长。截至2018年8月,亚马逊中国已帮助数万中国卖家成功上线亚马逊全球站点,直接触及超过3亿的活跃消费者与超过百万企业与机构买家。包括亚马逊美国、加拿大、德国、英国、法国、意大利、西班牙、日本、墨西哥和澳大利亚在内的10大海外站点已向中国卖家全面开放。遍布全球的140多个运营中心帮助中国卖家将产品销往世界185个国家和地区。

亚马逊"全球开店"项目为中国卖家拓展海外业务提供了有效渠道,有利于我国卖家在北美、欧盟和日本三大国际消费市场中开展业务,获取更多优质客户;同时,以亚马逊为平台布局全球业务,有利于卖家更好地把握不同国家和地区的市场诉求和消费特质,从而基于不同市场的文化和消费心理,寻求更多的市场机会。此外,亚马逊"全球开店"项目对于亚马逊来讲,可以扩充产品种类,开发中国制造的产品;通过严格复杂的审核程序,筛选优质的中国卖家,通过一系列的培训指导,帮助卖家快速成长;在吸引更多中国卖家进入的同时,保证平台买家的购物体验。对于中国卖家来讲,可以充分利用亚马逊的优势平台，将产品销往全球；通过亚马逊客户经理的专业指导，保证账号的安全；通过亚马逊官方培训及指导，保证账号的运营效果。

二、平台注册

（一）亚马逊"全球开店"所需资料

1. 电脑：配有一根独立 IP 地址的网线。电脑和独立网络需专门用于该亚马逊账户的登录，该账户的所有操作仅限于这台电脑。

2. 电话：一部电话/手机/座机，最好为座机。该电话用来验证账户，输入 PIN 码。手机易出现 Bug 导致 PIN 码无法显示。

3. 电子邮箱地址：国际邮箱，如 yahoo.com、gmail.com、hotmail.com 等。该邮箱为亚马逊登录邮箱。尽量不要使用企业邮箱。

4. VISA 信用卡：一张可国际收费、可透支的 VISA/MASTER 信用卡。该卡必须为双币卡，支持美元，用于激活亚马逊账户。

5. 美国税号：美国亚马逊官方规定年销售额达到 2 万美金和 200 笔需要交税。美国税号有个人税号和公司税号。

6. UPC：上传产品时需要提供 UPC 条形码，一个产品对应一个 UPC 码及产品标识码。

7. 个人卖家或者公司卖家的名称、地址和联系方式。

个人卖家需提供身份证，公司卖家需提供营业执照和法人代表的身份证。

（1）营业执照

①必须由中国大陆、中国香港地区、中国台湾地区出具。

a. 中国大陆：营业执照。

b. 中国香港地区：公司注册证明书和商业登记条例。

c. 中国台湾地区：有限公司设立登记表/股份有限公司设立登记表/有限公司变更登记表/股份有限公司变更登记表。

②请提供彩色照片/扫描件，不接受黑白复印件，图片必须完整且清晰可读。

③中国大陆营业执照距离过期日期应超过 60 天，中国香港地区商业登记条例距离过期日期应超过 45 天。

（2）身份证

①身份证上的姓名必须与营业执照上法定代表人的姓名一致。

②必须由中国大陆地区、中国香港地区、中国台湾地区出具。

③请提供正反两面的彩色照片/扫描件，不接受黑白复印件。

④图片必须完整且清晰可读。

⑤身份证应在有效期内。

需要说明的是：亚马逊账户类型分为"专业销售计划"（Professional）和"个人销售计划"（Individual）两种。无论您是公司还是个人，都可以通过亚马逊自注册通道完成账户注册并开始销售。以公司名义与以个人名义开设的账户在各种权限上（流量、商品上架数量、商品审核要求等）没有任何区别。这两种卖家的主要区别在于费用结构和功能使用权限上，如表7-1所示。在亚马逊北美站，个人销售计划账户会被收取按件收费的费用，而专业销售计划账户则需要支付月度的订阅费。以上两种销售计划之间是可以相互转化的。如果你注册了个人销售计划，之后也可以在后台自助升级为专业销售计划；如果你注册的是专业销售计划，后续也可以降级为个人销售计划。所以，你若想在亚马逊进行销售，即使没有公司资质，同样也可在亚马逊上申请专业销售计划。

表7-1

账号类型	个人销售计划（Individual）	专业销售计划（Professional）
注册主体	个人/公司	个人/公司
月租金	免费	39.99美元/月
按件收费	0.99美元	免费
销售佣金	亚马逊根据不同品类收取不同比例的佣金，一般为8%~15%	
功能区别	单一上传，无数据报告	单一上传/批量上传，可下载数据报告

注：收费标准以亚马逊北美站为例。

亚马逊账户专业卖家和个人卖家的主要区别如下：

专业卖家：拥有批量销售的功能、拥有总订单数据报告、拥有黄金购物车、可免费上传产品、每月需缴纳39.99美元的店铺费用。

个人卖家：无批量操作功能、无订单数据报告、不能创建促销等特殊的产品细节、无黄金购物车、无须缴纳店铺管理费，但需缴纳平台费用。

（二）亚马逊平台注册的过程

亚马逊全球开店分为北美站点、欧洲站点、日本站点，三个站点的注册流程大致一样，我们以北美站点为例讲解亚马逊全球开店流程。

1. 登录亚马逊官方网站，选择北美站点进行注册。

（请注意：注册过程中，所有信息请使用拼音或者英文填写！）

2. 创建用户，按要求输入邮件地址，如图7-1所示。

3. 填写账户姓名、邮箱地址，创建用户密码。

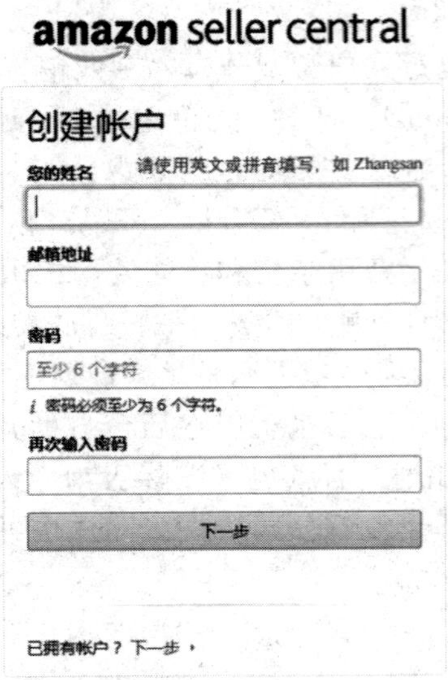

图 7-1

4. 公司用户使用英文或拼音填写公司注册名称；个人用户使用英文或拼音填写个人名称。勾选同意相关协议，如图 7-2 所示。

图 7-2

5. 使用拼音或英文继续输入卖家信息，如图 7-3 所示。

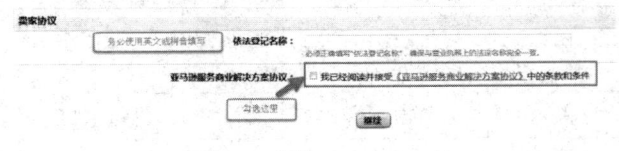

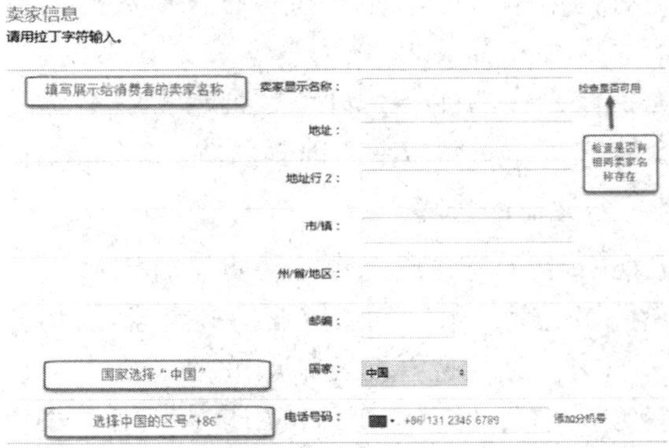

图 7-3

6. 输入信用卡信息。

（1）请使用可以支付美元的双币信用卡。

（2）VISA、MASTER卡均可。

（3）确认默认地址信息是否与信用卡账单地址相同。如不同，请使用英文或者拼音填写地址。

（4）信用卡持卡人与账户注册人无须为同一人，公司账户亦可使用个人信用卡。

（5）若填写的信息正确，系统会尝试对该信用卡进行预授权以验证该信用卡尚有信用额度，持卡人可能会收到发卡行的预授权提醒。

（6）在注册完成和账户运营的过程中，可随时更换信用卡信息。

（7）在账户结算中，您的卖家账户结余不足以抵扣相关款项时，系统会从您的信用卡中扣除每月月费或其他销售费用。

（8）如果您收到通知，告知您在卖家账户中注册的信用卡信息无效，请检查以下信息。

①账单地址。该地址必须与信用卡对账单中的账单地址完全相同。

②与开户银行核实，确认您的信用卡尚未过期，具有充足的信用额度，且对相关金额的网上扣款无任何限制。

7. 验证电话号码。可使用听取电话或者接收短信息获取验证码。

单击"给我打电话"会接到一个系统打来的电话，然后电脑会显示4位数字，接起电话把4位数字输入进去，按#号键结束，即可完成验证。请注意：很多时候系统会出问题，验证出错并尝试两次后，请换个号码或者进行短信验证，3次不成功时，1小时后才可以继续注册，如图7-4所示。

图7-4

短信验证如图7-5所示。

图7-5

8. 进行税务审核。

美国纳税审核是一个自助的审核过程，它将指导您输入您的身份信息并确认您的账户是否需要缴纳美国相关税费。大部分身份信息会从您之前填写的信息中提取出来并预先填入，为了尽可能高效地满足美国税务部门的要求，请在审核过程中确保回答所有问题并输入所需的所有信息。中国卖家也必须完成此审核流程才可完成注册。

开始税务身份验证，如图 7-6 所示。

图 7-6

单击"上线审核向导"开始税务审查，如图 7-7 所示。

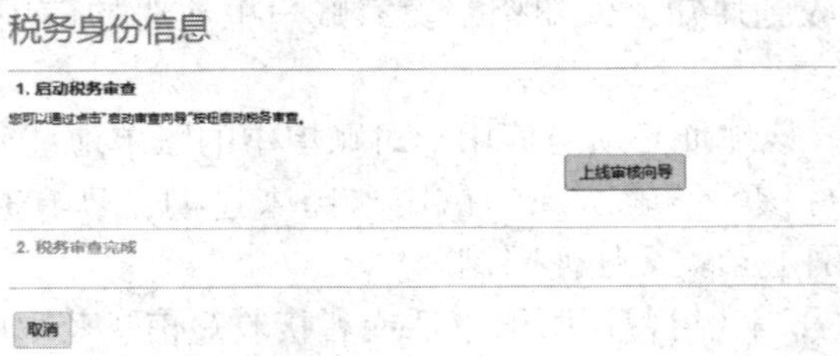

图 7-7

确认公司或个人非美国身份，如图 7-8 所示。

图 7-8

第七章 跨境电商第三方平台

选择受益人性质为公司或个人，如图 7-9 所示。

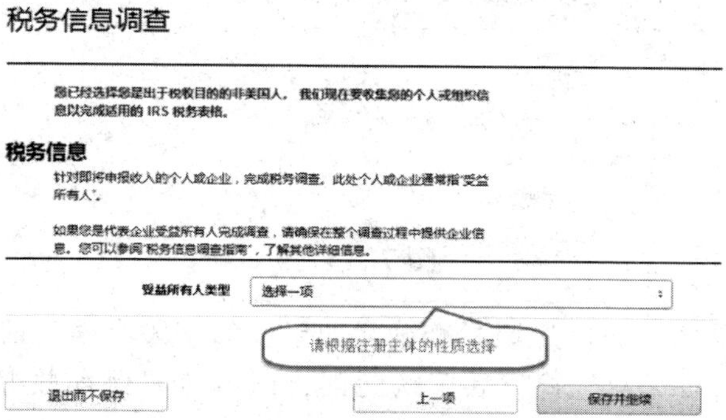

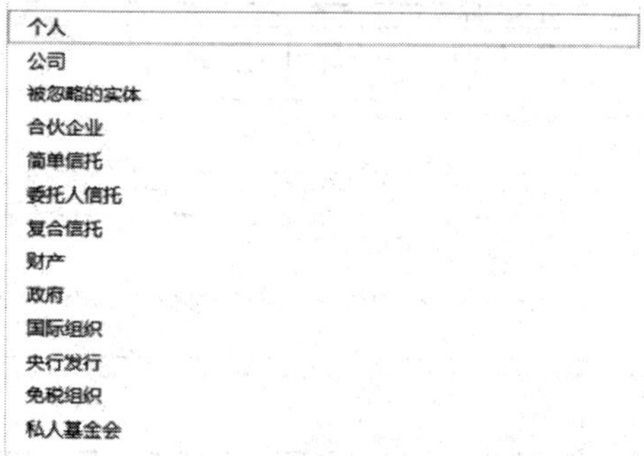

图 7-9

请注意：

如果您的账户是公司，请确认您公司的邮寄地址，如图 7-10 所示。

图 7-10

如果您的账户是个人，在确认您的邮寄地址后，请确认您不符合图 7-11 中的任何一项。

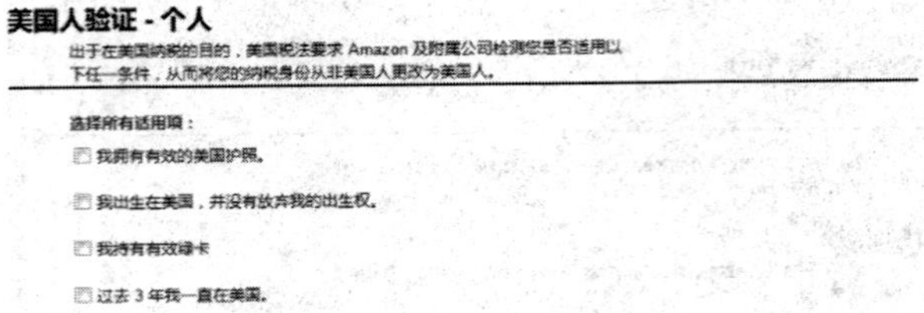

美国人验证 - 个人

出于在美国纳税的目的，美国税法要求 Amazon 及附属公司检测您是否适用以下任一条件，从而将您的纳税身份从非美国人更改为美国人。

选择所有适用项：

- ☐ 我拥有有效的美国护照。
- ☐ 我出生在美国，并没有放弃我的出生权。
- ☐ 我持有有效绿卡
- ☐ 过去 3 年我一直在美国。

图 7-11

有关账户受益人的信息填写准确。如果任何字段有误，请返回上一页并更新您的信息。如信息经检查后确认无误，请单击“保存并继续”，如图 7-12 所示。

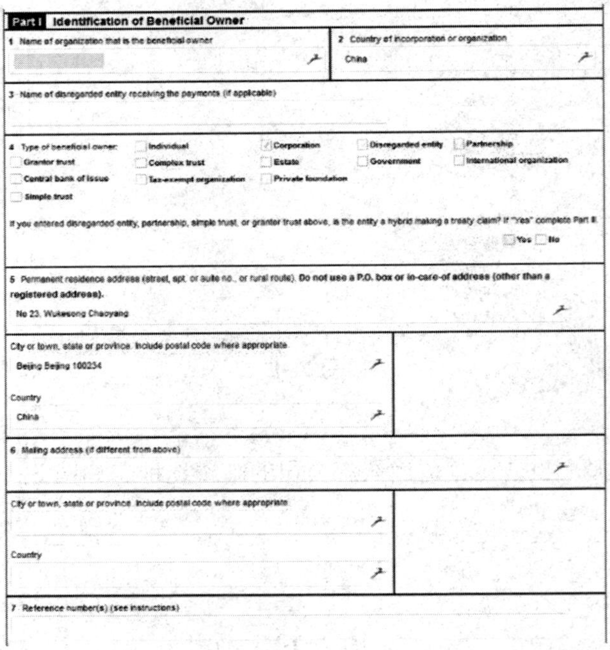

Part I Identification of Beneficial Owner

1 Name of organization that is the beneficial owner

2 Country of incorporation or organization
China

3 Name of disregarded entity receiving the payments (if applicable)

4 Type of beneficial owner: ☐ Individual ☑ Corporation ☐ Disregarded entity ☐ Partnership ☐ Grantor trust ☐ Complex trust ☐ Estate ☐ Government ☐ International organization ☐ Central bank of issue ☐ Tax-exempt organization ☐ Private foundation ☐ Simple trust

If you entered disregarded entity, partnership, simple trust, or grantor trust above, is the entity a hybrid making a treaty claim? If "Yes" complete Part III. ☐ Yes ☐ No

5 Permanent residence address (street, apt. or suite no., or rural route). **Do not use a P.O. box or in-care-of address (other than a registered address).**
No 23, Wukesong Chaoyang

City or town, state or province. Include postal code where appropriate.
Beijing Beijing 100234

Country
China

6 Mailing address (if different from above)

City or town, state or province. Include postal code where appropriate.

Country

7 Reference number(s) (see instructions)

图 7-12

同意提供电子签名，如图 7-13 和图 7-14 所示。

第七章
跨境电商第三方平台

税务信息调查

图 7-13

图 7-14

此处直接单击"退出调查",如图 7-15 所示。

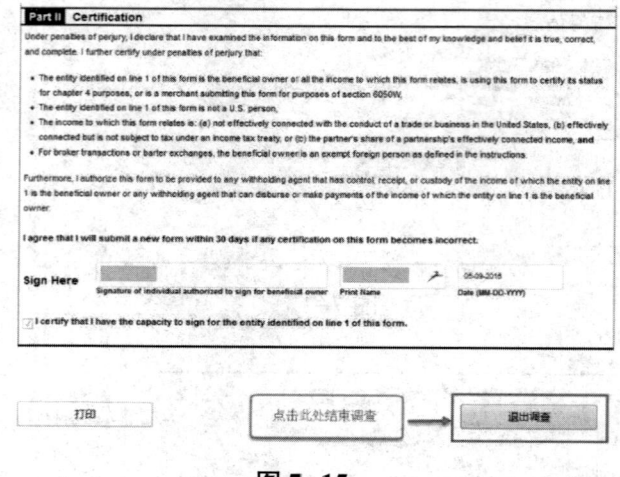

图 7-15

9. 完成上述步骤后，恭喜您！账户注册已完成，可以进入卖家后台进行管理了。

（三）亚马逊账号关联及账号安全

亚马逊账号注册完成并不意味着卖家可以在亚马逊平台进行运营，亚马逊卖家在运营中还要随时做好防范，防止账号之间的关联。

1. 账号关联

根据亚马逊官方的规定，一个人或一家公司在未经许可的情况下，原则上只能拥有并经营一个亚马逊账号，基于这一原则，亚马逊会通过技术手段和各种交易数据的检测比对，识别在亚马逊平台上运营账号之间的关联性。如果通过各种因素的配对，系统识别到两个（或两个以上）的卖家账号为同一卖家主体所拥有，这些账号就会被判定为关联账号。对关联账号，亚马逊会根据实际情况给予一定的处罚。

卖家需要了解的是：账号关联并不意味着账号会立即受到处置，对于不同状态的账号，亚马逊的处理方案也会有差异，但毫无疑问的是，如果多个关联账号中的某一个账号因为某些原因被移除了销售权限，则可能导致其他的关联账号也因此而受限，所以，卖家在运营中应尽量避免账号之间的关联，以降低账号被关闭的风险。

因为亚马逊账号是分不同站点注册并分别投入运营的，所以，账号关联也分两种情况：同站关联和异站关联。同站关联是指在亚马逊同一站点的两个账号之间的关联；异站关联是指在亚马逊不同站点的两个账号之间的关联。无论是哪种关联，亚马逊系统一旦将两个账号定性为关联账号，其处理方案一般有以下几种：

（1）如果是同站点的账号关联，亚马逊检测到不同账号之间交叉销售同样（同类）产品时，系统可能会发邮件警告卖家让卖家自行选择删除其中一个账号上的所有产品，如果卖家对此警告置之不理，亚马逊可能强行关闭全部的关联账号。

（2）无论是同站关联还是异站关联的账号，如果各账号所售产品彼此不同，且各账号表现良好，那么亚马逊系统可能并不会告知你，关联被记录在案，但所有账号各自正常运营。

（3）无论是同站关联还是异站关联，如果某一个账号已经被关闭，那么其他账号可能会因为受到牵连而随时被亚马逊系统关闭，但关闭时间并不确定。

2. 判定账号关联的因素

（1）电脑：主要指硬盘信息。

（2）网线：主要指外网 IP 地址，由于国内 IP 多是浮动 IP，难免会出现多个账号 IP 相同的情况，所以，IP 地址仅仅是判定关联的一个因素而非唯一因素。

（3）网卡 MAC 地址：有些卖家，基于控制成本的考虑，在一个账号被关闭后，把电脑格式化，重装系统后登入新的账号，如果电脑网卡是集成的，没有禁用网卡和更换为新的网卡，同样容易导致账号关联。

（4）路由器：路由器中的物理地址容易被亚马逊系统记录并导致账号关联。

（5）浏览器指纹：比如插件、Cookies、系统字体、操作系统版本、打字方式和习惯、打字速度等。

（6）账号信息：注册人姓名、信用卡持卡人姓名、收款账号信息、邮箱地址、账号所填的地址信息、电话号码、密码设置等都是判定的要素，所以卖家在注册时要尽可能做到互不相同，且无规律可循。

（7）店铺产品信息：两个或多个店铺之间产品重复，使用相同的图片和产品描述等。对于同时运营多个店铺的卖家，建议各店铺之间产品的重复信息不要超过店铺所有产品的 30%，同时，每个店铺的产品要分别使用不同的产品图片，撰写不同的产品描述信息。

3. 如何防止账号关联

如果因为运营的需要，卖家需要注册多个账号，那么在注册账号的过程中，卖家要确保使用不同的邮箱、新的电脑、新的系统、新的浏览器、新的路由器、独立的网线、全新的电话号码、不同人的信用卡、不同的收款账号，并且不同账号之间发布不同的产品,通过物理上的绝缘和账号信息、产品信息的明显不同避免被亚马逊系统抓取到彼此账号之间的相似(相关)因素。虽然账号关联的判定是系统基于多个因素的综合判定,单一因素未必会直接导致判定账号关联,但如果存在多个因素的高度相似,必然增大了被判定为关联账号的风险,卖家要尽量避免。需要注意的是:亚马逊账号关联是没有任何提醒的,没有邮件通知,没有客服联系,没有后台警告,总之,是否关联只能凭卖家自己判断,而且,账号关联是不可逆的,一旦系统判定为账号关联,卖家就没有任何退出关联记录的机会。

三、亚马逊卖家中心后台设置

卖家中心(Seller Central)是亚马逊卖家日常运营的主战场,从账号信息设置、产品发布、订单处理到邮件回复、绩效查询到广告投放等所有运营中需要进行的事项,都需要在卖家中心完成。

(一)卖家中心后台登录

打开亚马逊官网首页 www.amazon.com,单击"Sign in"(登录)按钮下面的"Your Account"(你的账号),直接进入卖家账号,如图7-16所示。

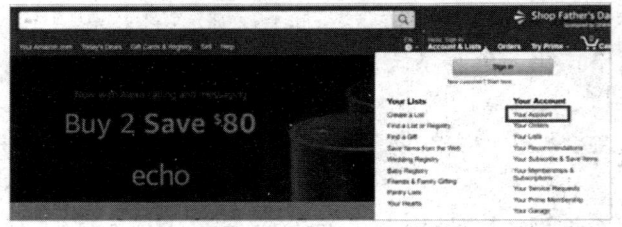

图 7-16

1. 在"Your Account"页面下方,亚马逊提供了多种账号的登录选择。作为卖家,选择"Seller"(卖家)类型进行登录,如图7-17所示。

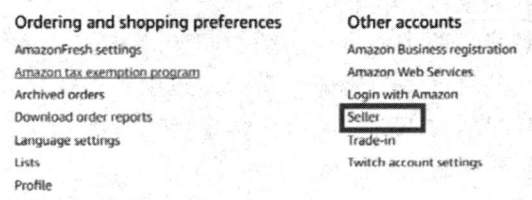

图 7-17

2. 进入登录页面,输入用户名和密码,进行登录,如图7-18所示。

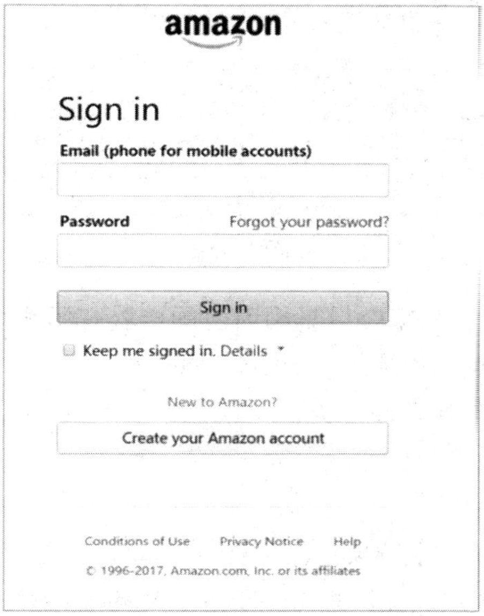

图 7-18

3. 登录账号后，进入卖家中心，页面如图 7-19 所示。

图 7-19

对于英文应用不熟练的卖家，亚马逊提供了中文界面。在卖家中心，把页面拉到底部，可以切换成中文界面，如图 7-20 所示。

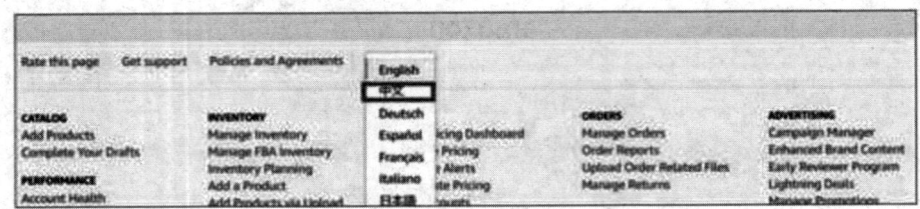

图 7-20

为了账号的安全,卖家应尽量用固定的电脑和网线登录自己的账号,不要随意使用别人的网络登录账号,以免造成账号关联,影响正常运营。

(二)卖家中心后台账户设置

1. 账户设置

(1)账户类型设置

进入"SETTINGS"下拉菜单,单击"Account Info"进行设置。卖家可以通过修改 Selling Plan 改变账户类型。单击"Modify Plan",单击"Switch Your Selling Plan"可以对自己的账号类型进行修改,本月修改,下月生效。

(2)银行信息设置

① "Deposit Method"填写收款银行账号,在拿到海外银行账号后第一时间在此处录入银行账号信息。

② "Charge Method"填写信用卡信息,用来支付亚马逊月平台费。如果在收取平台费的时候卖家账号有销售余额,亚马逊会从余额中扣除月平台费,如果余额不足则从信用卡中扣除。

(3)卖家信息设置

① "Seller Information"填写卖家名称、客服电话、邮箱、电话等信息,单击右边的 Edit 按钮可以进行更改。

② "Storefront Link"即店铺链接,卖家可以单击 Edit 按钮设置自定义的店铺链接。

③ "Business Address"填写公司地址,单击右边的 Edit 可以进行修改。

④ "Legal Entity"填写公司名称,单击右边的 Edit 可以进行修改。

(4)假期模式

"Listings Status"显示所有商品的状态,"Active"为正常上架状态,"Inactive"为下架状态。在卖家团队放假期间,应该及时把商品状态改为"Inactive",避免发生买家下单时无法发货的状况。

(5)提醒设置

"Notification Preferences"可以选择需要邮件提醒的信息,如:订单提醒、产品上传提醒、报表提醒、平台销售技巧提醒等。

（6）登录设置

"Login Setting"可以设置登录邮箱、密码、安全问题。

（7）退货设置

"Return Setting"可以设置一个或多个退货地址。

（8）礼品服务

"Gift Option"可以设置是否提供礼品打包服务。

（9）用户设置

"User Permission"可以设置多个子账号，并可以设置每个子账号的权限。

（10）其他设置

"Your Info. & Policies"可以设置卖家的公司信息、Logo、常见问题等。单击"About Seller"按钮后进入设置页面，可以使用 HTML 代码进行编辑。在"Fulfillment by Amazon"（简称为"FBA"）中设置相关的服务。

2. Selling Rating

"Selling Rating"即卖家店铺评分。计算方法是：Selling Rating＝最近 365 天内所有订单的得失分数总和/最近 365 天内所有订单的数量。Selling Rating 计算分数情况如下：

（1）发货延迟和 24 小时之内没回复买家 Message，得 0 分。

（2）在确认发货前擅自取消客户订单，扣 100 分。

（3）因卖家原因引发的 A-to-Z Guarantee Claim，扣 500 分。

（4）1~2 星的 Negative Feedback，扣 500 分。

（5）客户的开卡行发起的 Service Chargeback Claim，扣 500 分。

（6）过期订单（Expired Order）一般为超过发货期 30 天还没发货的订单，扣 500 分。

（7）如果一个订单从始至终都没有任何问题，那么这个订单就是 Perfect Order（完美订单），加 100 分。

（8）订单赢得加分：订单没有任何问题，并且有有效的跟踪信息，而且在 3 个工作日内成功投递，符合最快承诺到达时间并且没有任何退款和与买家的沟通让步，这样的订单就会奖励 10 分（这种订单多见于 FBA 订单）。

3. Pending Order

"Pending Order"的意思是待处理的订单。产生 Pending Order 的主要原因如下：

（1）亚马逊暂时未收到买家支付这笔订单金额的银行卡授权，不同银行的处理时间有所不同。

（2）对于某些 FBA 订单，客户已经满足了 35 美元包邮的条件，但由于这些订单分别是在不同的卖家店铺购买的，所以这时候的 Pending 状态有可能是平台在等待客户所有购买的产品全部到齐的一个过程。

（3）对于 FBA 订单，客户在一个订单中购买了多个产品，如果其中一个或两个产品缺货，那么即使平台选择分开派送有库存的和没库存的产品，这个订单的状态也还是 Pending。不过，这种情况发生的概率较小。

如何处理 Pending Order？

（1）当订单状态是 Pending 时不要发货，要确认货款到账后再发货。

（2）Pending Order 不会显示在订单报表或者卖家未发货的订单报表中。当出现 Pending Order 时，该订单在管理订单页面上是呈灰色的，卖家不能对 Pending Order 进行确认发货或者取消订单的操作。

（3）要等 Pending Order 转到 Unshipped 状态时卖家才能进行发货操作，发货操作应尽量控制在后台上传产品时所设置的 Handing Time 时间段内，超出了这个时间段的订单就是发货延迟订单；如果一个订单超过 30 天未发货，那么 30 天后即使发货了，平台也不会将这笔订单的费用结算给卖家。

4. 刊登产品

（1）单独创建新产品

进入卖家后台，单击"INVENTORY"→"Add a Product"→"Create a new product"按钮，如图 7-21 所示。在列表中选择产品的详细品类，在搜索框中输入关键词可以搜索出品类，单击"Select"按钮确认品类，如图 7-22 所示。

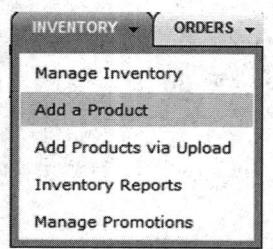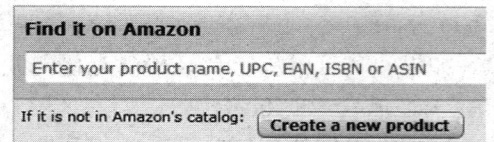

图 7-21

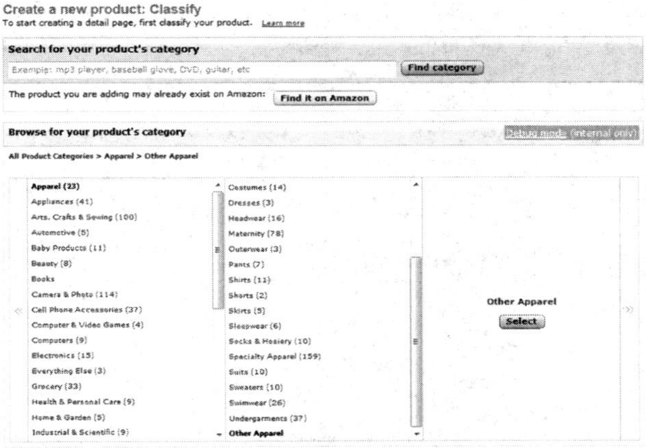

图 7-22

如果不确定产品属于什么品类，则可以使用品类搜索功能，确定正确的品类。在搜索框中输入关键词，找到适合的品类，按照正确的品类添加新产品，如图 7-23 所示。

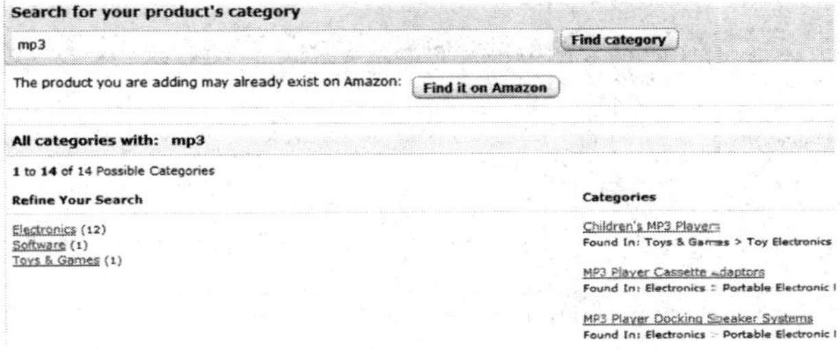

图 7-23

按照提示填好所有的产品信息，带星号的为必填信息，但是建议没带星号的也尽可能填写完整。产品的基本信息要尽量齐全，如：SKU、标题、描述、品牌、生产厂商、功能、图片、价格、关键词、UPC 码等。在首次创建产品的过程中图片不会马上上传，要等产品信息都输入完毕后，单击"Save and finish"按钮时图片才会上传，如图 7-24 所示。

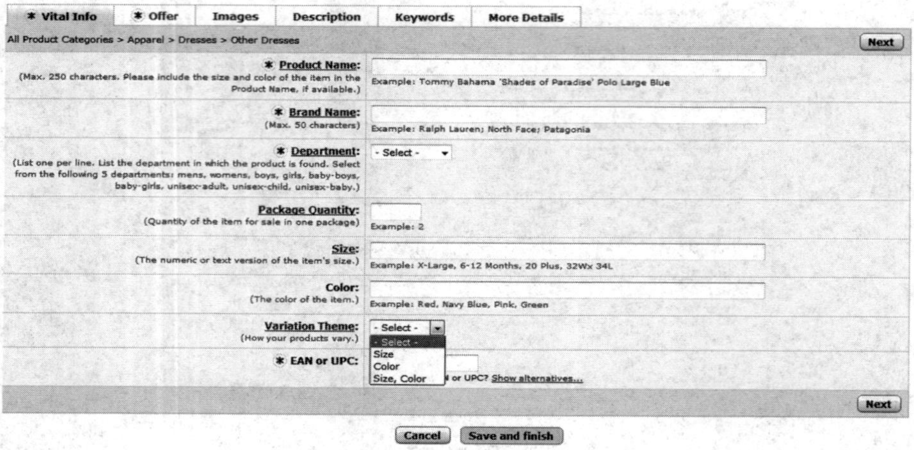

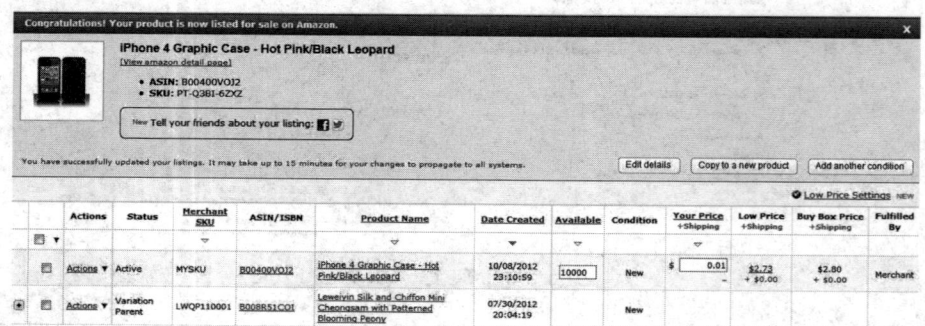

图 7-24

上传成功后，在"Manage Inventory"页面会出现新上传的产品，如图 7-25 所示。需要注意的是：商品全部信息将会在 15 分钟内更新完毕，刚刚上传的商品不会马上在前台显示。

图 7-25

（2）批量上传产品

①下载模版

进入卖家后台，单击"INVENTORY"→"Add Products via Upload"，如图 7-26 所示。

第七章 跨境电商第三方平台

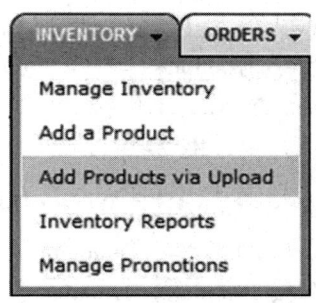

图 7-26

在"Add Products via Upload"页面单击"Download template"按钮，进入下载模版页面，如图 7-27 所示。

图 7-27

在下载模版页面找到相应的模版 File Template，单击"Inventory File Template"链接开始下载，如图 7-28 所示。（下述产品类型仅供参考）

Category	File Template	Style Guide	Browse Tree Guide
Automotive Parts & Accessories	Parts & Accessories Tires & Wheels	Automotive Parts & Accessories	BTG
Baby	Inventory File Template	Baby	BTG
Beauty	Inventory File Template	Beauty	BTG
Books *	Inventory File Template	Learn more	**
Camera & Photo	Inventory File Template	See Consumer Electronics.	See Consumer Electronics. MCG
Cell Phones & Accessories (Wireless)	Inventory File Template	See Consumer Electronics.	BTG

图 7-28

下载成功后双击打开 Excel 文件，如图 7-29 所示。

批量上传模板包含很多工作表，如 Instructions、Image Info、Data Definitions、Clothing Template、Examples、Valid Values 等。

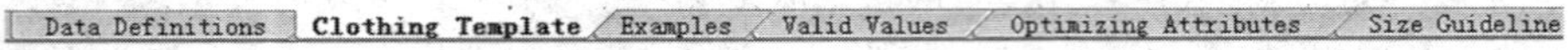

图 7-29

其中，Instructions 是简介，Image Info 是图片要求，Data Definitions 是对整个批量上传模板各个字段的解释，Template 是商品数据填写表格，如 Consumer Electronics、Clothing Template，Example 是例子，Valid Value 是某些字段要填写的正规值（下拉菜单值）。

单击进入 Data Definitions 表，查看对各个字段的解释。B 列为字段名，C 列为字段解释，D 列为字段正规值，D 列为例子，F 列显示该字段是否是必填项。Required 和 Desired 为必填，其他为选填，如图 7-30 所示。

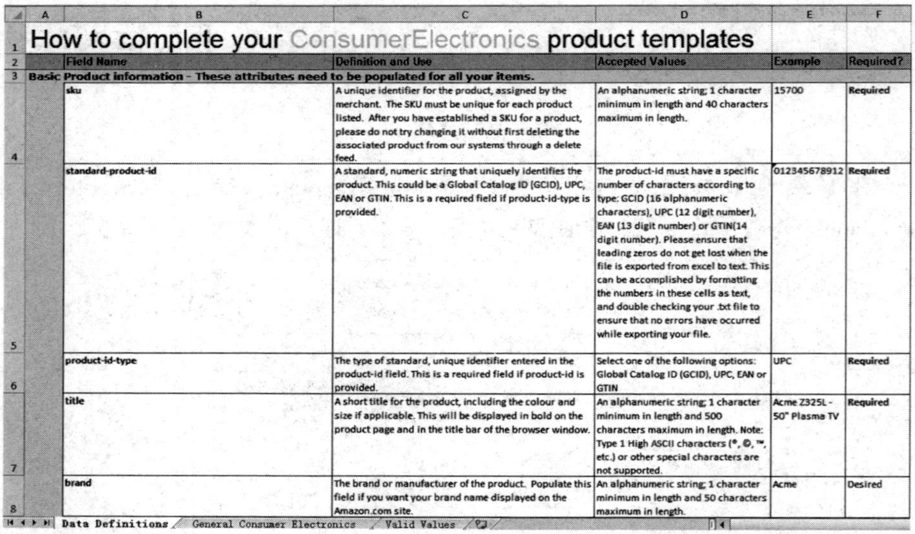

How to complete your ConsumerElectronics product templates

Field Name	Definition and Use	Accepted Values	Example	Required?
Basic Product information - These attributes need to be populated for all your items.				
sku	A unique identifier for the product, assigned by the merchant. The SKU must be unique for each product listed. After you have established a SKU for a product, please do not try changing it without first deleting the associated product from our systems through a delete feed.	An alphanumeric string; 1 character minimum in length and 40 characters maximum in length.	15700	Required
standard-product-id	A standard, numeric string that uniquely identifies the product. This could be a Global Catalog ID (GCID), UPC, EAN or GTIN. This is a required field if product-id-type is provided.	The product-id must have a specific number of characters according to type: GCID (16 alphanumeric characters), UPC (12 digit number), EAN (13 digit number) or GTIN(14 digit number). Please ensure that leading zeros do not get lost when the file is exported from excel to text. This can be accomplished by formatting the numbers in these cells as text, and double checking your .txt file to ensure that no errors have occurred while exporting your file.	012345678912	Required
product-id-type	The type of standard, unique identifier entered in the product-id field. This is a required field if product-id is provided.	Select one of the following options: Global Catalog ID (GCID), UPC, EAN or GTIN	UPC	Required
title	A short title for the product, including the colour and size if applicable. This will be displayed in bold on the product page and in the title bar of the browser window.	An alphanumeric string; 1 character minimum in length and 500 characters maximum in length. Note: Type 1 High ASCII characters (®, ©, ™, etc.) or other special characters are not supported.	Acme Z325L - 50" Plasma TV	Required
brand	The brand or manufacturer of the product. Populate this field if you want your brand name displayed on the Amazon.com site.	An alphanumeric string; 1 character minimum in length and 50 characters maximum in length.	Acme	Desired

Data Definitions / General Consumer Electronics / Valid Values

图 7-30

②添加商品信息

进入商品信息模版后，输入必填信息，每行为一个商品。product-id 里输入 12 位 UPC 码，product-id-type 里输入“UPC”，如图 7-31 所示。

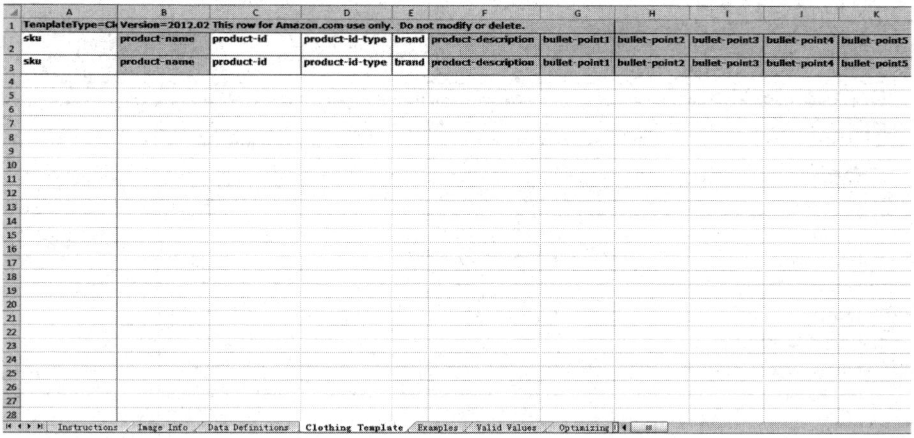

图 7-31

③查找商品品类（product_ type）

在 Data Definition 或者 Valid Values 工作表中可以找到 product_ type 字段应该填写的正规值，如图 7-32 所示。

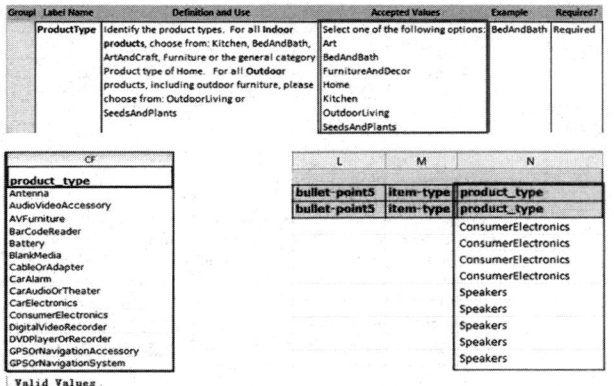

图 7-32

在"Add Products via Upload"页面单击"Product Classifier"，如图 7-33 所示。

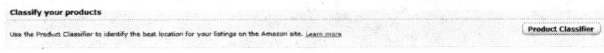

图 7-33

在 Product Classifier 页面中间输入您要搜索的商品关键字，比如 mp3 player、handbags 等，关键字不要太长，否则找不到品类，然后单击"Search"

按钮，如图 7-34 所示。

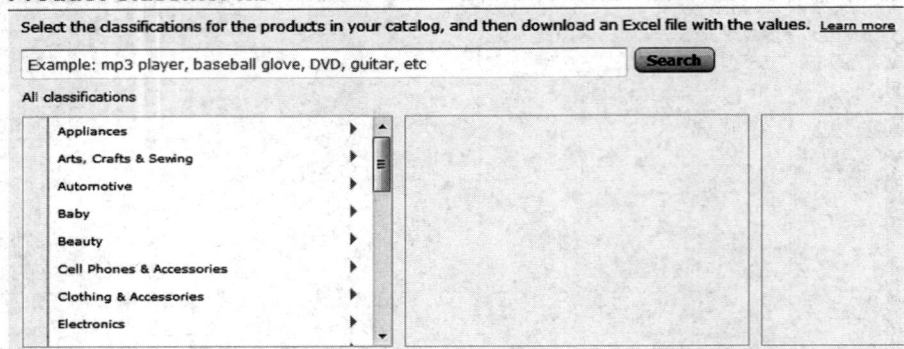

图 7-34

④查找详细品类（Item Type/Recommended Browse Node）

在图 7-34 的搜索结果中找到最接近您商品的品类，单击前面的加号后，商品的品类关键字就会显示在下面列表中的 Valid Values 列了，如图 7-35 所示。

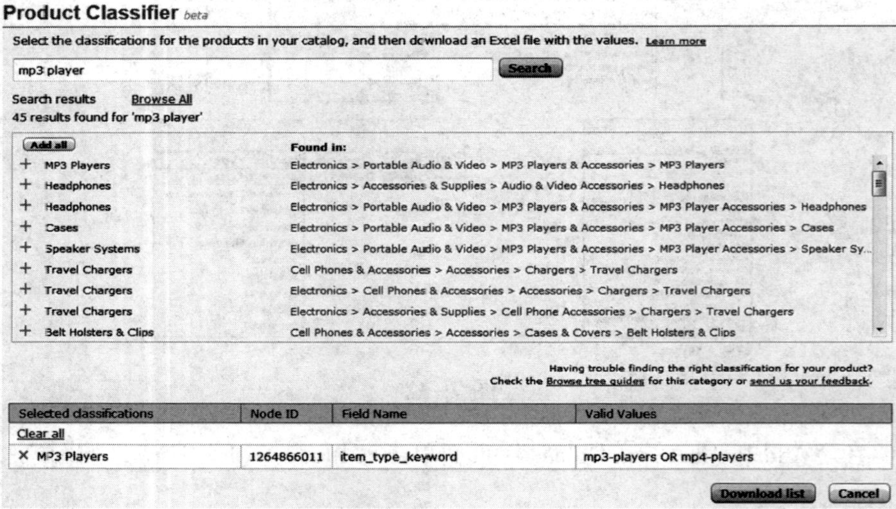

图 7-35

然后把查到的品类关键字添加到 item-type 字段，把品类关键字 Node ID 添加到 Recommended Browse Node 中，如图 7-36、图 7-37 所示。

第七章 跨境电商第三方平台

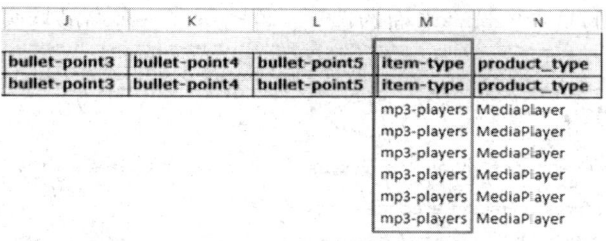

图 7-36

图 7-37

商品信息输入完毕后，确认所有必填信息都正确添加，并且 UPC 和 SKU 没有重复，保存成文本文件，如图 7-38 所示。

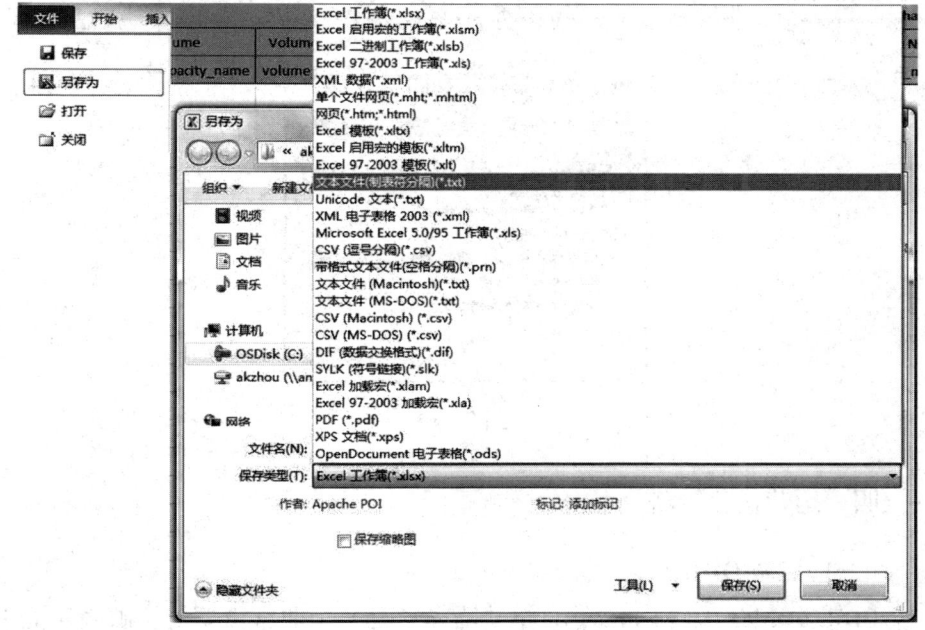

图 7-38

在"Upload inventory files"下拉菜单中选择"Inventory Files for non-Media Categories"，在"Locate your inventory file to upload"中选择已经做好的 txt 文件，单击"Upload Now"。

· 177 ·

需要注意的是不要选择上面的选项，否则所有已有商品均会被删除掉，如图 7-39 所示。

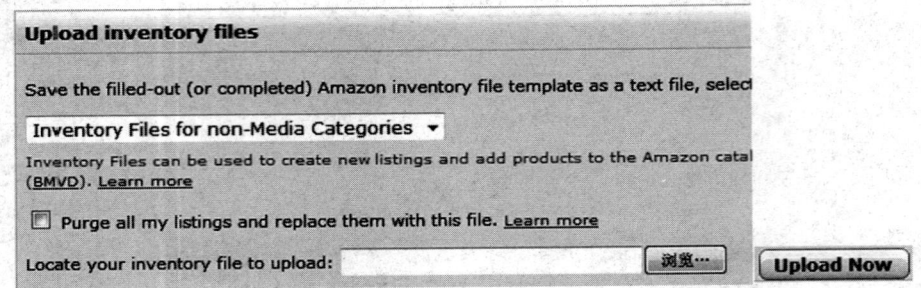

图 7-39

上传结束后，上传结果会显示在 "Inventory file upload status" 里面。单击屏幕右边的 "Refresh" 刷新上传结果；单击屏幕右边的 "View Processing Report" 下载报告，然后用 Excel 打开，如图 7-40 所示。

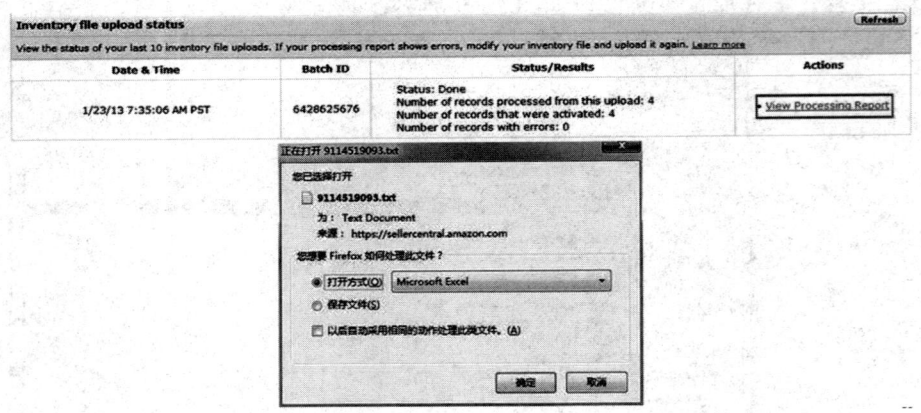

图 7-40

四、运营优化策略

（一）控制 ODR

ODR（Order Defect Rate，订单缺陷率）是一个非常重要的反映卖家能否提供良好的买家购物体验的指标，ODR 应控制在 1% 以内。

（二）提高转化率

转化率高的产品会得到更多的曝光机会，可以从以下几点着手优化转化率。

1. Listing 页面优化,学习销量高的产品是如何设置图片、标题、描述、价格的。

2. 引导客户做出有价值的好评。所谓有价值的好评应该是对其他买家有帮助的。

3. 适当免运费或者进行节假日促销打折活动。

4. 抢占 BuyBox。

(三) 提高售后服务

卖家可以选择亚马逊平台提供的物流服务（FBA），或者选择自己负责物流。选择自己负责物流的卖家，需要保证发货时间和妥投时间在亚马逊要求的时间范围内。选择 FBA 的产品会得到平台更多的流量倾斜。

(四) 注册商标并备案

保护好自建的 Listing 有助于抵挡竞争对手的跟卖，可以避免价格战，可以避免自建 Listing 的编辑权被转移给其他销售更好的卖家。

五、亚马逊物流 FBA

FBA 全称是 Fulfillment by Amazon，中文翻译叫亚马逊物流。是亚马逊提供的代发货业务。即卖家先将产品发往亚马逊 FBA 仓库，再由亚马逊提供仓储、拣货打包、配送、收款、客服、退货处理一条龙物流服务。亚马逊平台非常看重卖家的物流配送和售后服务的品质，为了达到平台的物流标准，对于大部分卖家来说都建议使用 FBA 服务。尤其是在欧洲市场，国内寄往欧洲的物流时间长、费用高，如果卖家不能保证买家在 7 到 10 天内收到包裹，就会严重影响综合评分。所以，选择 FBA 是明智之举。

(一) FBA 优缺点

1. FBA 优点

（1）亚马逊为 Prime 买家会员提供两天送达服务和满足条件即可免运费服务，使用 FBA 的产品都可以在亚马逊的两日送达和免运费服务范围内，买家会更倾向于对这些产品进行下单。

（2）加入 FBA 服务可以提高 Listing 排名，增加抢夺 BuyBox 的机会。

（3）不用担心因为物流而引起的差评。

（4）提供 7×24 小时客户服务热线，解决卖家的客服问题。

（5）拥有丰富的仓储和物流经验、先进的智能管理系统，让卖家的客户体验更好的物流服务。

2. FBA 缺点

（1）成本较高，尤其是仓储费用，如果商品滞销，卖家需要支付很高的仓储费用。

（2）FBA 不负责清关和货物从中国运输到 FBA 仓库的过程，卖家需要自己解决头程运输的问题。

（3）买家退货很简单，容易导致退货率上升。

（二）FBA 费用

FBA 费用包括：

（1）订单处理费。根据订单数量收费。

（2）打包费。根据产品个数收费。

（3）重量计费。首先依据产品的长、宽、高划分产品为相应的尺寸类别，然后根据这个尺寸类别对应的重量单价，按照具体的重量进行计费，这样既考查了产品体积，又考查了产品重量。

（三）FBA 操作

1. 将产品设置为 FBA 发货。进入卖家后台，单击"INVENTORY"→"Manage Inventory"，进入库存管理页面，选择要通过 FBA 发货的产品，如图 7-41 所示。

图 7-41

2. 在要转为 FBA 发货的产品前面的框里打钩，然后单击"Action"，如图 7-42 所示。

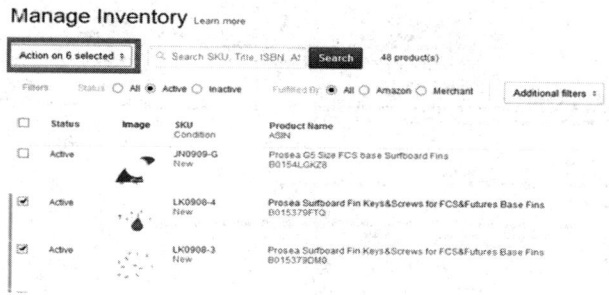

图 7-42

3. 在 Action 的下拉框里选择由亚马逊发货,如图 7-43 所示。

图 7-43

4. 确认所选产品无误,单击继续按钮,如图 7-44 所示。

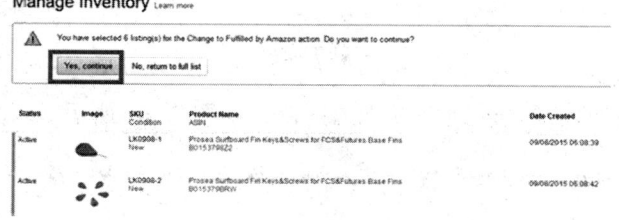

图 7-44

5. 确认是否选择亚马逊的贴标服务。一般建议不要选择贴标服务,由卖家自己提供标签和准备货物,既可节省费用,也可防止货物出错,如图 7-45 所示。

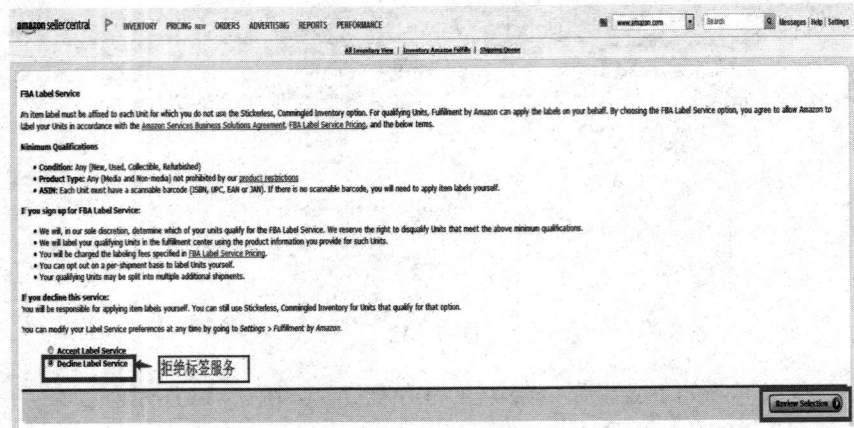

图 7-45

确认您的选择是否正确,然后单击确认,如图 7-46 所示。

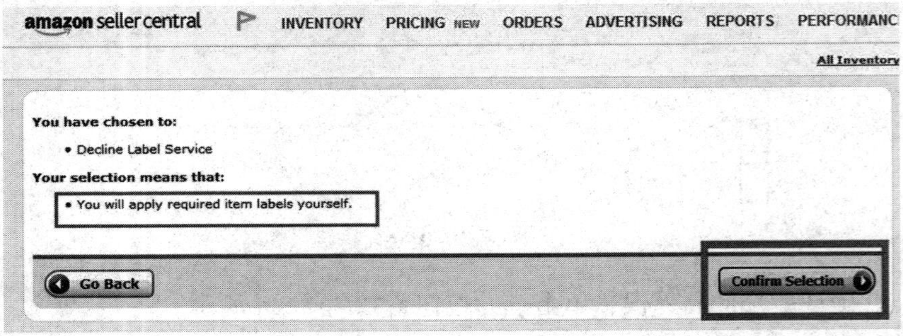

图 7-46

6. 继续进行,单击转换并发货的按钮,如图 7-47 所示。

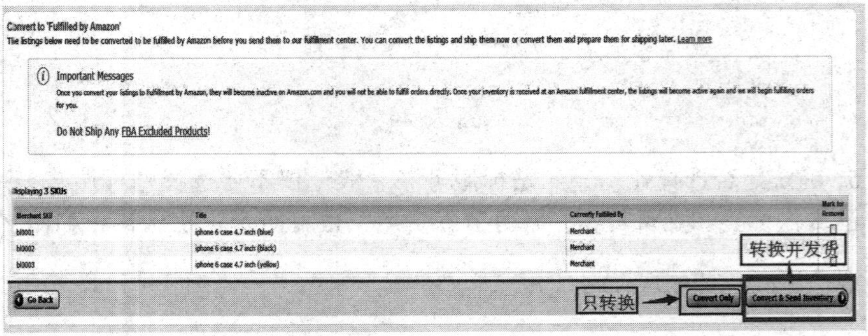

图 7-47

7. 单击添加地址，如图 7-48 所示。

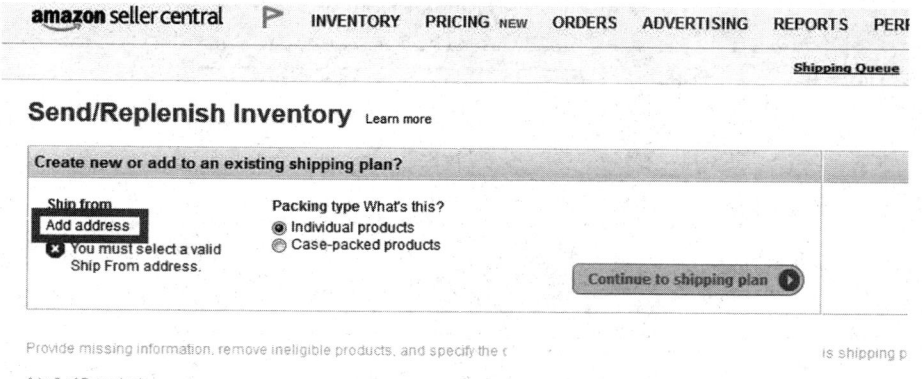

图 7-48

这个页面的发货地址请填写您在中国的公司地址或者工厂地址。电话号码选填，可以不填写。然后单击"Ship from this address"，进行下一步，如图 7-49 所示。

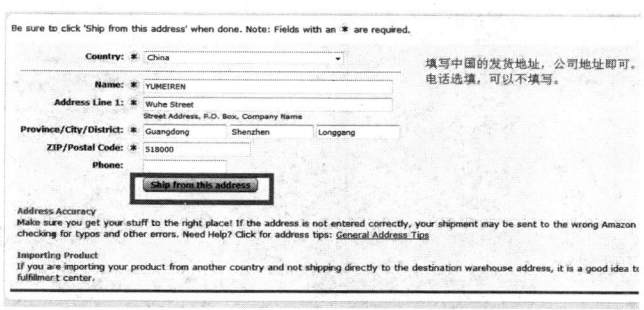

图 7-49

8. 选择打包方式。有两种打包方式：一种是多个 SKU 混储，即一个箱子里可以放不同 SKU 的产品；另一种是原厂包装，即一个箱子里只能放同一个 SKU 的产品，不能放其他 SKU 的产品。如果产品 SKU 比较多，一般建议选择多个 SKU 混储，如图 7-50 所示。

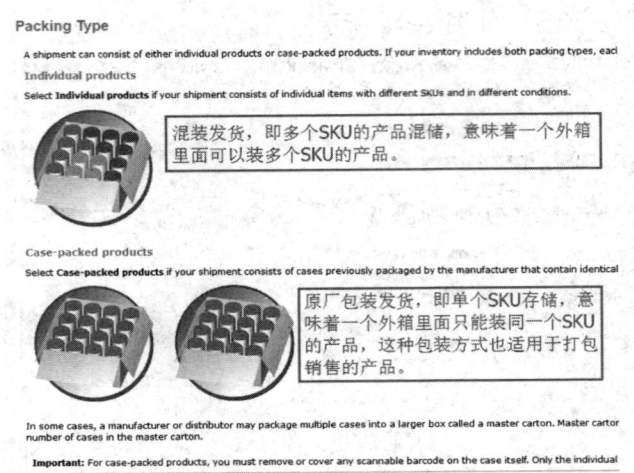

图 7-50

确认打包方式,单击继续按钮,如图 7-51 所示。

图 7-51

9. 填写运送到 FBA 仓库的产品尺寸和每款产品的数量,如图 7-52 所示。

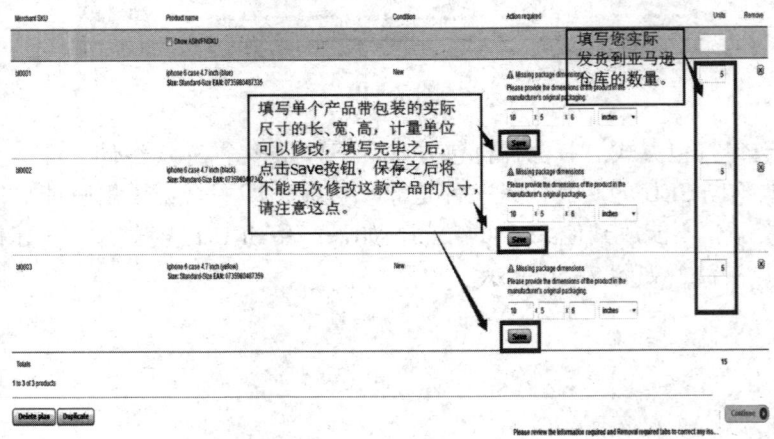

图 7-52

第七章
跨境电商第三方平台

确认库存数量是否无误，单击继续按钮，如图 7-53 所示。

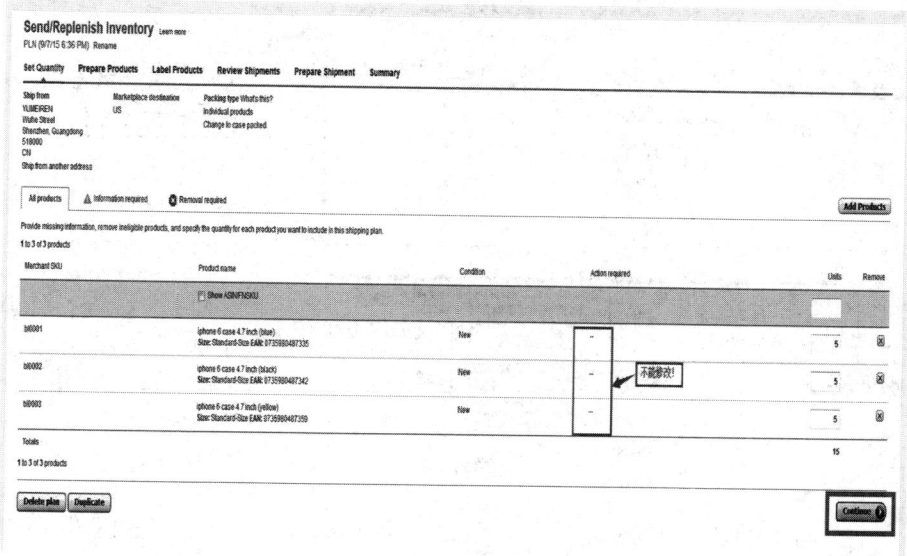

图 7-53

确认产品信息无误后，单击继续按钮，如图 7-54 所示。

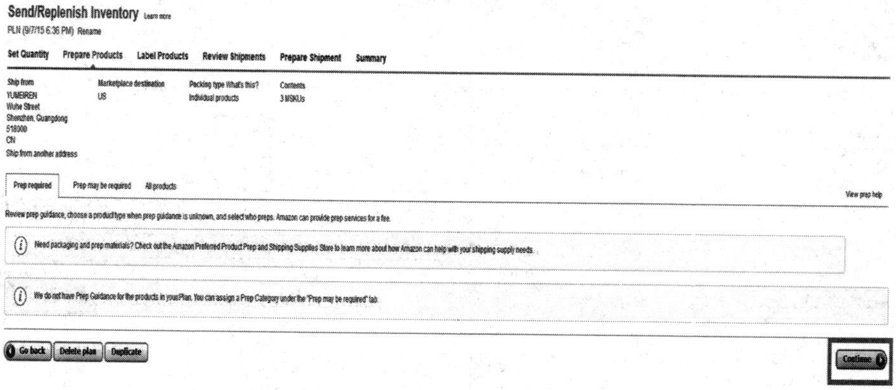

图 7-54

10. 根据产品包装尺寸选择标签的大小，下载/打印商品条码，然后单击继续按钮，如图 7-55 所示。

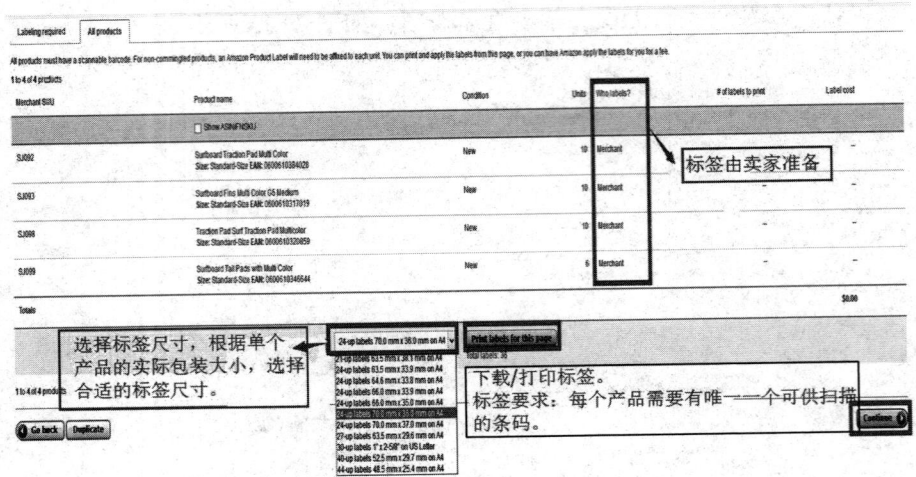

图 7-55

11. 确认 FBA 仓库地址，然后单击"Approve shipment"，如图 7-56 所示。

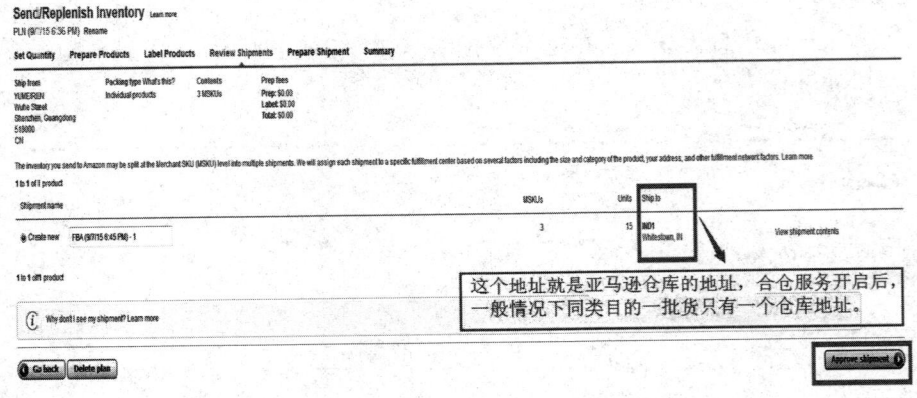

图 7-56

12. 单击"Work on shipment"，进行下一步操作，如图 7-57 所示。

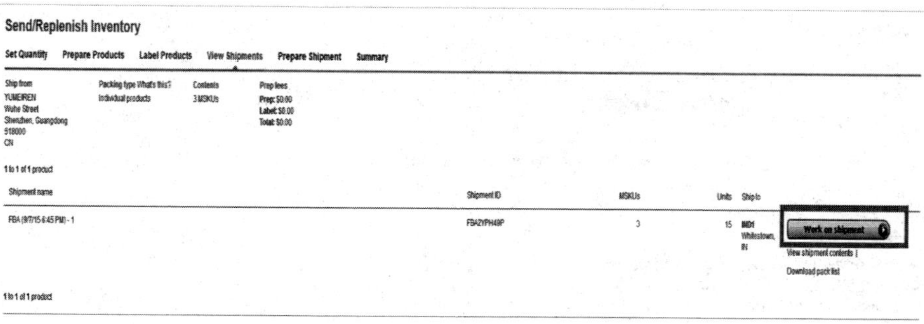

图 7-57

13. 选择运输服务和运输承运人，如图 7-58 所示。

图 7-58

14. 设置装箱数量，只有一个外箱的情况下，只填写箱子的尺寸和重量就可以了，尺寸的计量单位是英寸，如图 7-59 所示。

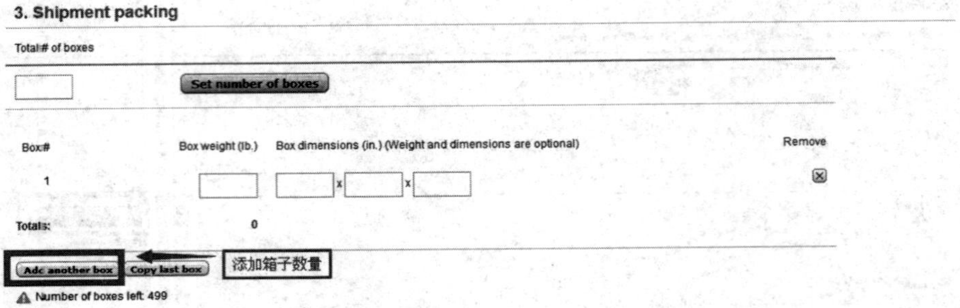

跨境电商概论

图 7-59

设置两个以上的外箱的情况下，页面右侧会出现一个下载装箱单的按钮，下载下来的装箱单是文本格式，用 Excel 打开，将各个箱子所装产品的数量填写完整，然后另存为文本格式，上传到后台即可，装箱单无须放在箱子里，如图 7-60 所示。

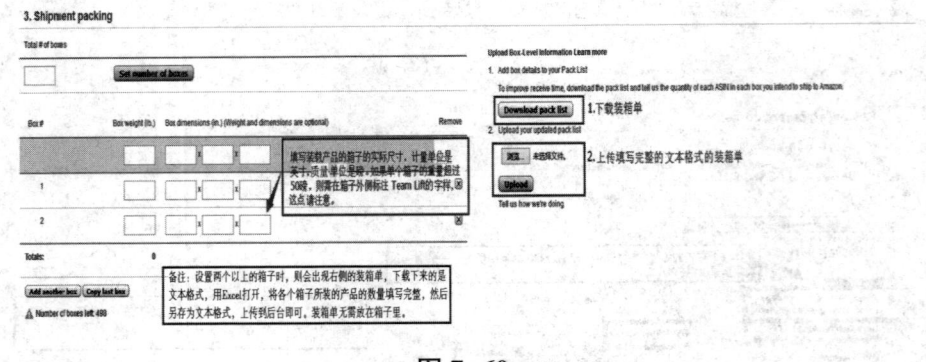

图 7-60

备注：如果单个箱子的重量超过 50 磅，则需在箱子外侧标注 Team Lift 的字样。

15. 下载/打印货件标签，选择箱签尺寸，选择第一个即可，箱签下载下来的格式是 PDF 文档，用 A4 纸直接打印，然后裁剪粘贴在外箱上。下载完毕，然后单击"完成货件"，如图 7-61 所示。

第七章 跨境电商第三方平台

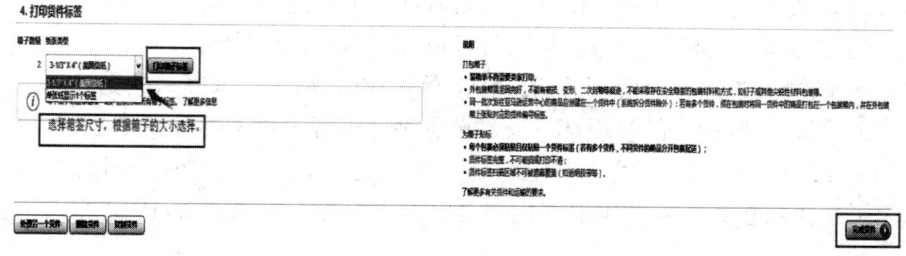

图 7-61

16. 填写追踪单号，然后单击保存按钮。最后一步标记发货，完成操作，如图 7-62 所示。

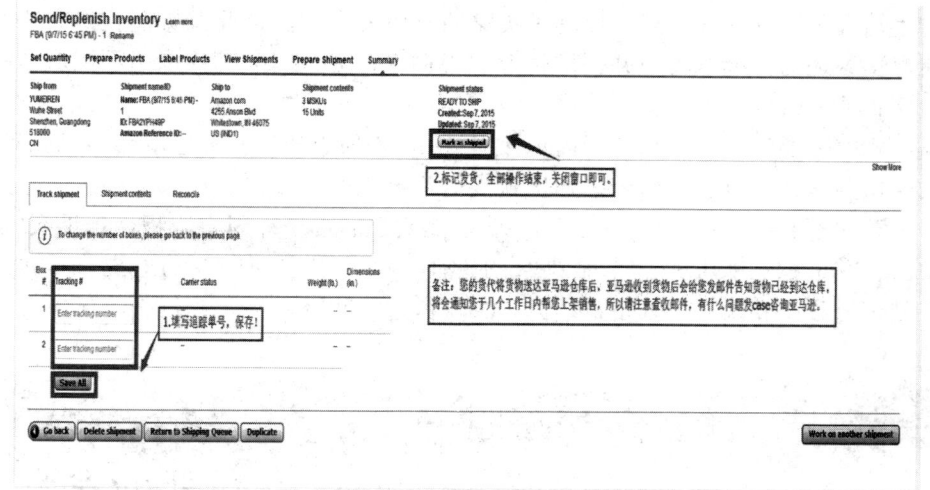

图 7-62

备注：产品转为 FBA 发货后，系统会自动将这些产品下架，产品变为不可售的状态。

六、亚马逊 A-to-Z 条款

（一）A-to-Z 条款内容

A-to-Z 索赔条款是为了保护买家从第三方卖家购买商品时的权益。当买家从第三方卖家购买商品时，商品和物流都在 A-to-Z 条款的保护下。买家提出 A-to-Z 索赔，需要满足以下条件：

（1）买家已经通过自己的账号和第三方卖家沟通过。

（2）买家已等待两个工作日还未得到卖家的回复。

（3）以下情况满足一条，买家就可以提出 A-to-Z 索赔。

- 超过最长送达时间 3 天后或在下单日 30 天后，买家尚未收到商品。
- 买家收到的商品被损坏、有缺陷，或与商品介绍有本质的区别。
- 第三方卖家同意给买家退款但并没有退款，或退款数额有误。注意：如果买家拒收包裹或者买家退回的包裹没有追踪号，买家的 A-to-Z 索赔不会被受理。

（二）卖家如何应对 A-to-Z 条款

当买家的 A-to-Z 索赔尚未被核准受理时，卖家可以采取立刻全额退款的方式解决 A-to-Z 的投诉。如果卖家不同意退款，应立刻提供卖家的陈述资料。如果卖家的账户不支持退款，可以请买家联系亚马逊客服协助处理。在有些情况下，即使亚马逊已核准了买家的赔偿要求，但是此调查还在进行中，所以卖家还需要继续配合并提供卖家的资料；否则，卖家需要承担不回应 A-to-Z 的责任。

卖家需要注意，如果 7 天内不回应 A-to-Z 的通知，亚马逊就会核准买家的赔偿要求，并且会从卖家账户里直接退款给买家。

若卖家收到 A-to-Z 索赔，如果明显是卖家的责任，则应该积极帮助买家解决，并退款给买家；如果是买家的责任，则可以主动向亚马逊提供证据。在处理过程中要及时关注提醒信息，不要错过时间。

第二节 eBay 平台

一、eBay 平台的特点

（一）eBay 集团

eBay 集团于 1995 年 9 月成立于美国加州圣荷西，是全球商务与支付行业的领先者。其成立之初是一个拍卖二手物品的网站，1997 年之后，eBay 逐渐发展成为全球在线商品交易平台。eBay 集团旗下有三大业务：在线交易平台 eBay、在线支付工具 PayPal 和为企业提供零售渠道及数字营销便利的 eBayEnterprise。同时，eBay 集团还有其他专门的交易平台来服务数以百万的用户，其中包括全球最大的票务市场 StubHub 和 eBayclassifieds 社区分类广告网站。eBay 在全球拥有 40 个交易网站，买家遍布 150 多个国家。全球拥有超过 3.38 亿的用户。

（二）eBay 销售模式

eBay 创立之初是一个拍卖网站，时至今日，eBay 在销售方式上依然延续了拍卖的模式，这是 eBay 区别于其他平台的一大特色。在 eBay 上有 3 种售卖方式：拍卖、一口价和综合销售。

1. 拍卖

以"拍卖"方式刊登物品是 eBay 卖家常用的销售方式，卖家通过设定物品的起拍价及在线时间，开始拍卖物品，并以下线时的最高竞拍金额卖出，出价最高的买家即为该物品的中标者。在 eBay 上以低起拍价的方式拍卖物品，仍然是能激起买家兴趣去踊跃竞拍的最好途径。而且，在搜索排序规则中，即将结束的拍卖物品还会在"EndingSoonest（即将结束）"排序结果中获得较高的排名，得到更多的免费曝光机会。

eBay 拍卖商品的形式虽然好，但并不是所有的产品都适合拍卖，适合拍卖方式的产品主要是有以下特点：

（1）有特点的产品，明显区别于市场上常见的其他产品，并且是有市场需求的。

（2）库存少的商品。

（3）卖家为非职业卖家，只是偶尔来销售产品。

（4）无法判断产品的准确价值时，可以设置一个能接受的起拍价，由市场决定最终价格。

2. 一口价

以"一口价"方式刊登 eBay 店铺中热卖的库存物品时，卖家可以设置满意的成交价格且不允许议价，可以设置物品的在线时间最长为 30 天，让物品得到充分展示。如果是多件商品，还可以选择"多数量刊登"，一次性完成全部商品的销售刊登。

适合"一口价"方式的产品具有如下特点：

（1）有大量库存。

（2）有丰富的 SKU，可以整合到一次刊登中。

（3）需要长时间的在线销售。

（4）卖家希望有固定可控的利润。

"一口价"方式的特点是：物品刊登后，不能将"一口价"物品变更为具有"一口价"功能的"拍卖"物品；反之亦然。"一口价"物品如果结束时间在 12 个小时后，则可编辑"一口价"物品的价格。

3. 综合销售

使用"拍卖（Auction）"与"一口价（Fixed Price）"方式进行综合销售。卖家可以在选择拍卖方式时既设置一个起拍价，又设置一个满意的"保底价"，也就是"一口价"，让买家可以根据自己的需求灵活选择购买方式。

适合综合销售的商品具有以下特点。

（1）卖家销售很多种物品，希望同时吸引那些想要通过竞拍达成交易的买家，以及更倾向于选择方便的"一口价"交易的买家。

（2）希望尽可能扩大买家对库存商品的需求，并通过竞拍和"一口价"方式来帮助竞拍者和买家了解其他销售物品或店铺。

综合销售物品的注意事项如下。

（1）物品刊登后，将不能修改物品的销售形式，不过在特定情况下，可以增加、编辑或移除拍卖物品的"一口价"功能。

（2）拍卖物品如果结束时间在12个小时后，同时刊登的物品仍无人出价竞拍，则可增加、编辑或移除物品的"一口价"功能。

（三）eBay 费用

eBay 平台收取的费用主要有5种。

（1）刊登费：在发布一个商品时就需要支付的固定费用，不同类目的标准不同。

（2）成交费：成交后按照成交总金额支付一定比例的费用，未成交则不收取费用。

（3）特色功能费：卖家可以为刊登的商品添加特色功能，特色功能费需要在发布时与刊登费一同支付。

（4）店铺费：店铺月租费，不同级别卖家的店铺月租费不同。

（5）PayPal 费用：使用 PayPal 工具要支付的手续费，在 PayPal 上单独收取。

eBay 平台卖家分为"非店铺卖家"和"店铺卖家"，刊登产品数量不足40个的为非店铺卖家，刊登产品数量达到40个的为店铺卖家。

以美国站卖家的收费标准为例。在美国站，非店铺卖家需要支付的费用包括：刊登费、成交费、特色功能费（如果使用的话）和 PayPal 费用。刊登费和成交费的计算方式如表7-2、表7-3 所示。

表7-2 标准费用收费表(所有费用以美元计)

以拍卖方式或固定价格刊登物品	
拍卖物品的刊登费 / Insertion Fee	
免费刊登	超出每月免费刊登部分
每月50条免费的物品刊登	30美分
成交费 /Final Value Fee	
最终成交价/Final Sale Price	费用
物品未售出	不收费
物品售出	10%(封顶为250美元,其他分类中基于成交价格收取一定的比例;符合"优秀评级+"标准的物品可享受20%成交费折扣)

表7-3 特色功能费率表

可选特色功能费/Optional Feature Fees		
物品底价费/Reserve Price Fees		
底价的价格区间/Reserve Price	费用	
$0.01~$199.99	$2.00	
$200.00及以上	底价的1.0%(上限为$50.00)	
拍卖物品添加"一口价/Buy It Now"功能		
一口价的价格区间/Buy It Now Price	费用	
$0.99~$9.99	每月可免费为50件拍卖物品添加"一口价"功能!	$0.05
$10.00~$24.99		$0.10
$25.00~$49.99		$0.20
$50.00及以上		$0.25
优化刊登功能费/Listing Upgrade Fees		
功能/Feature	针对拍卖、一口价刊登(3、5、7、10天在线)的费用	针对一口价刊登(30天,无限期在线)的费用
优惠包 / Value Pack	$0.65	$2.00
橱窗展示/Gallery	免费	免费

续表1

橱窗展示大图/Gallery Plus	$0.35	$1.00
页面设计师/Listing Designer	$0.10	$0.30
副标题/Subtitle	$0.50	$1.50
字体加粗/Bold	$2.00	$4.00
物品定时刊登/Scheduled Listings	$0.10	$0.10
物品同时刊登于两个物品分类中/List in Two Categories	双倍的刊登费和特色功能费,定时刊登费和成交费只收取1次	双倍的刊登费和特色功能费,定时刊登费和成交费只收取1次

设置物品"10天在线"功能	
物品的刊登形式/Listing Format	费用
拍卖形式/Auction-style	$0.40
一口价形式/Fixed Price	免费

多站点曝光功能 / International Site Visibility		
起始价/Starting Price	针对拍卖形式(3、5、7、10天在线)的费用	针对一口价形式(3、5、7、10、30天在线,无限期在线)的费用
$0.01~$9.99	$0.10	$0.50
$10.00~$49.99	$0.20	
$50.00及以上	$0.40	

eBay 图片托管费/ eBay Picture Hosting Fees	
功能/Feature	费用
第一张图片	免费
每增加一张图片	$0.15
图片包(1~6张图片)	$0.75
图片包(7~12张图片)	$1.00

卖家工具费用 / Seller Tool Fees	
卖家工具	费用
刊登快手 / Turbo Lister	免费
售卖专家 / Selling Manager	免费

续表2

专业版售卖专家（30天免费试用）	$15.99
Blackthorne 基础版（30天免费试用）	$9.99
Blackthorne 专业版（30天免费试用）	$24.99

注：专业版售卖专家可免费供开设精选店铺、超级精选店铺的卖家以及订阅专业版 Blackthorne 的卖家使用

二、eBay 平台运营

（一）开通 eBay 账户

1. 在 eBay 首页单击注册按钮，填写姓名（选填拼音）、邮箱和密码。eBay 的首页通常分为三个版本，即英文版、繁体版、简体版。常用的是英文版和繁体版（简体版往往会跳转到繁体版），三个版本的注册页面略有不同，我们以英文版即国际通用版为例进行注册。单击英文版主页左上角的 register，如图 7-63 所示。

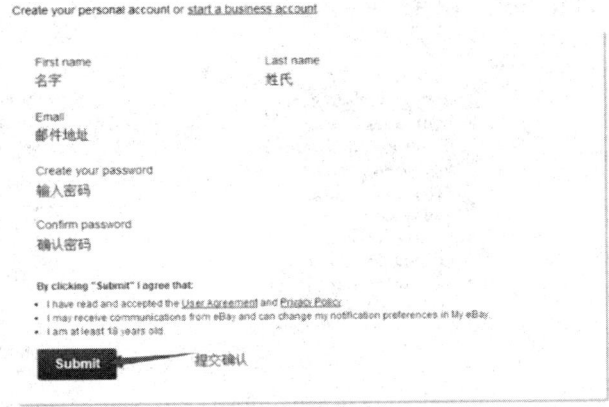

图 7-63

2. 欢迎页面随之出现，图 7-64 中的黑色条纹内容包括你注册时填写的名字、邮箱地址和系统分配的用户 ID。确认无误（尤其是邮箱地址）后即可单击 Continue 继续注册了。

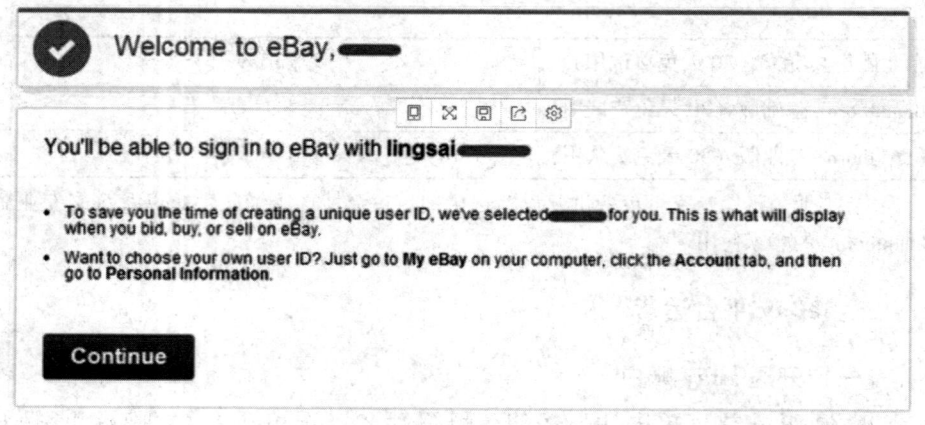

图 7-64

3. 继续完善个人信息，鼠标移至页面右上方的"My eBay"（有时候需要轻轻单击一下），再单击下拉菜单中的"Summary"进入个人主页。鼠标移动到名字（黑色条纹部分）下方的 Account，单击下拉菜单中的 Addresses，如图 7-65 所示。

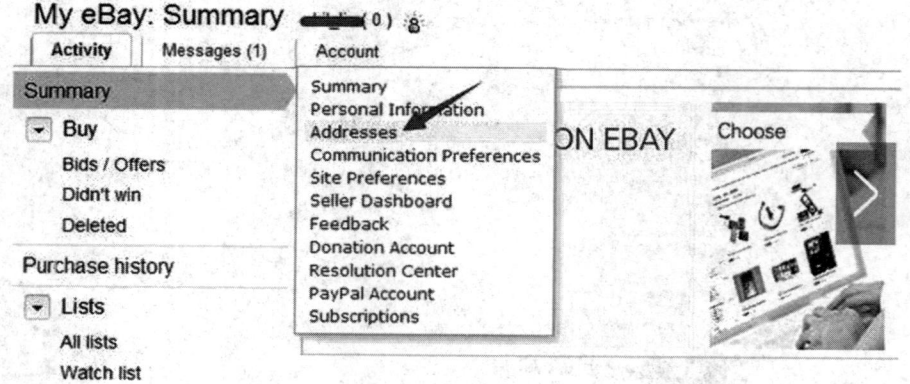

图 7-65

进入地址修改页面，添加和修改 Registration address（注册地址）和 Primary shipping address（默认收货地址）。建议把注册地址修改为中国（eBay 促销活动基本都针对中国的注册用户）；国内地址可以写成中文或拼音；单击 Create 进入地址填写页面，在 Country 栏选择 China，页面会自动跳到繁体页面，按照提示填写信息；注意在填写联系电话时，需加上国内"86"区号，并提交，如图 7-66 所示。

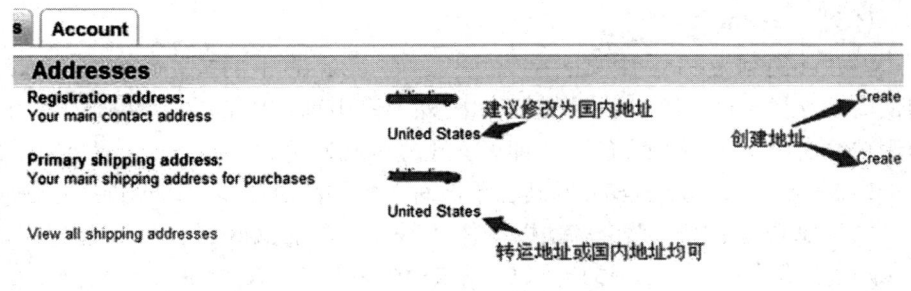

图 7-66

提交成功后会进入个人信息页面,页面会显示出此前填写的资料,确认无误即可,如图 7-67 所示。

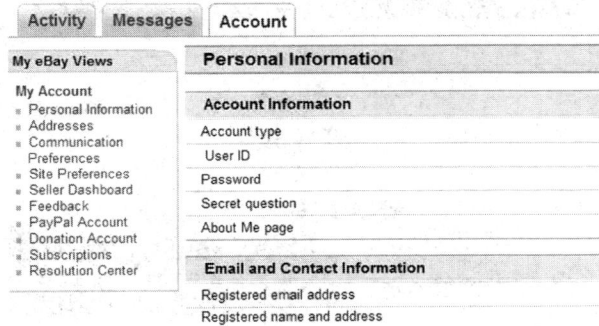

图 7-67

返回到地址页面,查看新的注册地址和收件地址,如需修改转运地址,只需单击收货地址后的"Change",进入地址修改页面,单击"Add New Address",即可新建地址,具体地址格式按照转运公司提供的填写即可,如图 7-68 所示。

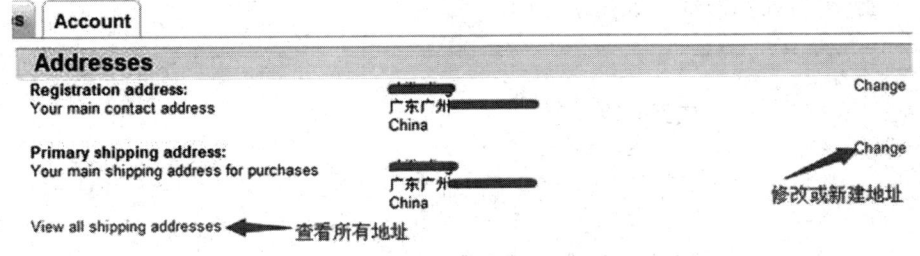

图 7-68

(二)PayPal 注册

PayPal 简称为 PP，中文名字为贝宝，是 eBay 旗下的公司，也是全球应用最广的支付平台，除了 eBay 之外，国外很多电商网站都支持 PP 支付。国内用户注册中文版的国际 PayPal 即可，账号全球通用。

1. 进入 www.paypal.com 网站，单击右上角的注册按钮，即可进入注册页面。国家地区为中国，无论您是以个体还是企业的名义经营，都请选择"商家账户"，然后单击"创建商家账户"，如图 7-69、7-70 所示。

图 7-69

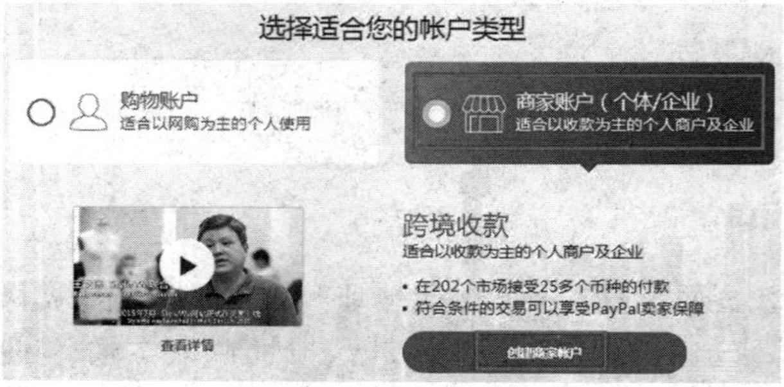

图 7-70

2. 填写邮箱地址，如图 7-71 所示。

图 7-71

3. 填写基本账户信息。按要求和提示填写完成后,勾选单击"同意并继续",如图 7-72 所示。

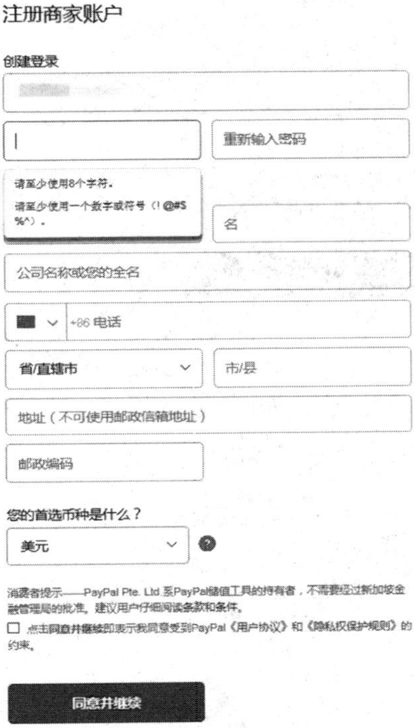

图 7-72

4. 提供公司详细信息,如图 7-73 所示。

图 7-73

例如您是个人独资企业,需要完善以下内容,然后单击继续,如图 7-74 所示。

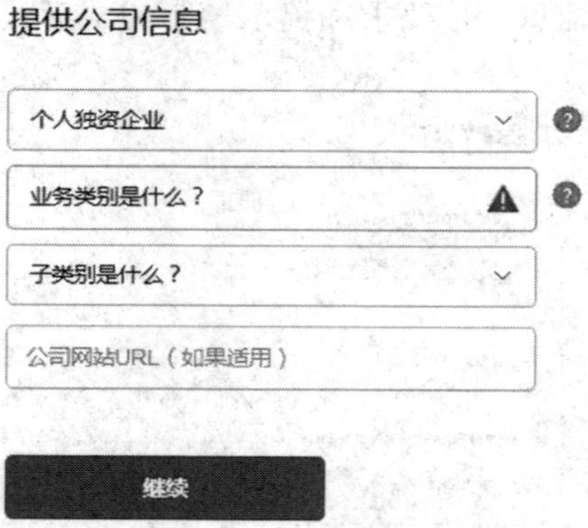

图 7-74

5. 提供账户持有人的信息，如图 7-75 所示。

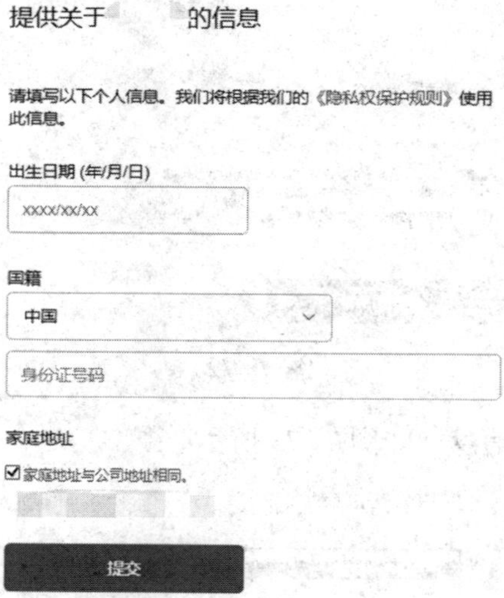

图 7-75

6. 注册申请提交完成后，会跳转到以下页面，如图 7-76 所示。然后到注册邮箱里验证、激活你的 PayPal 账户，如图 7-77 所示。

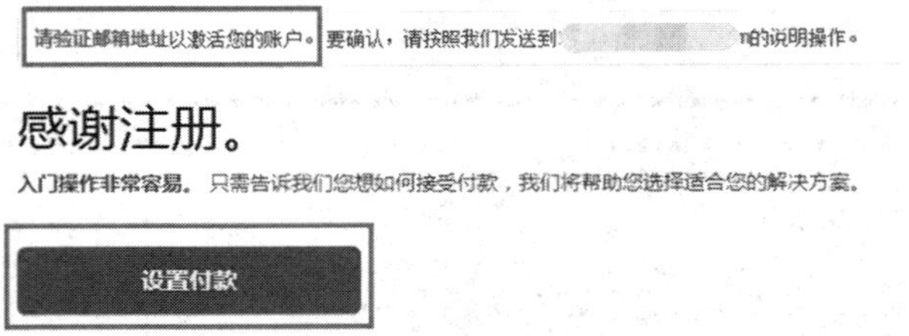

第七章
跨境电商第三方平台

图 7-76

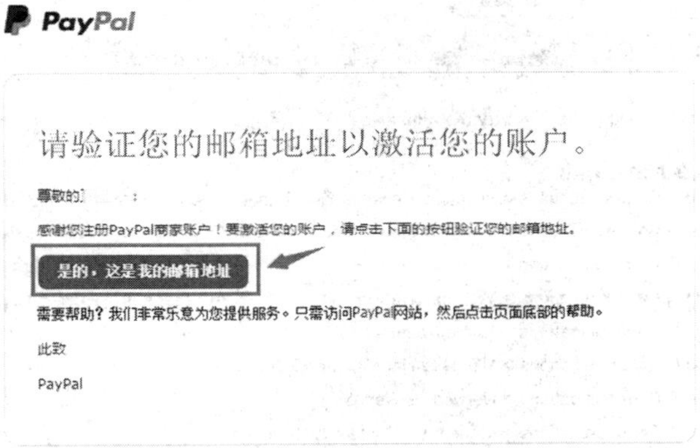

图 7-77

账户注册完成后，为保护账户安全，PayPal 会要求所有用户先认证银行账户或卡的信息，才能从 PayPal 账户提现。

（三）设置运营规则

账户注册好后需要设置必要的运营规则，告知买家关于卖家、支付、物流等的信息，包括如下项：

（1）登记营业执照。

（2）设置卖家承诺。

（3）设置买家付款时的指定方式，可以是 PayPal、信用卡或其他付款方式。

（4）设置物流政策，包括指定处理时间、运送方式、运费数据等。

（5）设置退货规则。

（四）刊登商品

1. 选择刊登类别

选择合适的刊登类别，可以让买家更容易地找到您的物品。也可通过搜索物品关键字来查看其他卖家选择的分类，如图 7-78 所示。

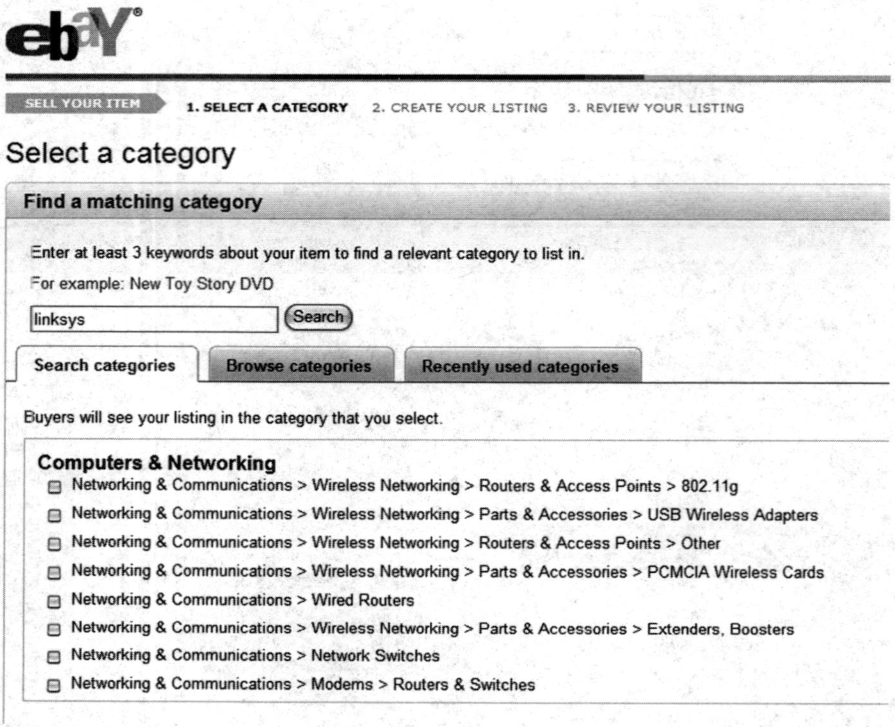

 跨境电商概论

图 7-78

2. 建立物品标题

物品的标题框最多允许输入 55 个字符，要尽量用足。关于物品标题可以进行多方参考，使用买家最可能使用的物品关键字；也可以参考超级卖家的物品标题；标题可以包括品牌、物品功能及 eBay 常见术语（如全新、大小、颜色、型号），如图 7-79 所示。

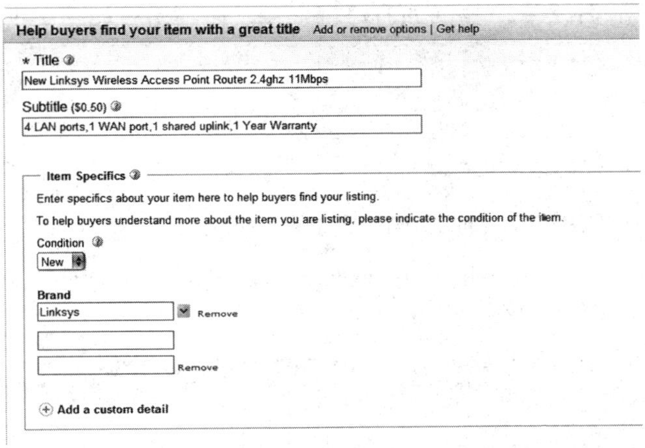

图 7-79

3. 加入图片

物品的图片应尽量选用清晰、明亮的实物图；当图片较多时，可采用自用的存放空间，如图 7-80 所示。

图 7-80

4. 物品描述

物品描述应尽量精简、详尽，同时兼顾重点；除产品功能及特征信息外，还可包括包装、运送方式及费用、在途时间、退货条件等信息。不做模棱两可的描述、不误导买家。物品如有瑕疵,一定要指出,如图 7-81 所示。

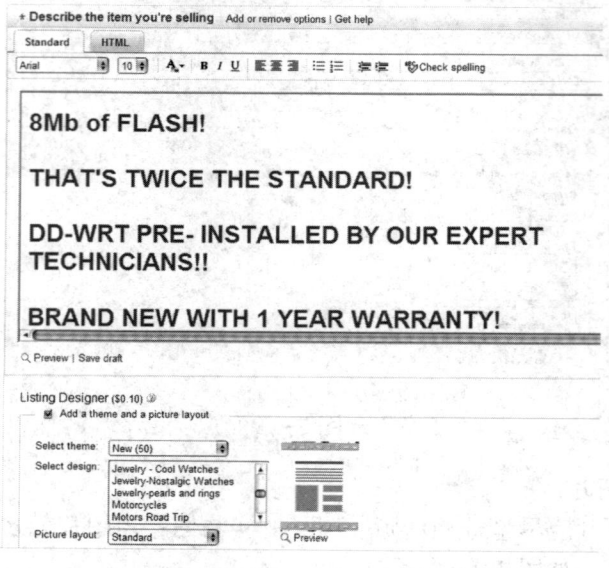

图 7-81

5. 出售方式及定价

不同分类的物品需要有不同的销售方式及定价策略。先进行市场调查,才决定出售方式,定价时要在吸引买家及赚取利润之间取得平衡。同时,也要了解对手的定价策略。热门产品要缩短在线的拍卖时间,并明确起始时间,如图 7-82 所示。

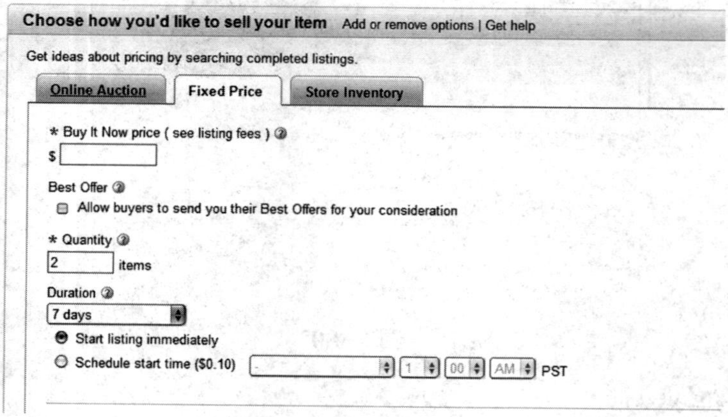

图 7-82

第七章 跨境电商第三方平台

6. 运费设置

仔细核算，制定合理的运费水平；国际运送时间较长，建议至少采用邮政航空小包发货，并提供至少一种快速发货方式。同时，最好把保险费包括在物品运费中，如图7-83所示。

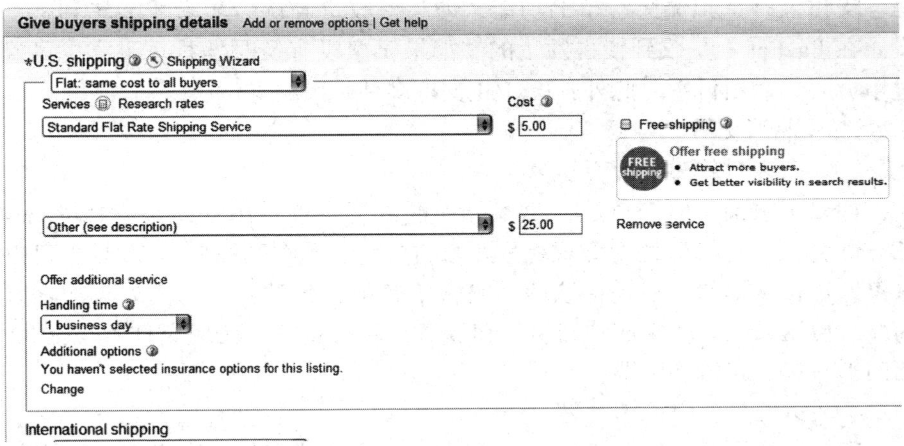

图7-83

7. 支付方式

首选PayPal，确保正确拼写收款账户的E-mail，如图7-84所示。

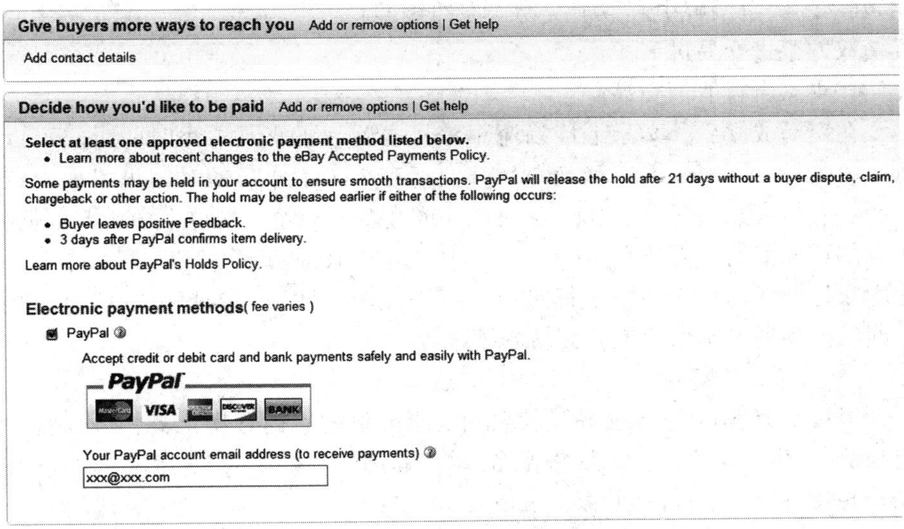

图7-84

8. 订单管理

(1) 查收货款

eBay 账户注册后需要绑定 PayPal 账户，当买家下单后，卖家可以在 PayPal 里查看收到的款项。PayPal 和支付宝都是第三方支付工具，但不同的是：支付宝有"担保交易"的功能，即买家收货确认后卖家才能拿到钱；而卖家在 PayPal 上是收到钱再发货的。如果卖家没有及时发货，买家也可以通过申诉要求撤回付款。此外，PayPal 支持多种货币的支付。

(2) 取消交易

①买家未付款时取消交易

如果买家拍下但未付款，卖家可采取以下一些措施。一是通过 E-mail、eBay 讯息匣、电话联络等方式提醒买家付款；二是在刊登 3 至 30 日内可以向买家发送付款提示；三是将该商品出售给其他出价的买家，或者再次刊登该商品且可退回上一次未成功交易的刊登费；四是卖家可在成交日后 4 至 32 天内向平台提出未付款个案。

②买家已付款时取消交易

如果买家已付款，但是由于卖家原因需要取消交易，会影响到卖家的不良交易率；如果因为买家原因要取消交易，则不会影响卖家的不良交易率。买家已付款时取消交易有两种途径。一种是与买家沟通取消交易。买家确认收到退款后，会收到一封来自 eBay 的通知，启动取消交易的流程。另一种是在 eBay 的纠纷调解中心取消交易。在纠纷调解中心发起个案，由调解中心为买卖双方跟进交易进展。

③买家自行取消交易

在交易成立后，卖家上传物流跟踪号之前，买家有 1 小时的时间可以自行取消交易。买家提出取消交易后，卖家有 3 个工作日的时间可以做出以下选择。一是卖家同意取消。eBay 将退还成交费；买家不能再留中、差评低分；卖家同意取消后，需要在 10 个工作日内退款，10 日后买家可以开启个案。二是卖家拒绝取消，交易将继续进行。三是卖家不回应。若超过规定时间卖家不回应，则视为卖家拒绝，交易继续进行。

(3) 售卖专家

售卖专家是 eBay 为交易量较大的卖家准备的店铺管理工具，可以管理设定刊登、出售中的物品及售后活动。售卖专家分为售卖专家（Selling Manager）和专业版售卖专家（Selling Manager Pro）。

①售卖专家的功能

售卖专家的基本功能主要有以下几项：一是"摘要总览"页面提供了出售活动和备忘录的资料，是售卖专家的"首页"；二是通过"设定刊登的物品"页面可管理将会在未来刊登的物品，页面中会显示已设定刊登时间（Scheduled Listings）但尚未开始出售的物品；三是通过"出售中的物品"页面可追踪正在出售中但尚未卖出的物品；四是通过"已卖出的物品"页面可管理已成功卖出的物品；五是在"未卖出的物品"页面会显示已结束刊登但未卖出的物品，可在此页面重新刊登物品；六是在"已结束的刊登"页面会显示所有已结束的刊登物品，包括已卖出、未卖出或被取消的物品；七是在"已存档的物品"页面会显示在90日后自动存档或在"己卖出的物品"页面手动存档的刊登物品；八是追踪和管理售后活动，包括信用评价、电子邮件、付款和运送方式；九是完成大量工作项目，包括刊登物品、重新刊登未卖出的物品、留下信用评价、寄出电子邮件和列印账单；十是下载交易记录。

②专业版售卖专家的功能

专业版售卖专家的基本功能主要有以下几项。一、设定刊登物品：显示已设定刊登时间但尚未开始出售的物品。二、出售中的物品：显示正在出售中但尚未卖出的物品。三、未卖出的物品：显示已结束刊登但未卖出的物品。四、已卖出的物品：显示成功卖出的物品。五、已结束的刊登：显示所有已结束的刊登物品，包括已卖出、未卖出或被取消的物品。六、已存档的物品：显示在90日后自动存档或在"已卖出的物品"页面手动存档的刊登物品。七、物品总管：卖家可以追踪产品存货数目，设定这些产品的刊登范本，设定自动刊登或重新刊登的规则。八、自动化功能设定：自动化设定刊登时间、买家通信和信用评价。

专业版售卖专家的特色功能有以下两项：一是完整的销售管理功能，包括批量创建和定时上线物品刊登，免费的页面魔法师（Listing Designer）可创建效果更加专业的物品刊登，自动增加或减少存货，补充库存提醒；二是节省时间的自动化功能，包括定时上线需要自动重复或重新刊登的物品，自动更新付款，当买家付款时自动给出卖家的信用评价，在收到付款和物品发货后自动给买家发送电子邮件（付款收讫或物品已发）。

9. 促销工具

（1）扩大订单（Order Discount）用于促销整个店铺、一个物品分类或者一组物品。扩大订单是一种操作简单的促销方式，可为买家在购买多个物品（或在每笔交易中消费超过一定金额）时提供一定的金额优惠或百分比的折扣，还可附赠品或以赠品加折扣的方式（例如：买一送一，再优惠50%）促进买家购买多个物品。

（2）优惠通道（Codeless Coupon）通过优惠券吸引买家。优惠券可通过电子邮件以链接方式发送给买家，也可刊登到社交媒体网站和店铺等。优惠不会出现在自然搜索中，只有单击链接的买家才会看到。

（3）运费折扣（Shipping Discounts）用于推广设置免运费规则的所有物品。通过提供促销运费规则（如：购买两件以上免运费等），可推广符合条件的物品以扩大订单。

（4）降价活动（Sale Event）用于推广所有的打折物品，方便买家购买。可以选择价格优惠的物品将其自动显示在打折页面上，同时每个物品在主要的购物页面上都有链接，吸引买家访问此页面。可以将通常会一起购买的产品或补充产品进行分组促销。

（5）捆绑销售（Access or discount）用于激励买家购买经常会一起购买的特定物品。通过将相关的物品捆绑到一个主要物品上，关联物品优惠可在物品刊登中促销特定的 SKU（例如：推荐特定相机的镜头）。只要买家购买了主要物品，每种关联物品即可按不同百分比的折扣购买。

三、eBay 平台规则

（一）信用评价体系

eBay 信用评价体系主要由信用评价（Feedback）、卖家服务评级（DSR）及交易纠纷（Disputes）三大方面组成。这些指标综合起来则代表了您在 eBay 的信誉，以及用户对您的满意程度。

1. 信用评价（Feedback）

信用评价（Feedback）是买卖双方在 eBay 交易过后，相互之间所作的评价（好评、中评和差评）和简短的评语，反映了双方对交易的体验，代表了用户在 eBay 的声誉。这些评级、评语及总体信用度，会显示在用户的信用评价档案中，并能为其他用户提供参考。

信用度就是指会员账号旁括号中的数字，是信用评价档案最重要的内容之一。您也可以在信用评价档案上方看到此数字。您可能会在信用度旁边看到一个星号。信用度达 10 分的 eBay 会员会获得信用评价星星。关于信用度的计算，通常是获得好评会令信用度增加 1 分；获得中评不会改变信用度；获得差评会令信用度减少 1 分；相同用户在不同的自然周做出的重复信用评价将被计入（eBay 标准时间的自然周为太平洋时间的周一至周日）。

2. 卖家服务评级（DSR）

买家除了可以为交易过的卖家留下信用评价（正面、中立或负面），还可以通过匿名的方式为卖家留下详尽的卖家服务评级，即 Detailed Seller Ratings，简称 DSR。无论是买家还是卖家，他们只能看到详尽卖家评级的平均值，因此卖家是无法分辨特定评级具体由哪位买家留下。

买家在为卖家留下信用评价时，可就卖家提供的以下 4 方面的服务留下详细的卖家服务质量评级。

①物品描述准确性（Item as Described）。

②沟通质量及回应速度（Communication）。

③物品运送时间（Shipping Time）。

④运费及处理费合理性（Shipping and Handling Charges）。

卖家服务评级由 4 项评分构成，这使卖家可以更直观地了解自己的服务表现，也可以让 eBay 的买家根据 DSR 评分高低挑选服务质量较好的卖家，获得更好的购物体验。卖家服务评级的评分是一个选填项，并非所有与您交易过的买家都必须留下卖家服务评级。

卖家服务评级体系以五星制为标准，五颗星为最高评级，一颗星则为最低评级。因而分值也相应地在 1 至 5 之间，5 为最高分，1 为最低分。卖家服务评级分数不会影响到卖家总体的信用度。

卖家服务评级的各项评分是您收到该项 DSR 的所有分数的平均分，并以五角星的形式显示在您的信用评价档案内（见图 7-85），星星越多越完整则代表买家对您的服务越满意。在表格的右边，"Number of ratings"为您列出该项的有效评价数。

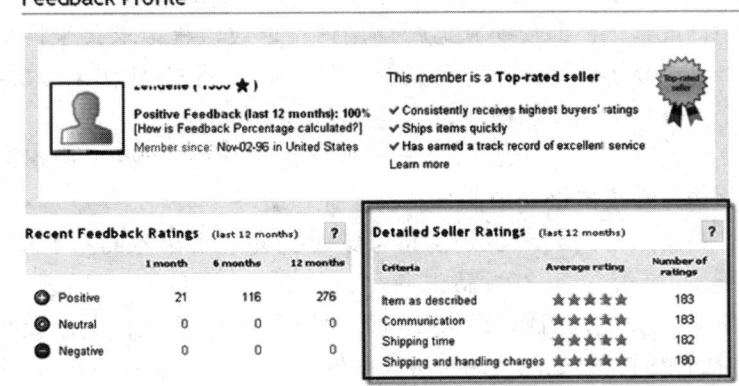

图 7-85

需要注意的是，DSR 评分代表 4 项独立分数，并非 4 项评分的加权平均数。为了使买家获得更好的购物体验，eBay 会将 DSR 评分高的卖家的物品优先推荐给买家。

3. 交易纠纷（Disputes）

eBay 卖家交易纠纷的衡量标准是不良交易率（Defect Rate）。

不良交易率指有下列一种或多种情况的不良交易除以卖家所有成功交易所得的比例。一是买家在"物品与描述相符（Item as Described）"一项给予了 1、2 或 3 分评级；二是买家在"运送时间（Shipping Time）"一项给予了 1 分评级，买家留下中评或差评；三是买家要求退货，且原因与"物品与描述不符"相关（目前仅适用于加入了"无忧退货"的交易）；四是买家通过 eBay 退款保障（又称 eBay 买家保障）或 PayPal 购物保障开启了物品未收到或物品与描述不符纠纷；五是卖家取消交易。

不良交易率的计算方法及相关规定如下。

①同一笔交易涉及多项问题，只计算为一笔不良交易。

②只有已完成的交易才会被计入分母，因买家原因而取消的交易及买家出价但不买等情况将不计入评估。

③eBay 对卖家账号下来自美国、英国、德国买家相关交易的不良交易率进行分别统计，对对应 eBay 站点的卖家等级造成影响。

④当过去 3 个月的交易达到或超过 400 笔时，评估期为过去 3 个月，当过去 3 个月的交易不足 400 笔，评估期为过去 1 年；评估日为每月 20 日。

⑤卖家需要同时满足"不良交易率"及"未解决纠纷率"的最低要求，确保成为合格卖家。当买家开启纠纷而卖家未在规定时效内给予答复，或纠纷升级后由 eBay 判定卖家承担责任的交易将被计入未解决纠纷率；当买家对交易留下中评或差评，即便卖家通过信用评价修改流程请求买家将中差评修改为好评，此交易仍将被计作不良交易；当一笔交易被认定为未解决纠纷时，也会被认定为开启的纠纷而被计为不良交易。

⑥在美国及英国站，从 2015 年起，要获得"优秀评级+"徽章及成交费折扣，则该物品必须提供"节假日延长退货"服务。

此外，买卖双方的纠纷也是衡量买家对交易是否满意的重要依据之一。由买家发起的纠纷包括"物品未收到（INR）""物品与描述严重不符（SNAD）"两大类型。当您遇到纠纷时，切不可置之不理，应积极回应买家并找出纠纷的原因，避免此类纠纷再次发生。

对合格卖家的不良交易率要求是不良交易率不能超过 5% 或不超过 8 笔，未解决纠纷比例不能超过 0.3% 或不超过 2 笔。对优秀卖家的不良交易率要求是不良交易率不能超过2%或不超过5笔，未解决纠纷比例不能超过0.3%或不超过2笔；年度交易数超过100笔，年度交易额超过10,000美元。

（二）互评机制及卖家表现评分

1. 互评机制（Feedback Forum）

每完成一笔交易，卖家和买家都有机会为对方打分，其中包括好评（+1分）、差评（-1分）、中评（0分）以及附上简短的评论，但卖家只有权利给予买家好评或者放弃评论。互评分数是用户资料的重要组成部分，直接出现在每个用户的ID旁。eBay还根据分值将用户划分等级，标志为不同颜色和形状的五星。同时出现的还有好评率，计算方法是近12个月的好评数除以评分总数。近期评分：计算近1个月、6个月和12个月的好评数、差评数和中评数。撤销竞拍次数：计算近12个月中该用户在拍卖期间撤销拍卖的次数，如图7-86所示。

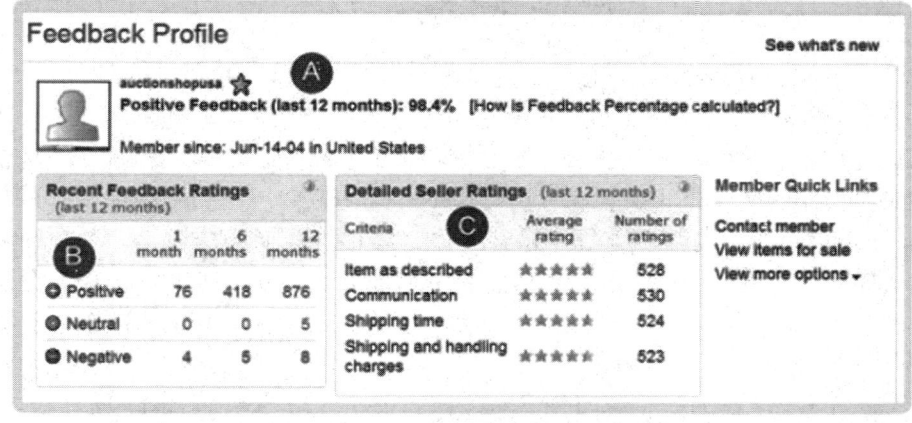

图7-86

上图中A为好评率，B为近期评分，C为卖家评分（DSR）。A旁的五星根据互评分值划分不同颜色和形状，标志该用户的等级，具体划分区间如图7-87所示。

(☆) = 10 ~ 49
(★) = 50 ~ 99
(☆) = 100 ~ 499
(☆) = 500 ~ 999
(★) = 1,000 ~ 4,999
(☆) = 5,000 ~ 9,999
(☆) = 10,000 ~ 24,999
(★) = 25,000 ~ 49,999
(☆) = 50,000 ~ 99,999
(★) = 100,000 ~ 499,999
(☆) = 500,000 ~ 999,999
(☆) = 1,000,000 以上

图 7-87

2. 卖家表现评分

在 eBay 上，买家除了可以根据总体印象给予卖家好、中、差的评价，还可以对卖家的服务具体评分，包括如下项：①产品是否与描述相符。②是否满意与卖家的交流。③是否满意出货速度。④运输费用是否合理。卖家评分（以下简称 DSR）与互评分数一起出现在卖家 ID 旁，计算方法为：各项评分满分是 5 星，最低是 1 星，超过 10 次评分后取近 12 个月的平均值。DSR 分值单独呈现，不影响卖家的互评得分，但成为 eBay 对卖家评级的重要参照，如图 7-88 所示。

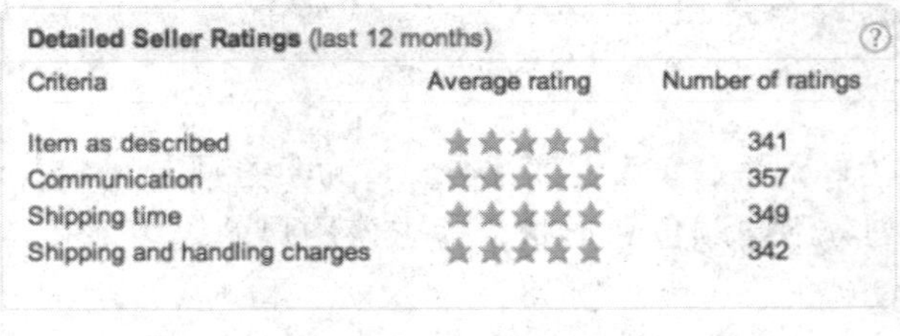

Detailed Seller Ratings (last 12 months)		
Criteria	Average rating	Number of ratings
Item as described	★★★★★	341
Communication	★★★★★	357
Shipping time	★★★★★	349
Shipping and handling charges	★★★★★	342

图 7-88

（三）eBay 卖家权益保护

卖家无法给买家打差评或中评，意味着 eBay 需要建立除互评体系外的其他机制来保护卖家权益，eBay 的具体措施如下：

1. 卖家可以在商品列表上添加买家条件来避免恶意买家，比如互评分值低于某个标准的买家无权购买该商品，当前在该商铺购买商品多于某个界限的买家无法购买该商品,或依据用户 ID 限制特定买家购买。

2. 非拍卖卖家可以要求买家使用 PayPal 即刻全额付款。

3. 被恶意评论或评分的卖家可以向 eBay 举报中心投诉,在查实之后,eBay 会删除不实评论或打分。受到勒索的卖家可将记录有"给我×××(额外好处),不然就打差评"等形式的交谈记录作为证据向 eBay 投诉。

4. "eBay 卖家保护部门"密切监视买家行为记录,对于多次要求退款或频繁给予卖家差评的买家,eBay 有可能冻结其账户或清除其留言及评分。

5. eBay 建议对交易结果不满的买家在与卖家协商后再给予评分,但对此并不强制,目前 eBay 正在考虑是否强制要求买家在给予中评或差评之前与卖家提前沟通。

(四)平台重要规则

1. 虚假出价

虚假出价是指以"拍卖"方式刊登产品时,通过亲朋虚假出价以达到抬高价格的行为。被判定为虚假出价的卖家,eBay 会根据情节轻重做出不同的惩罚,主要包括:取消刊登的产品,限制账户权利,取消"超级卖家"资格,暂时或永久冻结卖家账户。

2. 高额运费

卖家为逃避交易费,将商品价格设低,将运费设高。此操作违规。

3. 滥用关键词

使用和产品无关的关键词以吸引买家。此操作违规。

4. 违反知识产权

销售假冒或侵权的产品都会受到处罚。

5. 不正当取得信用评价

通过自卖、自买、自评取得信用评价。此操作违规。

第三节
Wish 跨境移动平台

一、平台的产生及特征

Wish 成立于 2011 年 9 月,创始人是出生在欧洲的 Peter Szulczewski 和来自广州的张晟(Danny)。两个人曾经是大学室友,一起求学于加拿大 Waterloo 大学的计算机系。毕业后,Peter 在谷歌、微软等名企工作,参与开发 Google Adwords/AdSense 等经典产品；张晟先后在雅虎担任技术组长（Tech Lead）和在 AT&T Interactive 担任工程主管（Director of Engineering）。

两位技术高手起初在 Wish 上通过系统抓取用户上传内容，利用算法系统向用户推荐商品图片。后来发现，用户看到自己喜欢的商品的图片，能激发用户希望拥有这个商品的动机。于是，2013 年 3 月 Wish 增加了商品交易功能。这一改变，让 Wish 踏入了电子商务领域，并迅速成为移动跨境电商领域的黑马。

Wish 是一款移动端购物 APP，有 IOS、安卓、Web 三个版本，IOS 买家客户端截至 2016 年年底的注册用户超过 3.3 亿，日均活跃买家用户超过 700 万，SKU 超过 8000 万，日均业务量达上百亿级别。Wish 的商品推送原理是根据用户的注册信息和网络浏览行为进行分析，有针对性地主动推送用户可能感兴趣的商品。

Wish 崇尚快乐购物（Shopping Made Fun）理念，重视买家的购物体验。

Wish 平台的买家端体验和其他跨境电商平台相比，具有独特之处。主要体现在如下几点：

1. Wish 平台淡化店铺的概念

平台更加注重商品本身的区别和用户体验的品质。在商品相同的情况下，以往服务记录良好的卖家会得到更多的商品推送机会。Wish 平台推送权重最大的要素是标签（Tag）。平台根据用户的注册信息，加上用户后期的浏览、购买行为，系统会自动为用户打上标签，并且不间断地记录和更新用户标签，根据多维度的标签推算用户可能感兴趣的商品。这些信息记录、更新、计算的过程都是由系统自动完成的。买家可以随时随地地打开手机浏览感兴趣的商品信息。

2. 平台的类目和商品策略清晰

Wish 平台排名前 5 位的类目分别是：Fashion、Gadgets、Hobbies、Beauty、Home。比较受买家青睐的类目普遍具有的特点是：产品种类丰富、更换频率高、容易产生话题。对于新卖家，在选择类目时通常会考虑即将被拓展或有潜力的类目，可以避免激烈的竞争，为自己赢取更大的发展空间。卖家在选择具体的商品时，需要注意选择差异化的商品，因为 Wish 平台的后台数据算法会判断页面和卖家，重复或相似度高的商品就会被判定为是同款，只推荐其中一个商品，其他同质商品就不再被推荐了。在 Wish 平台上发布同质化的商品不会带来任何流量和曝光。

3. 平台的 98%用户来自移动端

平台用户主要以欧美地区为主，北美占 50%，欧洲占 45%。大部分流量是从 Facebook 等 SNS 网站引流到 Wish 平台的，用户的互动性高，浏览习惯以兴趣为导向。平台卖家常使用 SNS 网站作为营销渠道，并根据产品目标群体的兴趣制造话题或策划活动来吸引用户关注和参与，引流效果明显。

二、Wish 平台运营

（一）创建店铺

1. 登录 Wish 商户平台（网址为 merchant.wish.com），单击"免费使用"按钮，注册成为 Wish 会员，如图 7-89 所示。

图 7-89

2. 填写信息，如图 7-90 所示，创建店铺。

图 7-90

在注册过程中，如果有问题不能解决的话，可以单击"查看注册指南"链接。

3. 提交产品进行店铺审核，在店铺审核过程中，Wish 会给每个店铺分配一位客户经理，客户经理会发送一封邮件收集你的信息。

4. 设置配送范围。默认仅配送到美国，卖家可以在后台修改为配送到全球。若设置仅配送到美国，那么只会获取来自美国的流量。

（二）Wish 商户上传产品到平台

商户完成平台注册后，单击提交，进入平台功能页面。单击"添加新产品"，出现两个选择："手动"和"产品 CSV 文件"，如图 7-91 所示。

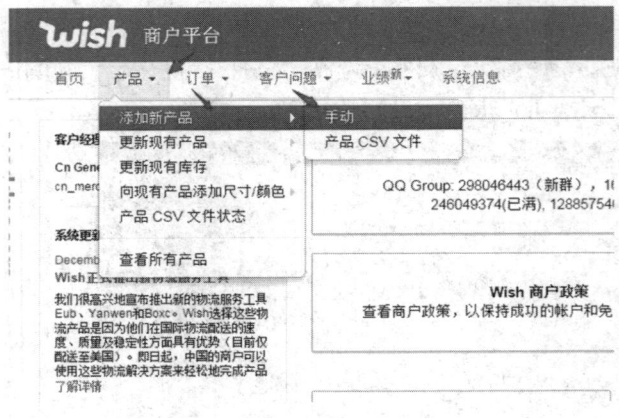

图 7-91

1. 手动上传产品

单击"手动"后，出现添加产品页面，需要完成基本信息、主图片、额外图片、库存和运送、颜色、尺码、可选信息、自动退款所需等待的天数以及摘要共 9 个项目的填写，才能完成一个产品的手动上传，如图 7-92 所示。

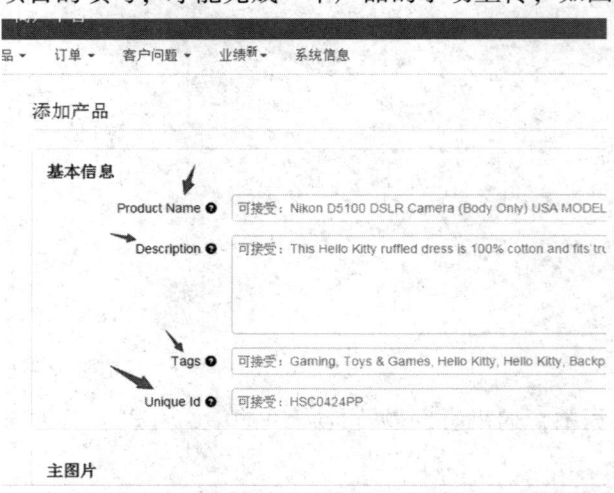

图 7-92

（1）产品基本信息的填写

①Product name：产品标题。平台不注重搜索，所以不需要做标题优化，不用堆砌关键词，写标题时要注意简洁、明确，包含必要的品牌名、产品名、关键词属性。另外，可以加上一个产品特征描述词，这个描述词可以增强买家的感官认识。注意，不要带敏感词和侵权词。

②Description：对图片无法表达清楚的信息，需要进行文字说明，文字内容要简洁明了、排版清晰，适合用户用移动端屏幕阅读，尽量不要有HTML代码。

③Tag：标签在平台推送中的权重很高，需要细致、认真地对待。标签最多可以填写10个，包含精准词、宽泛词、产品词、属性词。标签写得越精准，转化率越高，在系统判断推送时所占的权重就越高。

④Unique ID：你产品的身份证号码，必须是唯一的。且产品生成后号码不可以更改。

⑤上传图片：由于用户使用移动端浏览时更多的是看图片而非文字，所以对图片的质量要求很高，需要商品的多角度拍摄图片、轮廓清晰、画面简洁明了、数量不超过6张。

⑥Price：卖家可以对商品的价格进行定位，合理地设置价格对成交非常有帮助。比如在销售过程中需要降价促销，商品的价格调低后就会被系统监测到，每次商品降价，系统都会通知用户，所以首次定价可以比原价高一些，3至5天做一次降价调整。

⑦Shipping：预估的产品运费（需要包括15%的平台佣金）。以全球配送举例，这里显示的运费是到全球各个国家的运费。这个费用不需要太精确，商家在售卖时考虑其与产品售价的关系，避免亏损。

⑧利润：是指你的产品和运费扣除平台佣金后的应收产品金额。

⑨Shipping Time：是一个预估的商品运输时间（从你单击发货到商品被签收）。这个时间必须是一个范围值。

⑩颜色：目前还不支持自定义，只能选择系统提示的颜色。在CSV批量上传中，如果填写的颜色单词与系统数据库中现有的颜色单词不符，系统将无法识别。多种颜色的产品只能选取主要颜色或者作为不同类型的产品分别罗列。

⑪尺寸：目前还不支持自定义，只能选择系统提示的不同类目的尺寸指标。在CSV批量上传中，如果填写的尺寸与系统现有的尺寸指标不符，系统将无法识别。对于服装、鞋等类目，请一定标示消费者市场的尺码，和该尺码与你衣服之间的度量关系。降低客户的投诉和退换货比例（举例：在产品

图中加入服装选择尺寸图,并且列举欧洲、美国消费者分别应该选择什么样的尺码)。

（2）可选信息的填写

①MSRP：建议零售价。对于需要显示折扣的商品,请设置建议零售价(举例：商品售价为 $10, MSRP 设置为 $15, 可以出现 33% 的折扣)。

②Brand：品牌。如果有,则填写。

③Upc：条形码。不是必填项。

④Landing Page Url：这是系统遗留问题,可以忽略不填。

单击提交,产品上传成功,去已上传产品里查看和修改。

2. CSV 批量上传产品

产品数量众多时,不妨采用 CSV 批量上传产品,一次性将几十个乃至上百个商品上传上架,大大提高了工作效率。CSV 是 Comma-Separated Values 的缩写,即以纯文本形式存储表格数据（数字和文本）。

采用 CSV 批量上传前,必须要将产品的如下属性进行编辑：款号属性、货号属性、价格属性、产品名称属性、数量属性、运费属性、商品主图链接属性、标签属性、商品描述属性、商品尺寸属性、颜色属性、零售价属性、品牌属性、商品辅图链接属性、产品条码属性和发运时间属性。这些属性其实就是把手动上传过程中的各种产品属性进行了汇总。

（三）店铺优化

Wish 平台用户是因为兴趣而进行碎片化浏览,通常没有明确的购买目标。因为搜索权重在排名因素中占比很低,所以卖家希望通过店铺优化来提升流量,主要考虑以下几个要素：

1. 频率：保持高频率的新品上架。当有新品上架时会增加流量,所以,如果每天都有节奏地上新品,相对应的每一天也都会增加流量。

2. 诚信：库存量要输入真实的数量,系统会通过你的发货速度及相关因素来判断库存量是否属实；商品信息描述也要真实,客户收到的货品如果和网页描述一致,则会做出正向的反馈。

3. 及时：与品牌相关的证件、证书等信息一定要在开店的第一时间上传。在开店最初的一个时间段里,平台对于提供品牌相关证件的店铺会给予流量。过了最初的阶段,店铺后续上传就不能获得相应的流量了。

4. 物流：接到订单后一定要快速发货,在价格能承受的范围内选择速度快、运输时间稳定的物流公司。

（四）物流和售后

Wish 平台很注重物流的速度,物流的速度是影响买家满意度的很重要的因素，所以发货速度在系统计算权重中占比很高。Wish 物流系统分为线上发货和海外仓物流，线上发货可以选择 Wish 官方渠道或第三方物流商。Wish 物流系统要求卖家在交易后 5 天内上传物流跟踪号；否则系统会自动退款，但在实际操作中建议卖家在 3 天之内上传单号。货物妥投时间要控制在平均时间内，比如到美国的平均妥投时间是 14 天。售后服务需要重点关注以下几个事项：

1. 因缺货导致的退款率

因缺货导致无法发货是非常不好的用户体验，所以缺货的产品一定要下架，而不是仅把库存设置成 0。

2. Ticket 处理速度和投诉率

当买家有售后、投诉问题时是通过 Ticket 来呈现的，遇到 Ticket 时卖家尽量在 24 小时内处理完毕。

3. 回复评价

对买家的评价，卖家可以选择公开回复或私下回复，所有买家评价都是永久性的，卖家无法删除。

4. 退单率

卖家应尽量避免因质量、物流、客服问题引起的退单。

5. 退款退货

商家默认都是接受 Wish 平台"100%保证买家满意"的政策，即"收货后 30 天无条件退换货"条款。

6. 发货时间设置

订单发出后 Wish 会要求买家做出评价，评价系统为 5 星，5 星评价为最高，1 星评价为最低。Wish 会根据卖家设置的发货时间来判断买家是否收到货了，并向买家发出评价要求。所以，卖家需要准确设置发货时间，否则买家可能在还没收到货时就收到系统发送的评价要求了。

（五）平台费用

Wish 平台没有基础费用，而是按照每笔订单成交额的 15% 收取佣金。计算方法是：如一件商品售价为 20 美元，运费为 3 美元，则佣金为（20+3）× 15% = 3.45 美元。另外，在使用 PayPal 收款的情况下，PayPal 会收取一定比例的手续费，这笔手续费是单独计算的。详细的收费标准请参考 PayPal 官方网站。

跨境电商概论

【思考题】
1. 亚马逊平台的主要特点是什么？
2. 亚马逊 A-to-Z 条款的主要内容是什么？
3. eBay 平台主要的销售方式有哪些？
4. eBay 平台的促销工具有哪些？
5. 简述 Wish 平台商品可以优化的要素。

知识考查与技能训练

本章习题请扫码获得。

第八章　跨境电商数据分析

【学习目标】

本章旨在让学习者了解跨境电商数据分析的指标体系及网站数据分析的指标体系。熟悉主要跨境电商平台店铺数据分析的要点，熟悉第三方数据工具的使用。

【本章重点】

本章学习的重点是数据分析的定义、目标、定位及步骤，主要跨境电商平台数据分析的要点。要求学习者掌握跨境电商数据分析的影响因素。

随着网络和信息技术的日益普及,"大数据"逐步向各行业渗透辐射,颠覆着很多行业特别是传统行业的管理和运营思维方式。"大数据"更是触动着电商行业管理者的神经,搅动着电商行业管理者的思维方式。之所以称之为"大数据",是因为电子商务时代的数据量很大,以至于无法在可承受的时间范围内用常规软件工具进行捕捉、管理和处理。进行电子商务数据分析的意义在于对数据进行专业化处理,得到一个服务于企业管理决策或提升用户体验的结论。

在跨境电商交易过程中,围绕着各方参与者的数据分析已经成为行业新的利润增长点。谁能在海量数据信息中深度挖掘出蕴含的商业价值,谁就能获得更多商业机会,并最终成为赢家。

第一节 数据分析概述

一、数据分析的定义

数据分析是指用适当的统计分析方法对收集来的大量数据进行分析,提取有用信息,形成结论并对数据加以详细研究和概括总结的过程。这一过程也是质量管理体系的支撑过程,在实际应用中,数据分析可帮助人们做出判断,以便采取适当的行动。

数据分析过程包括识别信息需求、收集数据、分析数据、评价并改进数据分析的有效性。

(一) 识别信息需求

识别信息需求是确保数据分析过程有效的首要条件,可以为收集数据、分析数据提供清晰的目标。识别信息需求是管理者的职责,管理者应根据决策和过程控制的需求,提出对信息的需求。就过程控制而言,管理者应识别需求并利用信息支持评价过程的输入和输出、资源配置的合理性、过程的优化方案和发现过程的异常。

(二) 收集数据

有目的地收集数据是确保数据分析过程有效的基础。对收集数据的内容、渠道、方法进行策划时应考虑:①将识别的需求转化为具体的要求;②明确由谁在何时何处通过何种渠道和方法收集数据;③记录表应便于使用;④采取有效措施，防止数据丢失和虚假数据对系统的干扰。

（三）数据分析

数据分析是指将收集的数据通过加工、整理和分析转化为信息，通常采用的方法有：排列图、因果图、分层法、调查表、散布图、直方图、控制图。当前流行的方法有：关联图、系统图、矩阵图、KJ法、计划评审技术、PDPC法和矩阵数据图。

数据分析是质量管理体系的基础。组织的管理者应在适当时候通过以下分析来评估数据分析的有效性：一是提供决策的信息是否充分、可信，是否存在因信息不足、失准、滞后而导致决策失误的问题；二是信息对持续改进质量管理体系和过程、产品所发挥的作用是否与期望值一致，是否在产品实现过程中有效运用数据分析；三是收集数据的目的是否明确，收集的数据是否真实和充分，信息渠道是否畅通；四是数据分析方法是否合理，是否将风险控制在可接受的范围；五是数据分析所需资源是否得到保障。

数据分析的目的是把隐没在一大批看来杂乱无章的数据中的信息集中、萃取和提炼出来，总结出所研究对象的内在规律。在实际工作当中，数据分析能够帮助管理者进行判断和决策，以便采取适当的策略与行动改善企业的经济效益。

二、数据分析的目标和定位

通常情况下电子商务企业的店铺运营包括行业对比、选品开发、店铺监控、数据分析、打造爆款等，在所有运营环节中能够为决策提供客观依据的就是数据分析。数据分析的目标是找到最适合自己店铺的运营方案，达到销售利润最大化。对于基础卖家，需要掌握选择产品、编辑商品、采购货物、正常发货等技能；对于进阶卖家，需要做好客服工作、开好"直通车"、做好店铺活动营销、保持店铺销售平稳增长等重点工作；对于明星卖家和超级卖家，要整合供应链、提高库存周转率、提升议价能力、建立品牌意识、做行业前十的店铺。以上工作都需要企业以数据分析为背景对店铺进行调整和优化。

三、数据分析的常用步骤

（一）确定目标

在获取数据之前，运营人员应该明确需要通过数据分析解决的问题。

（二）收集数据

自己店铺的数据——过往的销售记录、交易转化数据、广告推广效果等是最真实、最有价值的数据，应该定期被收集整理并存档。

平台提供的数据——速卖通卖家后台提供的数据纵横工具，是速卖通基于平台海量数据打造的一款数据产品，卖家可以充分利用这个工具了解行业状况。平台买家端会有销量榜、热销榜等榜单信息，仔细观察可以收集到行业销售数据和竞品数据。

第三方数据工具——有的平台提供给卖家的数据不丰富，无法满足卖家对数据分析的需求，因此可以利用第三方数据工具收集更多的数据。有些第三方数据工具是专门服务于跨境电商卖家的，通常可以监测平台整体数据、行业数据、竞品数据等；有些是体现全网网民搜索趋势的，如谷歌趋势。后面会具体介绍第三方数据工具。

（三）整理数据

可制作成图表，也可用 Excel 的公式及数据透视表功能进行统计运算，最重要的是可以直观看到想要的结果。

（四）对比数据

通常通过对比才能得出结论和做出判断，比如本月和上月的数据对比、不同产品的数据对比等。

（五）做出判断

通过对比数据发现需要改进的地方，或者筛选出较优的方案。

（六）尝试改变

尝试建一个新方案进行数据测试，比如做"直通车"推广时多尝试几张不同风格的广告图。

（七）前后对比，确定最优方案

测试 A、B 方案后选择最优方案，达到效果最优化的目的。

四、数据分析的作用

当用户在电子商务网站上有了购买行为之后，就从潜在客户变成了网站的价值客户。电子商务网站一般都会将用户的交易信息，包括购买时间、购买的商品、购买的商品的数量、支付金额、物流等信息保存在自己的数据库里面，所以对于这些客户我们可以基于网站的运营数据对他们的交易行为进行分析，以评估每位客户的价值，进行精准化、个性化、智能化的客户服务创新，以达到既降低成本，又提高效益的双效效应。

跨境电商相对于传统外贸行业来说，最大的特点就是一切都可以通过数据来监控和改进。通过数据可以看到用户从哪里来，如何组织产品才能实现很好的转化率，投放广告的效率如何等问题。

（一）数据分析可以提升电子商务企业的竞争优势和价值

现代电子商务数据的来源已经不局限于企业的 Web 站点，企业会更多地利用电子邮件、微博、Web 日志、互动社区等社交媒介多元化地收集相关数据，这些数据将从不同方面反映着企业自身业务的状况、客户的状态、竞争对手的动向、社会环境的优劣，企业的决策行为是基于对数据的分析而做出的。因此，这方面的数据信息越全面，越趋于社会化，越具有实时性，以此制定出的企业发展与竞争策略就越准确、越有针对性、越贴近客户，当然企业在市场上的竞争优势的可持续性就随之增强了。

（二）挖掘电商数据可以优化电子商务企业的运营效率

电商平台庞大的数据量为电子商务企业做好了锁定消费者的基础保证，电商企业通过不断地整合数据资源，模糊业务节点的界限，使得所属供应链上下游参与方能更方便地共享信息与资源，从而优化电子商务业务流程，提高各业务节点的流畅度，进而提高业务的效率。同时，大数据模式下的电子商务交易带来的互动数据，不仅为电商企业，也为网络交易平台提供了全方位的市场信息，为以电子商务交易为核心的新兴产业链打造了活性数据平台。

（三）对大数据进行分析和优化为电商企业带来了多重商机

对于电子商务企业来说，"低成本、高效率"是其在市场取胜的法宝，而制胜的战术就是对大数据的分析和优化。一方面，通过收集消费者带来的海量数据，进一步挖掘用户需求，便于企业准确预测潜在客户市场，提高交易的成功率。另一个方面，消费者获取、选取、分析数据信息的能力也在不断地提高，对数据信息准确识别能力的增强有利于将消费者注意力反应在其网络行为中，继而有利于电商企业智能业务和服务的开发与推广，为企业节约成本、占领市场带来巨大的商机。

（四）电商大数据改善物流服务质量

电子商务与物流业的合作随着云计算、物联网和数据应用等技术的突破越来越密切，电商企业与物流企业因一笔交易带来了共同的服务对象，对于客户数据的分析也就不仅局限于电商企业的单向操作。大数据改变了物流业的服务方向和服务内容，物流企业通过对客户数据的分析能够更合理地选择派送方式和最优路径、提供差异化服务、提高物流服务的质量、提升品牌形象。

（五）消费大数据创造了消费者感知价值

消费者作为互联网技术应用的主力军，最大限度地抢占了大数据中的消费数据，这些数据在企业进行数据信息分析时转化为极有价值的商业数据。大数据环境下的互联网消费体系创造了全开放的数据系统，网络消费者在网络应用上投入的资金更多的是要获得个人满足感的体验与感受，网络消费对象得以拓展的同时，智能化、人性化、差异化、互动性的网络服务争先呈现在消费者面前，让消费者最大限度地感受消费的归属感、满足感和幸福感，实现商家与消费者双赢的深度价值创造。

第二节　跨境电商数据分析的指标体系

一、跨境电商数据分析的影响因素

（一）投资回报率

跨境电商B2B网站平台的宗旨是为企业服务，让买家与卖家的市场交易成本降低，提高订单利润。因此，电子商务的网站转化率是关键。其中有一个重要的指标——ROI（Return On Investment），指通过投资而应返回的价值，它涵盖了企业的获利目标。

其计算公式为：

投资回报率（ROI）＝年利润或年均利润/投资总额×100%

投资回报率（ROI）的优点是计算简单；缺点是没有考虑资金时间价值因素，不能正确反映建设期的长短、投资方式的不同和回收额的有无等条件对项目的影响，分子、分母计算口径的可比性较差，无法直接利用净现金流量信息。只有投资回报率指标大于或等于无风险投资利润率的投资项目才具有财务可行性。

投资回报率（ROI）往往具有时效性（回报通常是在某些特定年份）。

（二）衡量指标的设定

指标让我们更好地从数据量化的层面来了解运营的状况。网站分析采用的指标可能多种多样，根据网站的目标和客户的不同，网站可以由许多不同的指标来衡量。PV（访问量）、UV（独立访客数）、转化率是运营监督的基本指标。常用的网站分析指标有内容指标和商业指标，内容指标指的是衡量访问者的活动的指标，商业指标是指衡量访问者的活动转化为商业利润的指标。

电子商务的数据可分为两类：前端行为数据和后端商业数据。前端行为数据指访问量、浏览量、点击流及站内搜索等反映用户行为的数据；而后端数据更侧重商业数据，比如交易量、投资回报率以及全生命周期管理等。

有些人关心前端行为数据，也有些人关心后端商业数据，但是没有几家网站把前端行为数据和后端商业数据连起来看。实际上每个数据都像散布在黑夜里的星星，它们之间布满了关系网，其中一个数据的变化就会导致另外一个数据的变化。

（三）指标异常变化的因素

网站的某些指标的异常变化是外界市场一些变化的客观反映，网站的数据分析人员一定要积极注意。例如 PV 减少（异常），那我们就要分析用户是搜索来源减少还是直接访问减少，搜索减少需要观察用户的关键字、搜索引擎等。

（四）用户的行为习惯

利用数据来分析和揣测用户的心理和一些习惯，数据可以最真实地告诉你客户需要什么。了解客户的需要可以利用投票调查等来实现，整合数据分析之后权衡利弊来对用户体验进行改善和制定基本的产品定位及活动。

网站数据分析应该有两个层次：第一，围绕产品如何运转，做封闭路径的分析，得出产品的点击是否顺畅，功能展现是否完美的结论；第二，研究客户的访问焦点，挖掘客户潜在需求。如果是以交易为导向的电子商务网站，就是要研究如何高效地促成交易。

（五）用户的购买行为

对用户的购买行为的分析，如传统的 RFM 模型、对会员的聚类分析、会员的生命周期分析、活跃度分析等，对精准的运营都是非常重要的。

综上所述，网站分析的本质在于了解用户的需求、行为，开发用户体验良好的功能与服务，制定扩展营销的策略及附加功能的推广服务等。

二、跨境电商数据分析的指标体系

信息流、物流和资金流平台是电子商务的三个最为重要的平台。而电子商务信息系统最核心的能力是大数据能力，包括大数据处理、数据分析和数据挖掘能力。无论是电商平台还是在电商平台上销售产品的商户，都需要掌握大数据分析的能力。越成熟的电商平台，越需要通过大数据能力驱动电子商务运营的精细化，更好地提升运营效果，提升业绩。

跨境电商数据分析的指标体系分为 8 大类指标，包括总体运营指标、网站流量指标、销售（转化率）类指标、客户价值类指标、商品类指标、营销活动指标、风险控制类指标和市场竞争类指标。不同类别的指标对应电子商务运营的不同环节，如网站流量指标对应的是网站运营环节，销售（转化率）类指标、客户价值类指标和营销活动指标对应的是电子商务销售环节。能否灵活运用这些指标，将是决定电商平台运营成败的关键。

（一）跨境电商总体运营指标

跨境电子商务总体运营指标主要面向的人群是跨境电子商务运营的高层，通过总体运营指标评估电子商务运营的整体效果。跨境电子商务总体运营指标包括以下四个方面的指标。

1. 流量类指标

独立访客数（UV）指访问电商网站的不重复用户数。对于 PC 网站，统计系统会在每个访问网站的用户浏览器上"种"一个 Cookie 来标记这个用户，这样每当被标记 Cookie 的用户访问网站时，统计系统都会识别到此用户。在一定统计周期内（如一天）统计系统会利用消重技术，对同一个 Cookie 的多次访问仅记录为一个用户。而区分移动终端的独立用户的方式则是按独立设备计算独立用户。

页面访问数（PV）即页面浏览量。用户对电商网站或移动电商应用中的每个网页访问均被记录一次。用户对同一页面的多次访问量进行累计。

人均页面访问数即页面访问数（PV）/独立访客数（UV），该指标反映的是网站访问黏性。

2. 订单产生效率指标

总订单数量即访客完成网上下单的订单数之和。下单的转化率（订单产生效率）即访客在电商网站下单的次数与访问该网站的次数之比。

3. 总体销售业绩指标

网站成交额（GMV）即电商成交金额，也即网民下单后生成的订单的成交金额。销售金额是货品出售的金额总额。客单价，即订单金额与订单数量的比值。

无论订单最终是否成交，有些订单下单未付款或取消，都算入 GMV。而销售金额一般只指实际成交的金额，所以，GMV 的数字一般比销售金额大。

4. 整体指标

销售毛利是销售收入与成本的差值。销售毛利中只扣除了商品的原始成本，不扣除没有计入成本的期间费用（管理费用、财务费用、营业费用）。毛利率是衡量电商企业盈利能力的指标，是销售毛利与销售收入的比值。

(二) 网站流量指标

1. 流量规模类指标

常用的流量规模类指标包括独立访客数和页面访问数。

2. 流量成本类指标

单位访客获取成本指在流量推广中，广告活动产生的投放费用与广告活动带来的独立访客数的比值。单位访客成本最好与平均每个访客带来的收入以及这些访客带来的转化率进行关联分析。若单位访客成本上升，但访客转化率和单位访客收入不变或下降，则很可能是流量推广出现了问题，尤其要关注渠道推广的作弊问题。

3. 流量质量类指标

跳出率（Bounce Rate）也被称为蹦失率，为访客浏览单页就退出的次数/该页访问次数。跳出率只能衡量该页作为着陆页面（Landing Page）的访问情况。如花钱做推广，着陆页面的跳出率高，很可能是因为推广渠道选择错误，推广渠道的目标人群和推广渠道不够匹配，导致大部分访客访问一次就离开。

页面访问时长是指单个页面被访问的时间。并不是页面访问时长越长越好，要视情况而定。对于电子商务网站，页面访问时间要结合转化率来看，如果页面访问时间长，但转化率低，则页面体验出现问题的可能性很大。

人均页面浏览量是指在统计周期内，平均每个访客所浏览的页面的数量。人均页面浏览量反映的是网站的黏性。

4. 会员类指标

注册会员数指一定统计周期内的注册会员的数量。活跃会员数指在一定时期内有消费或登录行为的会员的总数。活跃会员率即活跃会员占注册会员总数的比重。会员复购率指在统计周期内产生二次及二次以上购买的会员占购买会员的总数。会员平均购买次数指在统计周期内每个会员平均购买的次数，即订单总数/购买用户总数。会员复购率高的电子商务网站的平均购买次数也高。会员回购率指上一期时间内不活跃但在下一期时间内有购买行为的会员比率。

会员在某段时间内开始访问某个网站，一段时间后，仍然会继续访问该网站就被认作是留存会员，这部分会员占当时新增会员的比例就是新会员留存率。这种留存的计算方法是按照活跃度或消费来计算的，即某段时间的新增消费用户在之后一段时间周期（时间周期可以是日、周、月、季度和半年度）还继续消费的会员比率。留存率一般看新会员留存率，当然也可以看活跃会员留存。留存率反映的是电子商务网站留住会员的能力。

(三) 网站销售 (转化率) 类指标

1. 购物车类指标

基础类指标包括一定统计周期内商品被加入购物车的次数、把商品加入购物车的买家数以及被加入购物车的商品的数量。转化类指标主要是购物车支付转化率，即一定周期内被加入购物车的商品的支付买家数与将商品加入购物车的买家数的比值。

2. 下单类指标

基础类指标包括一定统计周期内的下单笔数、下单金额以及下单买家数。转化类指标主要是浏览下单转化率，即下单买家数与网站访客数 (UV) 的比值。

3. 支付类指标

基础类指标包括一定统计周期内的支付金额、支付买家数和支付商品数。转化类指标包括浏览——支付买家转化率 (支付买家数/网站访客数)、下单——支付金额转化率 (支付金额/下单金额)、下单——支付买家数转化率 (支付买家数/下单买家数) 和下单——支付时长 (下单时间到支付时间的差值)。

(四) 客户价值类指标

1. 客户指标

常见的客户指标包括一定统计周期内的累计购买客户数和客单价。客单价是指每一个客户平均购买商品的金额，也是平均交易金额，即成交金额与成交用户数的比值。

2. 新客户指标

常见的新客户指标包括一定统计周期内的新客户数量、新客户获取成本和新客户客单价。其中，新客户客单价是指第一次在店铺中产生消费行为的客户所产生的交易额与新客户数量的比值。影响新客户客单价的因素除了与推广渠道的质量有关系，还与电商的店铺活动以及关联销售有关。

3. 老客户指标

常见的老客户指标包括消费频率、最近一次购买的时间、客户消费金额和重复购买率。消费频率是指客户在一定时间内购买商品的次数，最近一次购买的时间表示客户最近一次购买的时间离现在有多远；客户消费金额指客户在最近一段时间内购买商品的金额。消费频率越高、最近一次购买时间离现在越近、消费金额越高的客户越有价值。重复购买率则指消费者对该品牌产品或者服务的重复购买次数，重复购买率越高，则反映出消费者对品牌的忠诚度就越高，反之则越低。重复购买率可以按两种口径来统计：第一种，从客户数角度,重复购买率指在一定周期内下单次数在两次及两次以上的人数与总下单人数之比,如在一个月内,有 100 个客户成交,其中有 20 个是购买两次及以上的客户,则重复购买率为 20%;第二种,按交易计算,即重复购买交易次数与总交易次数的比值,如某月内,一共产生了 100 笔交易,其中有 20 个人的交易为第二次购买,这 20 人中的 10 个人的交易为第三次购买,则重复购买次数为 30 次,重复购买率为 30%。

(五) 商品类指标

(1) 产品总数指标包括 SKU、SPU 和在线 SPU。SKU 是物理上不可分割的最小存货单位。SPU 即 Standard Product Unit(标准化产品单元),SPU 是商品信息聚合的最小单位,是一组可复用、易检索的标准化信息的集合,该集合描述了一个产品的特性。通俗点讲,属性值、特性相同的商品就可以称为一个 SPU。在线 SPU 则是在线商品的 SPU 数。

(2) 产品优势性指标主要是指独家产品的收入占比,即独家销售的产品的收入占总销售收入的比例。

(3) 品牌存量指标包括品牌数和在线品牌数指标。品牌数指商品的品牌总数量。在线品牌数则指在线商品的品牌总数量。

(4) 上架指标包括上架商品 SKU 数、上架在线 SPU 数、上架商品数和上架在线商品数。

(5) 首发指标包括首次上架商品数和首次上架在线商品数。

(六) 市场营销活动指标

(1) 市场营销活动指标包括新增访问人数、新增注册人数、总访问次数、订单数量、下单转化率以及 ROI。其中,下单转化率是指在活动期间,某活动所带来的下单的次数与访问该活动的次数之比。投资回报率(ROI)是指在某一活动期间产生的交易金额与活动投放成本金额的比值。

(2) 广告投放指标包括新增访问人数、新增注册人数、总访问次数、订单数量、UV 订单转化率、广告投资回报率。其中,订单转化率是指某广告所带来的订单的数量与访问该活动的数量之比。投资回报率(ROI)是指某广告产生的交易金额与广告投放成本金额的比值。

(七) 风险控制类指标

(1) 买家评价指标包括买家评价数、买家评价上传图片数、买家评价率、买家好评率以及卖家差评率。其中,买家评价率是指某段时间参与评价的买家与该时间段买家数量的比值,反映了用户对评价的参与度,电商网站目前都在积极引导用户评价,以作为其他买家购物时候的参考。买家好评率指某段时间内好评的买家数量与该时间段内买家数量的比值。同样,买家差评率指某段时间内差评的买家数量与该时间段内买家数量的比值。买家差评率是非常值得关注的指标,需要被监控起来,卖家一旦发现买家差评率在加速上升,一定要提高警惕,分析引起差评率上升的原因并及时改进。

(2)买家投诉类指标包括发起投诉(或申诉)、撤销投诉(或申诉)、投诉率(买家投诉人数占买家数量的比例)等,投诉量和投诉率都需要卖家及时监控,以发现问题并及时优化。

(八) 市场竞争类指标

市场份额相关指标包括市场占有率、市场扩大率和月户份额。市场占有率指电商网站交易额占同期所有同类型电商网站整体交易额的比重;市场扩大率指购物网站占有率较上一个统计周期增长的百分比;用户份额指购物网站独立访问用户数占同期所有B2C购物网站合计独立访问用户数的比例。

网站排名包括交易额排名和流量排名。交易额排名指电商网站交易额在所有同类电商网站中的排名。流量排名指电商网站独立访客数量在所有同类电商网站中的排名。

第三节 跨境电商网站数据分析的指标体系

分析跨境电商网站采用的指标可能多种多样,根据网站目标和网站客户的不同,可以有许多不同指标来衡量。常用的网站分析指标有内容指标和商业指标,内容指标是衡量访问者活动的指标,商业指标是指衡量访问者活动转化为商业利润的指标。

一、网站分析内容指标

(一) 转换率 [Take Rates(Conversions Rates)]

计算公式:转换率=进行了相应动作的访问量/总访问量

指标意义:衡量网站内容对访问者的吸引程度以及网站宣传效果。

指标用法:用不同方式测试新闻订阅、下载链接或注册会员,分别测试使用不同的链接名称、订阅方式、广告放置、付费搜索链接、付费广告(PPC)等,看哪种方式能够保持转换率上升。如果这个转换率的值上升了,说明来访者和网站内容的相关性增强了;反之,则是减弱。

(二) 回访者比率 (Repeat Visitor Share)

计算公式：回访者比率＝回访者数/独立访问者数

指标意义：衡量网站内容对访问者的吸引程度和网站实用性，即网站是否有令人感兴趣的内容使访问者再次回到你的网站。

指标用法：基于访问时长的设定和产生报告的时间段的不同，这个指标可能会有很大不同。绝大多数网站都希望访问者回访，因此希望这个指标的值不断提高。如果这个值在下降，说明网站内容或产品质量没有加强。需要注意的是：一旦选定了一个时长和时间段，就要使用相同参数来产生报告，否则就失去了比较的意义。

(三) 积极访问者比率 (Heavy User Share)

计算公式：积极访问者比率＝访问超过11页的用户的数量/总访问用户数

指标意义：衡量有多少访问者对网站内容有高度兴趣。

指标用法：如果网站针对的是正确的目标受众并且网站使用方便，可以看到这个指标的值不断上升。如果网站是内容型的，可以针对不同类别的内容来区分不同的积极访问者，当然也可以定义访问20页以上的才算是积极访问者。

(四) 忠实访问者比率 (Committed Visitor Share)

计算公式：访问时间在19分钟以上的用户的数量/总用户数

指标意义：和上一个指标意义相同，只是使用停留时间取代浏览页数。网站根据分析的目标使用两个指标中的一个或结合使用。

指标用法：访问者时长这个指标有很大争议，这个指标应结合其他指标一起使用，例如转换率。但总体来说，较长的访问时长意味着用户喜欢待在这个网站。同样，访问时长也可以根据不同的需要自行设定。

(五) 忠实访问者指数 (Committed Visitor Index)

计算公式：忠实访问者指数＝访问时间超过19分钟的页数/访问时间超过19分钟的访问者的数量

指标意义：这个指标是指每个长时间访问者的平均访问页数，这个重要指标结合了页数和时间。

指标用法：如果这个指数较低，那意味着有较长访问时间，但是访问页面数较低（也许访问者正好离开吃饭了）。如果增加网站的功能和资料，吸引更多忠实访问者浏览，这个指数就会上升。

(六) 忠实访问者量 (Committed Visitor Volume)

计算公式：忠实访问者量＝访问时间超过19分钟的页数/总访问页数。

指标意义：长时间访问者访问的页面占所有访问页面数量的比率。

指标用法：对于一个靠广告驱动的网站，这个指标尤其值得注意，因为它代表了总体页面的访问质量。如果10000的访问页数却仅有1%的忠实访问者量，这意味着可能吸引了错误的访问者，他们仅仅看一眼网页就离开了。这时应该考虑是否是因为广告词语造成了访问者的误解。

（七）访问者参与指数（Visitor Engagement Index）

计算公式：访问者参与指数=总访问数/独立访问者数

指标意义：这个指标是指每个访问者的平均会话（Session）数，代表着部分访问者多次访问的趋势。

指标用法：与回访者比率不同，这个指标代表着回访者回访强烈度，如果有一个目标受众不断回访网站，这个指数将大大高于1；如果没有回访者，指数将趋近于1，意味着每一个访问者都有一个新会话。这个指数的高低取决于网站的目标，大部分内容型和商业性网站都希望每个访问者在每周/每月有多个会话；客户服务尤其是投诉之类的页面或网站则希望这个指数尽可能接近于1。

（八）所有页面的回弹率（Reject Rate/Bounce Rate）

计算公式：回弹率（所有页面）=访问单页面的访问数/总访问数

指标意义：代表着仅看一页的访问者的比率。

指标用法：这个指标对于访问次数多的页面有很重要的意义，因为流量就是从这些页面产生的，对网站导航或布局设计进行调整时尤其要注意到这个参数。这个比率应该不断下降才好。

（九）首页的回弹率（Reject Rate/Bounce Rate）

计算公式：回弹率（首页）=仅仅访问首页的访问数/所有从首页开始的访问的数量

指标意义：这个指标代表所有从首页开始访问的访问者中仅仅看了首页的访问者的比率。

指标用法：这个指标是所有内容型指标中最重要的一个，通常我们认为首页是访问次数最多的页面（当然，如果网站有其他访问次数最多的页面，那么也应该把它加入追踪目标）。对任意一个网站而言，如果访问者对首页或最常见的进入页面都是一掠而过，说明网站在某一方面有问题。如果目标市场正确，那说明访问者不能找到他想要的东西，或者是网页设计上有问题（包括页面布局、网速、链接文字等）；如果网站设计可行易用，网站内容很容易找到，那么问题可能出在访问者质量上，即市场的问题。

（十）浏览用户比率（Scanning Visitor Share）

计算公式：浏览用户比率=访问少于1分钟的访问者的数量/总访问数

指标意义：这个指标在一定程度上衡量网页的吸引程度。

指标用法：大部分网站都希望访问者停留超过一分钟，如果这个指标值太高，那么就应该考虑一下网页内容是否过于简单，网站导航菜单是否需要改进。

（十一）浏览用户指数（Scanning Visitor Index）

计算公式：浏览用户指数=访问少于1分钟的访问页面的数量/访问少于1分钟的访问者的数量

指标意义：一分钟内访问者的平均访问页数。

指标用法：这个指数越接近于1，说明访问者对网站越没兴趣，他们仅仅是瞄一眼就离开了。这也许是导航问题，如果对导航系统进行了显著的改进，应该可以看到这个指数在上升；如果指数还是在下降，应该是网站目标市场及使用功能有问题，网站应该着手解决。

将浏览用户比率和浏览用户指数结合起来使用，可以看出用户是在浏览有用信息还是厌烦网页而离开。

（十二）浏览用户量（Scanning Visitor Volume）

计算公式：浏览用户量=浏览少于1分钟的页数/所有浏览页数

指标意义：在一分钟内完成访问的页面的比率。

指标用法：网站目标的不同导致网站对这个指标的高低有不同的要求，大部分网站希望这个指标降低。

如果是靠广告驱动的网站，这个指标太高则对于长期目标不利，因为这意味着尽管你通过广告吸引了许多访问者，产生了很高的访问页面数，但是访问者的质量却不高，所能带来的收益也就会受到影响。

二、网站分析商业指标

（一）平均订货额（Average Order Amount，AOA）

计算公式：平均订货额=总销售额/总订货数

指标意义：用来衡量网站销售状况的好坏。

指标用法：将网站访问者转化为买家当然很重要，同样重要的是鼓励买家在每次访问时购买更多的产品。跟踪这个指标可以找到更好的改进方法。

（二）转化率（Conversion Rate，CR）

计算公式：转化率=总订货数/总访问量

指标意义：这个重要的指标衡量着网站对每个访问者进行销售的情况。

指标用法：通过这个指标可以看到即使一些微小的变化都可能给网站收入带来巨大变化。如果还能够区分出新、旧访问者所产生的订单，那么就可以细化这个指标，对新、旧客户进行分别统计。

（三）每位访问者的销售额（Sales Per Visit，SPV）

计算公式：每位访问者的销售额=总销售额/总访问数

指标意义：这个指标用来衡量网站的市场效率。

指标用法：这个指标和转化率差不多，只是表现形式不同。

（四）单笔订单的成本（Cost Per Order，CPO）

计算公式：单笔订单成本=总市场营销开支/总订货数

指标意义：衡量平均订货成本。

指标用法：每笔订单的营销成本对于网站盈利和现金流都非常关键。对营销成本的计算各网站有不同的标准，有些把全年网站营运费用摊入每月成本，有些则不这么做，关键要看哪种最适合自己的情况。如果能够在不增加市场营销成本的情况下提高转化率，这个指标就应该会下降。

（五）再订货率（Repeat Order Rate，ROR）

计算公式：再订货率=现有客户订单数/总订单数

指标意义：用来衡量网站对客户的吸引力。

指标用法：这个指标的高低和客户服务有很大关系，只有令用户满意的产品体验和服务才能提高这个指标。

（六）单个访问者的成本（Cost Per Visit，CPV）

计算公式：单个访问者的成本=市场营销费用/总访问数

指标意义：用来衡量网站流量的成本。

指标用法：这个指标衡量的是市场效率，目标是要降低这个指标而提高SPV，为此要削减无效市场的营销费用，增加投入有效市场的营销费用。

（七）订单获取差额（Order Acquisition Gap，OAG）

计算公式：订单获取差额=单个访问者的成本（CPV）-单笔订单的成本（CPO）

指标意义：这是一个衡量市场效率的指标，代表着网站带来访问者和转化访问者之间的差异。

指标用法：这个指标值应是一个负值，测量从非访问者中获得客户的成本。有两种方法来降低这个差额。当增强了网站的销售能力，CPO就会下降，这个差额就会缩小，说明网站转化现有流量的能力到了加强；同样，CPV升高而 CPO 保持不变或降低，这个差额也会缩小，表明网站所吸引的流量都具有较高转化率，这种情形通常发生在启用了 PPC（Pay Per Click）计划的时候。

（八）订单获取率（Order Acquisition Ratio，OAR）

计算公式：订单获取率=单笔订单的成本（CPO）/单个访问者的成本（CPV）

指标意义：用另一种形式来体现市场效率。

指标用法：比率的形式往往比较容易为管理阶层所理解，尤其是财务人员。

（九）每笔产出（Contribution Per Order，CON）

计算公式：每笔产出=（平均订货数×平均边际收益）-每笔订单的成本

指标意义：每笔订单带来的现金增加净值。

指标用法：公司财务总监总是对这个指标感兴趣，这个指标代表了花了多少钱来赚多少钱。

（十）投资回报率（Return On Investment，ROI）

计算公式：投资回报率=每笔产出（CON）/每笔订单的成本（CPO）

指标意义：用来衡量广告的投资回报。

指标用法：网站会比较广告回报率，把钱分配给有最高回报率的广告，但是这个回报率应当要有时间段的限制，比如"25% RIO/每周"和"25% RIO/每年"有很大的差别。

第四节 主要跨境电商平台数据分析的要点

一、亚马逊数据分析的要点

在亚马逊后台的数据报告中，业务报告和库存报告是卖家应该重点关注的数据报告。业务报告数据就是指店铺的销量。库存报告数据主要包含两个数据：自发货库存和 FBA。FBA 是 Fulfillment By Amazon 的英文缩写，指亚马逊提供的代发货业务。

亚马逊数据分析可以参考市场趋势报表、客户行为分析数据表、地理位置数据分析表、订单销售数据表、店铺运作数据表、客户评论数据表。

报表常用名词如下：

Page Views（页面流量）：在所选取的时间范围内销售页面被点击的总量。

Page Views Percentage（特定页面流量比率）：在页面流量中特定浏览某

项 SKU/ASIN 的流量所占的比例。

Sessions（浏览用户数）：24 小时内曾经在销售页面浏览过的用户的总数。

Sales Rank（销售排名）：产品在亚马逊平台的销量排名及变化。

Ordered Product Sales（订单销售总和）：订单的销售数量乘以销售价格的总和。

Average Offer Count（可售商品的页面平均数）：在所选定的时间范围内计算出可售商品的页面平均数。

Order Item Session Percentage（下订单的用户的百分比）：在浏览用户中下订单的用户所占的百分比。

Unit Session Percentage（用户浏览商品的销售率）：每位用户浏览后购买产品的概率。

Average Customer Review（平均商品评论评级）：总体平均的商品评论级数，以五星级的评级方式来显示。

Customer Reviews Received（商品评论数）：商品获得评论的总数，包含好评和差评。

Negative Feedback Received（差评数）：所收到的差评的总数，显示只有差评的总数。

Received Negative Feedback Rate（差评率）：差评占反馈总数的比例，也就是差评数除以反馈数。

A-to-Z Claims Granted（收到 A-to-Z Claims 的次数）：不收到是最好的。

另外，也可以参考平台提供的数据，例如 Best Seller（热销产品）、Movers and Shakers（新品热榜）、Gift Ideas（当日热销礼物类的排行榜）。

二、eBay 数据分析的要点

eBay 店铺流量报告有 10 项数据，包括店铺访问人数、买家停留时间等店铺相关页面的流量数据信息统计，也包括买家前往店铺或商品页的路径。

所有店铺页面包括自订页面、自订类别页面以及搜索结果页面。

各种形式的物品刊登包括拍卖、一口价和店铺长期刊登物品。

其他与卖家相关的 eBay 页面包括其他物品页面、"信用评价档案"和"我的档案"。

eBay 平台有些数据的变化会影响商品的销量，卖家需要留意以下几类数据：

最近销售记录（针对"定价类物品"）可以衡量卖家一条 Listing 中，有多少 Item 被不同的买家所购买。物品的最近销售记录越多，越能获得曝光度。第一次被重新刊登的物品同样保留有最近销售记录。

卖家评级（DSR）包括物品描述、沟通货运时间、运费等。优秀评级卖家（Top Rated Seller）的商品一般排名较为靠前。

买家满意度包含3个考量标准，即中差评的数量、DSR 1分和2分的数量、INR/SNAD投诉的数量。

物品"标题"相关度：买家输入的搜索关键词与最终成交商品的标题、关键词之间的匹配程度。

收集eBay平台数据后，可以从以下几点展开市场分析。

（一）市场容量分析

通过同类商品的月度总成交金额，可以估算自己所占的市场份额。

（二）拍卖成交比例

卖家可以比较自己的拍卖成交比例在同类商品中是否高于平均值，如果低于平均水平就需要查找原因。

（三）最优拍卖方式

分析哪一种拍卖方式更好以及是否要设定底价，还是采用一口价。

（四）促销效果分析

促销是有成本的，分析何种促销方式能为自己带来最大的收益，以及是否提高了成交比例和成交价格。

（五）最优拍卖起始日期

分析商品在星期六起拍是否比在星期一起拍更容易成交，以及成交价是否更高。

（六）最优拍卖结束时段

分析什么时段结束拍卖可以取得最高的成交比例或者最高的成交价。

（七）商品上传天数

商品上传天数有1、3、5、7、10天，最常用的是7天。其实不同的商品有不同的性质，对于一些流行商品，1天已经足够了；而对于一些古董之类的商品，10天比较好。

（八）哪个目录最好卖

一个商品可以放在多个目录下，查看放在哪个目录的商品的成交率高一些。你可以将商品放在成交率高的目录下，如果两个目录的成交率都不错，那么可以使用双目录功能。

（九）市场竞争情况

分析现有多少卖家在销售同类商品以及销量排名前10位的大卖家占有多

少市场份额。

三、Wish 数据分析的要点

Wish 后台的"您的统计数据"针对卖家店铺,每 7 天统计一次产品的浏览数等信息,统计有流量的产品的数据。可以理解为被 Wish 官方认可的产品数据统计,没被认可的产品没有流量,不会纳入这里的统计数据中。针对没有浏览量的产品可尝试进行以下数据的调整。

(1) 产品销售价每天降价 0.01 美元(有些产品需要升价)。
(2) 物流费用每天降价 0.01 美元。
(3) 库存数量每天增加 1 个。
(4) 商品通过增加不同的颜色/尺码增加一个子 SKU。

以上调整只需要四选一,不需要同时操作。

Wish 平台的标签搜索权重很高,10 个 Tag 要全部写满。以裙子为例,标签的命名方式为:一级分类、二级分类、产品、风格、特征、花型、颜色等。

店铺在 Wish 平台要注意收集店铺销量前十的商品、飙升产品榜、刊登的新品、累计销售额、刊登时间、Wish 标签等详细数据和信息。

可以参考第三方 Wish 平台数据分析工具:卖家网 Wish 数据、米库、超级店长跨境版。例如通过超级店长跨境版 ERP 的 Wish 分析工具可以查看如下数据。

(1) 全行业数据:显示全行业的店铺数量、产品数量、平均售价、7 天日均销售量、7 天日均销售额、7 天日均动销率。
(2) 子行业数据:显示子行业的店铺数量、产品数量、平均售价、7 天日均销售量、7 天日均销售额、7 天日均动销率。
(3) 店铺数据:可以根据 7 天日均销售量、7 天日均订单量、行业来筛选热卖店铺。
(4) 产品数据:通过价格、上架时间、7 天日均销售量、7 天日均收藏数、累计评论数、行业这 6 个维度来筛选产品。

第五节 第三方数据工具

一、Keepa(免费)

Amazon Price Tracker 是一个亚马逊历史价格追踪插件,也叫作 Keepa 插件,可以生成价格历史图表添加到 Google Chrome 中，能看到产品价格的变化。

二、Camelcamelcamel（免费）

Camelcamelcamel 是一个价格追踪插件网站，也是亚马逊 FBA 卖家的标配，可以追踪所有商品的历史价格。通过该网站可以进行具体的 ASIN 研究，查看价格变化等信息，从而为产品研究提供参考。

三、FBA Calculator（免费）

FBA Calculator 是亚马逊自带的计算器工具，可能是国内外卖家最常用的工具，可以更快、更简单地计算 FBA 费用。

四、Terapek（付费）

通过 Terapek 工具，可以看到 eBay 和亚马逊上成千上万个最热的产品和品类，帮助卖家了解 eBay 和亚马逊上最热的产品以及产品定价。

五、Google Adwords（付费）

Google Adwords 是一种通过使用 Google 的关键词广告或者 Google 遍布全球的内容联盟网络来推广网站的付费网络推广方式，可以选择包括文字、图片及视频广告在内的多种广告形式。

【思考题】
1. 跨境电商数据分析的作用是什么？
2. 跨境电商数据分析的影响因素有哪些？
3. 跨境电商数据分析的指标体系包括哪些内容？

知识考查与技能训练

本章习题请扫码获得。